新　悦
遇见智识与思想

李楠 著

繁荣与贫困

经济发展的
历史根源

—●—

ECONOMIC
DEVELOPMENT
IN
HISTORICAL
PERSPECTIVE

The
Origins
of
Prosperity
and
Poverty

中国社会科学出版社

图书在版编目（CIP）数据

繁荣与贫困：经济发展的历史根源 / 李楠著 . --
北京：中国社会科学出版社，2020.9（2021.2 重印）
ISBN 978-7-5203-6322-8

Ⅰ.①繁… Ⅱ.①李… Ⅲ.①世界经济—研究 Ⅳ.
①F11

中国版本图书馆 CIP 数据核字（2020）第 064389 号

出 版 人	赵剑英
项目统筹	侯苗苗
责任编辑	侯苗苗
责任校对	周晓东
责任印制	王　超

出　　版	中国社会科学出版社
社　　址	北京鼓楼西大街甲 158 号
邮　　编	100720
网　　址	http://www.csspw.cn
发 行 部	010 – 84083685
门 市 部	010 – 84029450
经　　销	新华书店及其他书店

印刷装订	北京君升印刷有限公司
版　　次	2020 年 9 月第 1 版
印　　次	2021 年 2 月第 2 次印刷

开　　本	880×1230　1/32
印　　张	13
字　　数	288 千字
定　　价	76.00 元

凡购买中国社会科学出版社图书，如有质量问题请与本社联系调换
电话：010 – 84083683

谨以此书献给我的女儿灏旻。

序　言

　　为什么有些国家富有，而另一些国家贫穷？这一问题一直是发展经济学家与政策制定者关注的重要问题。尽管进入 21 世纪以来，世界各经济体的经济总体得到一定发展，然而发展问题依然突出。一方面，全球各经济体经济发展水平普遍得到显著提升。全球人均 GDP 按现价美元计算已从 1960 年的 452 美元上升到 2017 年的 10,817 美元，增长近 24 倍；即使按照 2010 年美元价值折算，1960 年至 2017 年全球人均 GDP 增加了近 3 倍。此外，全球绝对贫困人口（每日工资低于 1.9 美金）的比例也在逐渐缩小，从 1981 年的 42.3% 下降到 2015 年的 10%。另一方面，穷国与富国之间的贫富差距在逐渐扩大。1970 年，低收入国家平均人均 GDP 为 142 美元，高收入国家平均收入为 2726 美元，两者相差 19 倍；而 2017 年，最高收入国家平均收入则是低收入国家人均 GDP 的 83.8 倍。另外，尽管上个世纪 90 年代，全球极端贫困人口从 18.4 亿下降至目前的 7.5 亿，但是极端贫困人口减少地区主要集中在亚洲，特别是中国与印度对贫困人口的减少贡献突出。反观非洲地区，特别是撒哈拉以南非洲地区，极端贫困情况有所恶化。特别是近期非洲地区政局不稳定、疾病冲击等，导致当地极端贫困人口显著上升。

本书的写作动机正是针对这些现象与问题进行考察，希望通过一系列发展指标的度量就当前世界各经济体之间发展差异进行描述，并对导致经济发展差异的基本理论和假说进行系统化介绍。在对相关理论和假说的介绍过程中，本书不仅聚焦影响经济增长与发展的物质资本、人力资本、技术进步等直接决定因素，同时也对诸如地理、制度、文化等影响经济增长与发展的深层次假说进行考察。然而，在介绍这些影响经济增长和发展的直接与间接因素时，我们可能需要深入思考以下三个问题：一是影响经济增长和经济发展的直接因素或间接因素是否对国穷国富的问题进行了很好的解释？如果没有还有什么因素会影响国家之间的经济增长与发展？二是一个国家或地区的物质资本、人力资本、技术进步、制度、文化等因素，的确会对经济增长与发展产生影响，但是这些要素又是被什么因素决定的？三是自人类具有现代人特征以来，不同经济体所处地区经历了不同的历史发展过程，这种历史经历的差异是否对当前各经济体的经济绩效产生影响？

特别是近期以达隆·阿西莫格鲁（Daron Acemgolu）、内森·纳恩（Nathan Nunn）、斯坦利·L. 恩格曼（Standley L. Engerman）和肯尼斯 .L. 索克罗夫（Kenneth L. Sokoloff）以及拉斐尔·拉·波塔（Rafael La Porta）等为代表的学者，越来越关注不同国家之间历史发展经验差异对经济绩效的影响。他们认为，正是由于历史所具有的路径依赖效应，以及多重均衡的存在，促使不同国家的历史经验决定了不同经济体之间的物质资本与人力资本的积累、技术进步的快慢、制度的演化与形成、特殊的文化信仰实现等，进而使这些要素影响到各经济体自身的经济增长与发展。

正因如此，本书主要从较长时期的历史视野出发，采用一系列专题的形式，通过对最新前沿研究成果的介绍，揭示各经济体之间不同历史经验对生产要素积累以及经济绩效差异的影响。这些专题不但涉及文明起源、地理大发现、奴隶贸易、工业革命等人类社会发展的重大历史事件，而且也涉及战争冲突、疫病传播与扩散、人口流动等重大经济社会政治问题等。这里希望这本书，不仅仅是对当前经济社会发展提供一些历史经验，更重要的是希望本书更加侧重对历史遗产、历史自然实验等相关问题的考察，进一步突出历史在理解经济发展的重要地位与角色，帮助读者进一步理解繁荣与贫困的历史根源。

李楠

于上海宝山美兰湖

2020 年 7 月 28 日

目　录

第一章
世界发展的差异：现实与历史

为什么有些国家贫穷，而另一些国家富有？这一问题始终是发展经济学家与政策制定者关注的重要议题。尽管自"联合国千年发展目标"（Millennium Development Goals)[1] 以及"联合国可持续发展目标"（Sustainable Development Goals）[2] 实

---

[1] 2000 年 9 月全球各国首脑在纽约联合国总部进行会晤，表决通过了《联合国千年宣言》。参会各国承诺以 2015 年为最后期限，实现宣言内容，即"千年发展目标"。该目标主要涉及以下八个方面，分别为消灭极端贫困与饥饿；实现普及初等教育；促进良性平等并赋予妇女权力；降低儿童死亡率；改善产妇保健；与艾滋病、疟疾和其他疾病作斗争；确保环境的可持续能力；制定促进发展的全球伙伴关系等。具体宣言内容参见《联合国千年宣言》（http://www.un.org/millennium/declaration/ares552e.pdf）。

[2] "联合国可持续发展目标"是在 2015 年"联合国千年发展目标"到期后继续指导 2015—2030 年全球发展工作的行动纲领。2015 年 9 月，联合国可持续发展峰会在纽约召开，联合国 193 个成员国通过 17 个可持续发展目标。这 17 个目标分别为：消除贫困、消除饥饿、良好的健康与福祉、优质教育、性别平等、清洁饮水与卫生设施、廉价与清洁能源、体面工作和经济增长、工业创新与基础设施、缩小差异、可持续城市与社区、负责任的消费和生产、气候行动、水下生物、陆地生物、和平正义与强大机构、促进目标实现的伙伴关系。具体内容参见 https://www.un.org/sustainabledevelopment/sustainable-development-goals/。

施以来，世界经济总体发展得到一定改善，但问题依然突出。例如，根据世界银行数据，2015 年世界约有 10% 人口生活处于极端贫困状态，即每天生活费低于 1.9 美元。尽管该比例远远低于 1990 年的 35%，但依然有将近 7.4 亿人处于极端贫困状态。[1] 而且当前世界国家与地区之间经济社会发展水平也存在较大的差异，按照世界银行对当前世界经济体的分类标准 [2]，2017 年高收入国家和地区人均 GDP 为 40136 美元，而低收入国家和地区人均 GDP 仅为 545 美元，两者收入水平相差 73.6 倍。而从国家个体层面来看，2017 年世界最富裕的国家卢森堡（人均 GDP 为 10.4 万美元）与最贫穷的国家布隆迪（人均 GDP 为 320 美元）收入水平差异更大，高达 325 倍。这意味着高收入国家比那些低收入国家将拥有更好的医疗条件、更优质的教育资源、更加完善的社会保障、更高的平均寿命。我们自然要提出的问题是：究竟是什么因素导致了这些国家和地区之间的发展差异？我们可以通过哪些途径缩小世界经济体之间的发展差异？

为了回答以上几个问题，我们必须先对当前世界经济社会

---

[1]　参见世界银行 PovcalNet 以及贫困与平等数据门户（http://povertydata. worldbank.org/poverty/home/）。

[2]　世界银行根据 2015 年美元现价测算的人均国民收入标准将全球经济体划分为低收入经济体、中等收入经济体与高收入经济体三个类别。其中人均收入低于 1025 美元为低收入经济体；人均收入在 1026—12475 美元为中等收入经济体；人均收入高于 12476 美元为高收入经济体。此外，对于中等收入经济体，世界银行又将其按照人均收入是否超过 4035 美元分为下中等收入经济体（1026—4035 美元）与上中等收入经济体（4036—12475 美元）。

发展现状有一个准确的判断和描述。这正是本章介绍的重点。这里主要讨论以下两个话题：一是通过介绍一系列经济社会发展指标，使读者对当前世界各经济体之间的发展差异有所了解；二是在介绍当前世界各经济体发展差异的同时，对世界各主要经济体经济发展差异在历史上的动态变化进行考察。希望通过本章的介绍，读者能对经济发展差异及其内在变化有一个全面的了解，进而深入思考经济发展的内在动力和决定因素。

一　经济发展的度量与当前世界发展差异

人类社会发展包括人们生活的各个方面，如果需要弄清楚各国之间的社会发展差异，仅仅依靠单一的指标并不能了解全貌。因此，我们需要一系列经济社会发展指标，以从不同角度反映当前各经济体之间的发展差异。

（一）人均收入

经济学家度量国家和地区经济发展最常用的指标是国民收入。国民收入主要有两个度量指标：一个指标为国内生产总值（Gross Domestic Product，GDP），主要度量一个国家或地区内生活的居民一定时期内（通常指一年）所生产的产品和劳务的货币价值的总和。另一个指标为国民生产总值（Gross National

Product，GNP），主要指一个国家或地区的公民在一定时期内（通常为一年），所生产的产品和劳务的货币价值的总和。尽管两者定义存在一定差异，但都是对一个经济体总体情况的反映。[1]

　　然而，在给出 GDP 与 GNP 这两个指标度量国民收入前，我们依然面临两个重要的问题。第一，是不同国家对国民收入的测算均以本国货币价值形式而存在，各经济体之间的财富难以比较。比如，美国采用美元，中国采用人民币，日本采用日元，英国采用英镑，采用本国货币度量的经济总量数值间不能直接比较。第二，虽然我们可以通过汇率将不同国家的货币换算到可以统一比较的价值形式，但我们依然会发现，同样单位的商品在不同国家所要支付的价格是完全不同的。例如，我们经常在麦当劳快餐店食用的汉堡包，一个同样品质的汉堡包在不同国家的售价可能存在显著差异。图 1.1 给出了麦当劳快餐店巨无霸汉堡包在不同国家的价格差异，即"巨无霸指数"。[2] 从中可见，一个巨无霸汉堡包在瑞典需要 6.35 美元，美国需要 5.06 美元，英国需要 3.73

---

　　[1]　总体而言，GDP 与 GNP 之间并不存在本质的区别，都是对一国一定时期总产出水平的度量。但从各自的定义可以看出，GDP 强调国土上的经济总量，而 GNP 则强调国籍属性。

　　[2]　1986 年英国《经济学家》（The Economist）杂志最早采用巨无霸指数（The Big Mac Index）作为不同国家之间购买力平价折算的方法。虽然该指数不是非常严谨，但在一定程度上可以反映出不同国家汇率之间的差异。

美元，而中国仅需 2.83 美元。[1] 这意味着将不同国家的国民收入换算成统一货币单位依然不能直接进行比较，因为两个国家即使国民收入水平相当，可以购买的商品数量也存在较大差异。为解决该问题，经济学家通常采用购买力平价（Purchasing Power Parity，PPP）法对经济总量进行测算，即计算某一个国家的相同商品与服务的集合在所有国家应该具有相同价值的美元。

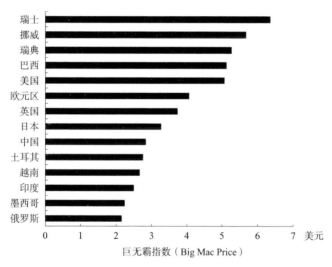

图 1.1　2017 年巨无霸汉堡包指数

资料来源：McDonald's：《经济学家》（*The Economist*）。

在解决以上问题后，我们可以运用购买力平价法对世界各经济体的经济总量进行比较。表 1.1 给出 2005—2017 年世界上

---

[1]　资料来源．https://www.cconomist.com/blogs/graphicdetail/2017/07/daily-chart-7。

经济总量排名前十的经济体变化情况。其中，表 1.1a 给出了利用现价美元测算的世界排名前十经济体的排名变化。可以看到在 2008 年次贷危机之前，2005 年世界经济总量排名前十的国家分别为美国、日本、德国、英国、中国、法国、意大利、加拿大、西班牙、韩国。但在次贷危机之后的短短 12 年时间，世界经济总量前十的国家排名发生了较大变化。截至 2017 年，美国经济总量依然排名世界第一，但中国已经超过德国和日本居第二位，中美两国经济总量差异逐渐缩小。此外，一些传统的发达经济体（如西班牙、韩国等）已经退出前十，而另一些经济体（如意大利、加拿大）也逐渐被新兴经济体（如巴西、印度、俄罗斯）所追赶。

表 1.1a　　　**2005—2017 年世界经济总量排名前十的经济体**
（根据现价美元计算）

排序	国家	2005 年	国家	2008 年	国家	2011 年	国家	2014 年	国家	2017 年
1	美国	130937	美国	147186	美国	155179	美国	174276	美国	189803
2	日本	47554	日本	50379	中国	75726	中国	104824	中国	120429
3	德国	28614	中国	45982	日本	61575	日本	48504	日本	48881
4	英国	25207	德国	37524	德国	37577	德国	38906	德国	35966
5	中国	22860	法国	29184	法国	28614	英国	30228	英国	26759
6	法国	21961	英国	28906	英国	26197	法国	28522	法国	25483
7	意大利	18527	意大利	23907	巴西	26162	巴西	24560	印度	24308
8	加拿大	11694	巴西	16958	意大利	22763	意大利	21517	意大利	18783
9	西班牙	11573	俄罗斯	16608	俄罗斯	20517	俄罗斯	20637	巴西	17965
10	大韩民国	8981	西班牙	16350	印度	18230	印度	20391	加拿大	15735

资料来源：世界银行（https://data.worldbank.org.cn/）。

表1.1b　　　　　　　2005—2017年世界经济总量排名前十的经济体
（根据购买力平价计算）

排名	国家	2005年	国家	2008年	国家	2011年	国家	2014年	国家	2017年
1	美国	132218	美国	147912	美国	158029	中国	183597	中国	232415
2	中国	65925	中国	101767	中国	138282	美国	178921	美国	196076
3	日本	41334	日本	45732	印度	57312	印度	72532	印度	94487
4	印度	32147	印度	43285	日本	47027	日本	51660	日本	56863
5	德国	26598	德国	31527	德国	35136	德国	38890	德国	42740
6	英国	19955	俄罗斯	27976	俄罗斯	33732	俄罗斯	36447	俄罗斯	37216
7	法国	19673	巴西	24359	巴西	28975	巴西	32419	巴西	31734
8	巴西	19668	法国	23115	法国	25039	法国	26975	印度尼西亚	31402
9	意大利	17447	英国	22368	英国	23340	印度尼西亚	25983	法国	29393
10	俄罗斯	16556	意大利	20636	意大利	21526	英国	25753	英国	28100

资料来源：世界银行（https://data.worldbank.org.cn/）。

但是表1.1b却呈现出另外一番景象：从中可以看到，采用购买力平价法测算后，世界前十经济体排名（与表1.1a相比）发生了很大的变化。在次贷危机前，2005年世界排名前十的国家分别为美国、中国、日本、印度、德国、英国、法国、巴西、意大利、俄罗斯。而次贷危机后，2011年后中国的购买力平价标准经济总量超过美国位居世界第一，印度则超越日本、德国跃居世界第三位。此外，2017年俄罗斯、巴西、印度尼西亚等新兴经济体也发展迅速分别居第六、七、八位。而传统强国如法国、英国居第九位和第十位，意大利则被排除在前十经济体之外。

从以上两表所示内容可以得到以下两个基本事实：一是采用不同的测算标准，如现价美元和购买力平价，世界前十经济体的排名会有所差异。这进一步说明对经济体总量进行准确度量存在一定难度，我们需要从多种角度去认识。二是尽管采用不同测算指标得出的世界前十经济体排名不同，但是我们从中可以看到：一方面，世界各国之间财富存在差异；另一方面，近年来世界各主要经济体发生内在变化。以中国、印度、俄罗斯、巴西为代表的金砖国家发展迅速，而传统的发达国家美国、英国、日本、德国、法国则发展相对滞后，部分国家甚至被新兴经济体所赶超。

然而，一个国家或地区的经济总量未必代表一个国家经济发展水平。因为一个国家的经济总量可能由该国的领土面积、人口规模等差异而有所不同。例如，城市国家与一个领土面积、资源、人口规模均很大的国家相比，其经济总量自然要小，但是其国家富裕程度可能有所不同。例如，新加坡与中国，新加坡 2017 年经济总量为 3239 亿美元，而中国为 12 万亿美元，但是新加坡人均收入是 5.7 万美元，是中国人均收入[1]的 7.1 倍。因此，在发展经济学中，衡量经济发展的更好指标是人均 GDP，即将通过购买力平价折算的 GDP 除以该国人口总量。

表 1.2 给出了来自世界银行的 2005—2017 年世界人均 GDP 排名前十位经济体的排名情况。从表 1.2 可以看到，如果按照人均 GDP 对经济发展的衡量，与之前表 1.1（b）世界排名前十位

---

[1] 2017 年中国人均收入为 0.8 万美元。资料来源：世界银行（https://data.worldbank.org.cn/）。

表1.2 **2005—2017年世界人均GDP排名前十的经济体**

（根据购买力平价计算，2010年不变价美元）

排序	国家	2005	国家	2008	国家	2011	国家	2014	国家	2017
1	摩纳哥	143694	摩纳哥	169964	摩纳哥	159431	摩纳哥	182611	摩纳哥	186185
2	卢森堡	101381	卢森堡	108577	卢森堡	105265	卢森堡	105659	卢森堡	109453
3	挪威	88433	挪威	90862	挪威	87413	挪威	89175	挪威	91549
4	瑞士	70471	瑞士	75794	瑞士	75030	瑞士	76411	瑞士	77684
5	圣马力诺	68391	圣马力诺	72918	卡塔尔	69679	卡塔尔	65560	爱尔兰	71756
6	卡塔尔	61649	卡塔尔	65047	丹麦	58576	丹麦	59438	卡塔尔	63633
7	丹麦	58793	丹麦	60505	圣马力诺	54477	澳大利亚	54679	丹麦	62733
8	阿联酋	56093	瑞典	53059	瑞典	54148	瑞典	54493	瑞典	57467
9	爱尔兰	52276	荷兰	52728	澳大利亚	52568	新加坡	53068	新加坡	57379
10	瑞典	50268	澳大利亚	51841	荷兰	51500	爱尔兰	52775	澳大利亚	56095

资料来源：世界银行（https://data.worldbank.org.cn）。

说明：排名排除海外属地。

经济体的顺序大不相同。之前世界经济总量位居前十的经济体无一上榜。由此可见，一个国家或地区的经济总量未必可以代表其经济发展水平。此外，通过将 GDP 转化为人均 GDP，我们也对当前世界经济发展水平的地理分布有一个大致的认识。根据表 1.3 给出的信息，北美洲、欧洲与中亚地区是收入水平较高地区，人均 GDP 分别为 63181 美元与 24696 美元，但南亚与撒哈拉以南非洲地区则分别为 1959 美元和 1585 美元，地区之间发展差异较大。

表1.3   2017 年世界主要地区人均 GDP

地区	人均 GDP（美元）	地区	人均 GDP（美元）
东亚及太平洋地区	11526	北美地区	63181
欧洲与中亚地区	24696	南亚地区	1959
拉丁美洲及加勒比海地区	8847	撒哈拉以南非洲地区	1585
中东与北非地区	8104		

（二）健康

除人均收入外，各国的健康水平也是各经济体经济发展水平的重要度量指标。特别是随着经济发展水平的提高，人们的健康水平也得到有效改善，人们享有更好的医疗保障，更长的寿命。因此，经济学家经常采用平均预期寿命（Average Expected Life）作为经济发展的度量指标。

平均预期寿命主要是指在给定国家和地区在未来每年死亡

率一定的情况下，任何一个人从出生到死亡的生活预期年数。图1.2 给出了 1960—2016 年世界平均预期寿命的变化情况。其中，方形图标显示世界整体平均预期寿命从 1960 年的平均 52.2 岁上升到 2016 年的平均 72 岁，这充分表明自 20 世纪中叶以来全世界人口健康水平有显著改善。从经济体组别来看，尽管高收入国家、中等收入国家、低收入国家的平均预期寿命自 1960 年以来一直呈现出收敛状态，但是三个组别之间的平均预期寿命依然存在差异。从地理分布来看（见表 1.4），欧洲与中亚地区、北美地区平均预期寿命较高，特别是北欧地区，平均预期寿命为 82 岁。与之相反，非洲地区，特别是撒哈拉以南地区，平均预期寿命较低。其中，塞拉利昂是当前世界各经济体中平均预期寿命最低的国家，仅有 51.8 岁。

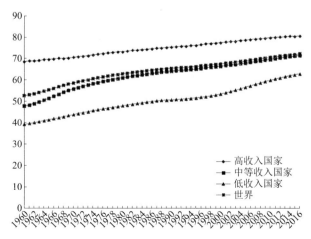

图 1.2　1960—2016 年世界平均预期寿命变化

资料来源：世界银行（https://data.worldbank.org.cn）。

表1.4   2016年世界主要地区平均预期寿命

单位：岁

地区	平均预期寿命	地区	平均预期寿命
东亚及太平洋地区	75.6	北欧地区	82
欧洲与中亚地区	77.6	北美地区	78.4
拉丁美洲及加勒比海地区	75.1	南亚地区	68.9
中东与北非地区	73.7	撒哈拉以南非洲地区	60.4

数据来源：世界银行（https://data.worldbank.org）。

除平均预期寿命外，经济学家也通常采用另外两个健康指标来衡量经济发展。一个是婴儿死亡率（Mortality rate，neonatal），另一个则是5岁以下婴儿死亡率（Mortality rate，under 5）。婴儿死亡率主要是指每千名新生儿中未达到1岁死亡的比率。5岁以下婴儿死亡率主要是指在假定每年死亡率相同的情况下，每千名新生儿中未能存活到5岁的比率。无论是婴儿死亡率还是5岁以下婴儿死亡率，死亡率越高意味着健康水平越差，发展水平越低。表1.5分别给出了世界各经济体的婴儿死亡率［见表1.5（a）］与5岁以下婴儿死亡率［见表1.5（b）］的地理分布情况。从中我们可以看到，当前世界撒哈拉以南非洲与南亚地区婴儿死亡率较高，其中撒哈拉以南非洲地区婴儿与5岁以下婴儿死亡率分别为5.5%与8.3%。一方面，这主要由于当地经济发展水平较差，摄取营养较少，由此导致的营养不良等问题提高了婴儿死亡率。另一方面，这些地区长期冲突不断，众多不稳定因素增加了其婴儿死亡率。而在欧洲与中亚地区、北美地区，婴儿死亡率及5岁以下婴儿死亡率全球最低。

其中，北美地区两项指标平均分别为 0.57% 和 0.66% 左右。

表1.5（a）　　　　　　**2016年世界各主要地区婴儿死亡率**

单位：每1000人

地区	婴儿死亡率
东亚及太平洋地区	13.5
欧洲与中亚地区	8
拉丁美洲及加勒比海地区	15.4
中东与北非地区	19.4
北美地区	5.7
南亚地区	37.6
撒哈拉以南非洲地区	55.8

表1.5（b）　　　　　　**2016年世界各主要地区5岁以下婴儿死亡率**

单位：每1000人

地区	5岁以下婴儿死亡率
东亚及太平洋地区	16.2
欧洲与中亚地区	9.2
拉丁美洲及加勒比海地区	18.1
中东与北非地区	23.4
北美地区	6.6
南亚地区	46.4
撒哈拉以南非洲地区	83

数据来源：世界银行（https://data.worldbank.org）。

（三）教育水平

现代经济发展离不开人力资本的投入，而教育又是增加人

力资本积累的重要途径。人们可以通过教育来增加对人力资本
的投资，进而促进经济发展。因此，教育通常也被经济学家作
为衡量经济发展的重要指标。

在通常情况下，经济学家采用成人识字率作为教育水平的
度量指标；特别是 15 岁以上识字人口占总人口的比重。表 1.6
给出了世界上 15 岁以上识字人口比重的地理分布情况。从中可
见，当前世界各国识字人口比例存在较大差异，非洲以及南亚
地区是识字率较低的地区，而欧洲和美洲地区的识字率较高。
这也恰恰说明了在一定程度上欧洲与非洲地区的经济发展差异
在教育水平上起到的决定作用。

表1.6   2016年世界各主要地区15岁以上识字率

地区	15 岁以上人口识字率（%）
东亚及太平洋地区	95.2
欧洲与中亚地区	98.2
拉丁美洲及加勒比海地区	93.5
中东与北非地区	80.4
北美地区	—
南亚地区	70.9
撒哈拉以南非洲地区	64.2

数据来源：世界银行（https://data.worldbank.org）。

（四）消费支出结构与热量

除了常用的收入、健康、教育等作为经济发展的衡量指标外，

不同国家和地区的消费支出结构也是经济发展的重要衡量指标。在经济学中，消费支出结构是一个非常重要的衡量指标，被称作恩格尔系数（Engel's Coefficient）。恩格尔系数主要是指人们食物支出占总支出的比重。当收入增加时，恩格尔系数会随着收入的增加而下降，人们在食品方面的支出占总支出的比重将会越来越小。反之，当收入水平较低时，恩格尔系数往往变得很大，因为大量的消费支出用于购买食物以维持基本生存。根据联合国世界粮农组织对恩格尔系数的分类标准，一般认为，恩格尔系数大于 59% 为贫困；40%—59% 为中等收入；30%—40% 为富裕。

在《饥饿星球》[1] 一书中，著名摄影师皮特·门泽尔（Peter Menzel）与其妻子（Faith d'Aluisio）给出了来自全球 24 个国家30 个不同家庭的一周食物能量，以及食物支出的基本情况（见图 1.3）。从该书提供的图片不难发现，发达国家在食物上支出的费用虽然绝对值高，但占总支出的比重相对较低，而且食物提供的卡路里、热量较高。而在发展中国家，特别是低收入国家，虽然食物支出的绝对值较低，但恩格尔系数较高，食物支出不仅占家庭总支出的比重较大，而且食物的种类单一、热量较低。

---

[1] Faith d'Aluisio, *Hungry Planet: What the World Eats*, Material World Books, 2007.

英国：食物消费支出 253.15 美元

日本：食物消费支出 317.25 美元

乍得：食物消费支出 26.39 美元

厄瓜多尔：食物消费支出 31.55 美元

中国：食物消费支出 155.06 美元

美国：食物消费支出 341.98 美元

印度：食物消费支出 39.27 美元

马里：食物消费支出 26.39 美元

图 1.3　不同国家和地区家庭一周食物种类及消费支出

资料来源：http://menzelphoto.com/galleries/hungry-planet/。

（五）贫困的程度

一个国家的贫困程度虽然与经济发展密切相关，但两者也有所不同。贫困程度一般取决于两个方面：一是国民收入的平均水平，二是分配的平等程度。由此可见，尽管两个经济体的经济总量或者人均 GDP 相当，但在收入分配层面上，如果一个国家收入分配比较平均，而另一个国家的财富集中在少数人手中，前者可能比后者具有更好的发展水平。因此，发展经济学家给出贫困线这一概念来衡量一个国家或地区的贫困程度。

贫困线主要是指满足人们基本物质生活所必需的最低收入水平。我们可以根据一个国家或者地区在贫困线以下的人口规模来判断该国的经济发展情况。2015 年世界银行根据购买力平价方法，将国际贫困线标准从之前的 1.25 美元上调至 1.9 美元，这也是当前的国际贫困线标准。按照这一新标准，我们发现随着全球经济发展，世界贫困人口的比例已经从 1990 年的 35.9%下降至 2015 年的 10%，绝对人口数量从 18.4 亿人下降至 7.5 亿人。[1] 由此可见，全球反贫困的措施取得了较好的成绩。

从地区来看（见图 1.4），1990 年贫困人口主要集中在亚洲主要国家和地区，特别是中国和印度等国，然而到 2013 年，亚洲贫困人口大幅度下降，特别是中国为世界反贫困进程做出了重要贡献，贫困人口从 1990 年的 7.5 亿人下降到 2015 年2500 万人。[2] 但非洲地区贫困情况有所恶化，贫困人口比重呈现上升状态，并且主要集中在撒哈拉以南非洲地区。

---

[1] World Bank*2017 Atlas of Sustainable Development Goals: From World Development Indicators*, World Bank Group, 2017.

[2] 中国贫困人口的减少，一方面得益于改革开放中国经济的快速发展，另一方面也与 2013 年以来实行的"精准扶贫"政策高度相关。"精准扶贫"政策的实施在一定程度上有效地降低了中国贫困县的比例，减少了贫困人口。

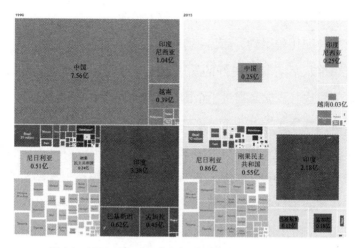

图 1.4   1990—2013 年世界人口生活在贫困线以下人口比例

说明：贫困线标准为每日收入 1.9 美元（2011PPP）。

资料来源：World Bank *2017 Atlas of Sustainable Development Goals: From World Development Indicators*, World Bank Group, 2017。

（六）太空中的发展差异

最近随着太空技术发展，人们也可以从太空中了解世界各地区经济发展的差异。图 1.5（a）给出了美国宇航局从太空航拍的地球夜景地图。从这张太空照片可以看到，地球上各个地区夜间灯光亮度存在显著差异。我们发现，灯光密度较高的地方往往是经济发达的国家和地区，而灯光密度较低的地方则是经济发展较差的地方，例如非洲赤道附近等。另外，我们从太空灯光地图中不仅可以看到世界各地的经济发展差异，也可以看到一个经济体内在的发展差异。首先，图 1.5（b）给出了我国夜间灯光图片，可见灯光密度较高的地方主要集中在东部沿海经济发达地区，而在我国中西部经济发展较弱的地区，灯光密度较低。这一结果与采用人均 GDP 度量的结果具有较高一致性。图 1.5（c）给出了另一个更为有趣的案例——"朝鲜半岛"。在朝鲜半岛北面是实行计划经济制度的朝鲜人民主义共和国，而在朝鲜半岛南面则是采用经济开放政策的市场经济制度的大韩民国。两者之间灯光亮度差异恰恰体现出朝鲜半岛南北制度不同导致经济发展差异。

（a）世界整体夜间灯光

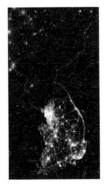

（b）中国夜间灯光　　　　　（c）朝鲜半岛夜间灯光

图 1.5　太空航拍地球灯光

资料来源：https://visibleearth.nasa.gov/view.php?id=55167。

二 历史上的经济发展差异

以上我们介绍了衡量经济发展的几个重要的指标，同时我们也对当前世界各经济体的发展差异有所了解。但是接下来，我们要提出：当前世界各经济体之间的发展差异一直是这样的吗？历史上各经济体之间的经济发展差异有何不同？因此，在接下来的这一部分中，我们将在一个较长的时期内，从人类历史变迁的视角来分析世界主要经济体之间的经济发展变化。

（一）历史上的人均 GDP

对于人类历史上经济总量的长期变化，我们虽然知之甚少，但是依然可以通过对主要国家和地区的经济活动的历史数据进行整理，从而拼凑出一些时点的经济发展状况。安格斯·麦迪逊（Angus Maddison）是在这一领域具有突出贡献的学者。在《世界经济千年史》（*The World Economy: A Millennial Perspective*）（2001）一书中，麦迪逊给出了公元元年至 1998 年世界人均 GDP 的估计结果，我们结合世界银行的数据，最终构建了从公元元年至 2016 年两千余年的全世界人均 GDP 变化情况，如图 1.6 所示。

从图 1.6 中可以看到，在 1820 年之前长达 1800 年的时间里，

人均GDP
（单位：国际元）

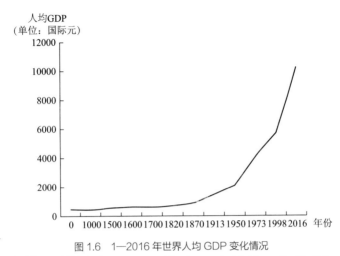

图 1.6 1—2016 年世界人均 GDP 变化情况

资料来源：世界银行（https://data.worldbank.org.cn）；Maddison, *The World Economy: A Millennial Perspective*, OECD Press, 2001。

世界人均 GDP 没有显著变化，始终维持在 550 国际元[1] 的水平。这意味着生活在 18 世纪或 19 世纪中的人们的生活状况未必比他们生活在公元元年前后的祖先要好，而且此时人们一直饱受马尔萨斯陷阱（Malthusian Trap）[2] 的困扰。然而一切在 19 世纪初发生了改变。在 1820 年之后，随着工业革命的深入，世界人均收入呈现出持续显著的增长趋势，在 1820 年至 2016 年近两百年的时间里，人均 GDP 的增速超越了人类社会 1800 多年的经济增速，创造了人类发展历史的奇迹。

---

[1] 国际元是根据购买力平价方法将不同国家货币转化为统一货币的度量单位。

[2] 马尔萨斯陷阱意味着由技术进步所带来的短期收入增加，但随着收入的增加也导致人口快速上升，进而抵消了由技术进步所带来的收入增加。

（二）两次大分流（Great Divergence）

此外，在漫长的人类发展历史进程中，各经济体在其经济发展的路径上也存在较大的差异。总体看来，人类社会自公元元年至今曾经历过两次经济发展上的大分流。

第一次大分流发生在公元 10 世纪。虽然在 1820 年之前，世界各主要经济体之间的人均收入水平在马尔萨斯陷阱的影响下没有显著差异，但在较长的历史时期内其经济绩效依然出现了短暂的分流。具体表现为中国与当时欧洲主要经济体之间的差异。在公元 10 世纪，中国处于宋朝时期，人口规模超过 1 亿，商业活动繁荣。根据麦迪逊估计，当时中国人均 GDP 约为 500 国际元，远远高于欧洲地区。而且中国具有较高的城市化水平，如表 1.7 所示。然而，这一优势很快消失。究其原因，一

表1.7　　　　　　　　　　人类历史上两次大分流

城镇化率 （居住人口超过10000人的城市人口百分比）			人均CDP （基于 1990 年的国际元）		
年份	中国	欧洲	年份	中国	欧洲
762	3%		1	$450	$550
1000		0%	960	$450	$422
1120	3.1%		1300	$600	$576
1500	3.8%	5.6%			
1650	4%	8.3%	1700	$600	$924
1820	3.8%	10%	1820	$600	$1090

资料来源：Maddison, *The World Economy: A Millennial Perspective*, OECD Press, 2001。

是北方游牧民族政权南侵对宋代经济造成了较大的破坏，二是仅依靠以分工与贸易规模为动力的传统斯密式增长方式[1]无法摆脱马尔萨斯陷阱的影响。因此，在此之后世界各经济体又重新趋同。

第二次大分流主要发生在 18 世纪中叶工业革命之后。18 世纪中后期，随着以蒸汽机、火车等新动力和新交通工具为代表的工业革命迅速在欧洲大地展开，欧洲成为世界工业中心。与此同时，随着 15—16 世纪大航海时代的到来，新航路的开辟使欧洲对外贸易市场不断扩大，欧洲经济获得了快速发展。而此时的东方世界，中国明清两代统治者均推行闭关自守的经济发展策略，产业结构单一，依然以传统农业作为主要的经济来源。最终，在 19 世纪初，东西方经济发展再次发生分流。但与第一次分流不同的是，此时西方欧洲经济发展领先于中国，中国 1820 年人均 GDP 仅为 600 国际元，而欧洲人均 GDP 为 1090 国际元。

图 1.7 是对人类历史上这两次大分流动态变化的刻画。首先，在 1820 年之前，世界各国人均 GDP 均无显著差异，但在 18 世纪中叶英国率先获得快速增长。之后，随着工业革命的扩展，德国、意大利、法国等国家也迅速加入其中，人均收入获得快速增加。但是在东方世界，传统东方大国，如中国和印度，

---

[1]　斯密式经济增长方式主要体现在亚当·斯密经典著作《国富论》中。斯密在该经典著作中认为劳动部门内的组织分工、自由贸易市场制度以及发达的贸易网络是实现经济增长的重要决定因素。

则依然处于马尔萨斯陷阱中。在 19 世纪末和 20 世纪初，随着
第二次产业革命的发生，美国异军突起，人均 GDP 超过所有国
家，成为世界经济最发达的经济体，而其他欧洲国家紧跟其后。
20 世纪中叶，在第二次世界大战结束后，日本和德国虽然战败，
受到战后条约限制无法集中力量发展经济，但自 1950 年后获得
了快速发展，成为世界第二和第三大经济体。与此同时，如图
1.7 所示，中国直到 20 世纪 70 年代末因为改革开放，人均 GDP
才有显著提升。而且中国通过 40 年的发展，2017 年按照购买力
平价方法计算，其经济总量已经达到 23 万亿美元，超过美国的
19 万亿美元，成为世界第一大经济体。即使按照标准汇率计算，
中国经济总量也达到 12 万亿美元，仅次于美国的 18 万亿美元。
中国经济再次实现了快速发展与复兴。

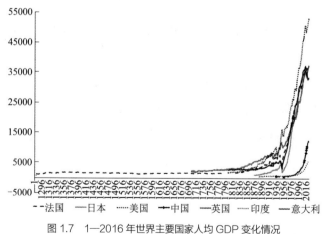

图 1.7　1—2016 年世界主要国家人均 GDP 变化情况

资料来源：世界银行（https://data.worldbank.org.cn）；Maddison, *The World Economy:
A Millennial Perspective*, OECD Press, 2001。

三　结束语：如何理解经济发展差异

消除贫困、促进发展既是 21 世纪人类社会可持续发展的重要目标，也是世界各国在未来十年的重要任务。而了解当前世界经济发展差异则是我们解决贫困以及诸多发展难题的第一步。因此，本章主要通过一系列经济发展指标的介绍，使读者对当前世界各经济体经济发展的差异有所了解，进而思考导致这种经济发展差异背后的原因。

当前，世界各经济体之间的经济社会发展存在很大的不平衡性。在欧洲与北美等高收入国家，人民生活水平较高，享有较好的医疗、教育、公共资源等优势，而在非洲以及南亚、东南亚等国家，人均收入水平较低，特别是撒哈拉以南非洲地区，21 世纪以来贫困人口比例不但没有减少反而近期呈现上升趋势。而且在这些经济不发达的国家和地区，不仅收入水平较低，同时也伴随着饮食结构单一、营养不良、疾病频发、教育投资不足等一系列经济社会发展问题。此外，我们通过 2000 余年的人类历史发展进程来看，这一发展差异不仅存在于现实世界也存于历史进程中。大国兴衰，沉浮起落，究竟是什么原因导致世界各经济体在历史与现实中的经济发展产生差异呢？这将是我们在下一章进一步讨论和解决的问题。

第二章
被忽略的因素：历史对理解发展重要吗？

在上一章，我们已经了解了世界各经济体在历史与现实中的发展差异情况，但是对这些差异的原因我们依然知之甚少。因此，本章试图通过对当前经济发展理论的介绍，进一步探寻导致各经济体之间产生经济发展差异的根源。

在探寻国家之间贫穷与繁荣根源的同时，我们不仅要对影响经济发展的最直接因素进行考察，而且也将对影响经济发展的深层次假说进行介绍。特别是思考历史这一被发展经济学家和政策制定者所忽略的发展因素，是不是导致当前各经济体经济发展差异的原因。

本章内容结构如下：首先，我们对当前主要经济增长理论进行介绍，其中包括古典经济增长模型、新古典经济增长模型以及内生经济增长理论等，从而了解导致经济产出变化的最直接因素。其次，我们对其他一些具有竞争性的深层次经济发展假说进行考察，其中包括地理假说、制度假说、文化假说等。最后，在通过对经典经济增长理论以及经典假说进行分析后，我们将讨论历史经验对于理解经济发展差异的重要作用。

一　经济增长的基本理论 [1]

当经济发展处于不同阶段时，应有不同的理论对当时的经济发展现象进行诠释。但由于在 18 世纪中叶之前，人类社会一直处于马尔萨斯陷阱之中，人均收入水平一直保持不变，或者说人类和其他物种的分离只是在过去 200 年才发生，生活在 1800 年左右的人们其物质生活水平未必比他们的祖先更加优越。[2] 因此，随着经济增长的变化，关于经济发展与增长的理论也有所变化。在此之前，鲜有学者对经济发展与增长问题进行考察与讨论，而在 18 世纪中叶以后，随着经济实践的变化与发展，系统化的经济发展理论逐渐层出不穷。时至今日，关于经济增长的主要理论基本可以分为古典经济增长理论、新古典经济增长理论和内生经济增长理论。

---

[1]　在经济学理论中，经济增长与经济发展两个概念之间既有联系也有区别。其中经济增长主要是指国民收入水平的增加，而经济发展则是一个动态过程，即经济不发达向经济发达的转变过程。经济发展的内涵要比经济增长丰富，不仅指收入水平的增加，还包括收入分配、健康、教育等更加丰富的内容。但由于本书讨论的经济发展是在一个较长历史视野下，而且实现经济发展必须以人均收入增加作为前提，因此这里将经济增长理论与经济发展理论等同起来理解，但仅限于最基本的产出增加讨论。

[2]　Gregory Clark, *A Farewell to Alms: A Brief Economic History of the World*, Princeton University Press, 2009.

（一）古典经济增长理论

在工业革命发生之前，人类社会收入水平几乎没有任何显著性的增长，经济增长率长期不足 1%。[1] 人类社会面临的最严峻的问题是人均收入水平长期不变，仅仅维持生存的状态。当时的思想家更多思考的是如何文治武功、维持统治等。但是到了 18 世纪，随着工业革命的到来，一切发生了改变。收入水平快速增长，人们开始逐渐思考如何促进经济增长来获得财富增加的问题，古典经济增长理论由此应运而生。

在此，我们主要对两位古典主义经济学家的增长理论进行介绍，进而理解古典主义经济增长理论。这两位古典经济学家一个是亚当·斯密（Adam Smith），而另一个则是托马斯·马尔萨斯（Thomas Malthus）。亚当·斯密在其经典经济学著作《国富论》（*An inquiry into the Nature and Causes of the Wealth of Nations*）一书中，提出了自己关于增加财富与促进经济发展的基本理论主张。而马尔萨斯则是通过对工业革命前后的社会观察，发现人均收入水平发展变化的内在机制，提出了马尔萨斯

---

[1]　根据格罗宁根大学（University of Groningen）增长与发展中心 Maddison Database 2010 测算，人类社会从公元 1 年至 1700 年，GDP 平均增速为 0.07%，人均 GDP 平均增速为 0.02%（https://www.rug.nl/ggdc/historicaldevelopment/maddison/releases/maddison-database-2010）。

陷阱假说，用来解释从人类社会起源到工业革命前人类社会长期经济停滞的现象。

1. 亚当·斯密与《国富论》

亚当·斯密的经济增长理论主要集中体现在《国富论》这部著作中。首先，正如许多学者，如艾克伦德（Robert B. Ekelund）与赫伯特（Robert F. Hebert）认为的那样，分工理论是亚当·斯密经济增长理论的起点。[1]分工理论不仅仅是亚当·斯密所构建的市场理论的基本理论，同时也是斯密认为的经济增长和财富增加的内在动力与源泉。事实上，经济分工在三个方面对提高生产效率、增加产出起到积极作用：一是每个工人的技能和灵巧度得到提高；二是节约生产时间，生产效率得到提升；三是人们生产劳动专注到某一道工序上，进而促进某一特殊工种机器的发明。因此，劳动分工可以增加经济财富。

其次，虽然分工是亚当·斯密经济增长理论的起点，但资本积累的作用不可忽视，资本积累可以使经济增长持久不断。在此，斯密将财富分为两部分：一部分是用作消费的储备，另一部分则是获取收益的储备。斯密认为，财富中用于获取收益的储备份额越大，越可以促进分工的进一步实现，进而进一步增加经济产出。图 2.1 展现了斯密经济增长理论的内在逻辑。

最后，亚当·斯密除了认为分工具有提高生产率以及资本

---

[1]　Robert B. Ekelund, and Robert F. Hebert, *A History of Economic Theory and Method*, McGraw-Hill Book Company, 1990.

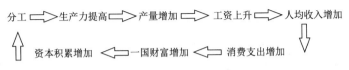

图 2.1　斯密增长理论示意

资料来源: Robert B. Ekelund, and Robert F. Hebert, *A History of Economic Theory and Method*, McGraw-Hill Book Company, 1990。

积累的作用以外，也认为市场规模与自由贸易促进财富增加是非常重要的内容。在他看来，市场规模的扩大与贸易的扩张，不仅可以把通过劳动分工生产出来的大量产品销售出去，而且也会进一步促进分工和劳动生产率的提高。因此，强调贸易网络的开拓、自由贸易、反对关税壁垒成为早期古典经济学家和政策制定者关注的重要内容。

　　在人类历史上，贯彻亚当·斯密古典经济增长理论最典型的案例并未发生在斯密所生活的欧洲，而是在亚欧大陆另一端的中国。在 11 世纪中国的宋朝，这个由后周武将开创的朝代，结束了五代十国时期中国大地分裂割据的局面，实现了中原地区的局部统一，在一定程度上促进了统一市场的形成。特别是隋唐以来修建的南北走向的运河体系[1]将东西自然走向的大江大河连接起来，形成了一个庞大的水运网络。加之中国地大物博，

---

　　[1]　早在春秋战国时期，统治者就重视运河的修建，如郑国渠、白渠、灵渠等。隋唐时期，隋朝先后开凿了广通渠、永济渠、通济渠、邗沟和江南运河总计 4800 余里的运河体系（詹子庆，1997）。尽管隋朝修建运河的目的是进一步掠夺经济发达地区的经济资源，且成为隋末农民大起义的重要起因之一，但在一定程度上促进了交通网络的形成与市场整合，为后来几个朝代经济发展起到了重要的作用。

不同地区要素禀赋结构差异较大，形成了较大范围的区域分工市场，一个庞大的商业帝国由此而生。因此，许多学者认为宋朝不仅是中国历史上商业活动最发达的朝代，也是最接近近代资本主义的朝代，中国迎来了唐宋变革时代。

宋代的商业繁荣可以从北宋画家张择端所绘制的《清明上河图》（见图 2.2）上略见一斑，并且通过对宋代商税征收税额的空间地理分布，更能看到具有斯密式增长典型特征的区域分工、市场网络、自由贸易对商业活动及其区域经济发展的影响。由表 2.1 可见，在宋代，沿海地区以及长江、黄河流域等地区商税比例占有较高比重，特别是运河区域的商业活动更加活跃，而内陆河流密度较低地区的商税比例或商业活动较弱。宋代早期商税比例的空间地理分布恰好进一步证明了在中国传统社会斯密式增长的存在。

图 2.2 宋代《清明上河图》中的商业活动

资料来源：张择端（宋）《清明上河图》局部，图片来自网络。

表2.1　　　　　　　　北宋嘉祐年间和熙宁年间的商税与运河网络

军路	嘉祐年间（贯）	熙宁年间（贯）
京东东路	7.3%	4.9%
京东西路	7.2%	8.3%
京西南路	2.9%	2.8%
京西北路	3.7%	6.6%
河北东路	8.5%	11.3%
河北西路	4.4%	5.6%
永兴军路	6.2%	6.6%
秦凤路	5.3%	5.1%
河东路	4.0%	4.5%
淮南东路	6.5%	8.3%
淮南西路	5.5%	9.0%
两浙路	13.3%	9.5%
江南东路	5.6%	4.9%
江南西路	3.8%	3.3%
荆湖南路	2.8%	1.4%
荆湖北路	2.8%	2.6%
福建路	4.1%	2.6%
广南东路	3.9%	1.6%
广南西路	2.1%	0.9%

资料来源：根据《宋会要辑稿》及清木場東（2005）《北宋の商業活動》相关数据计算得出。

说明：本表仅计算宋代铜钱区域的商税情况，铁钱区域不在计算范围内。

2. 马尔萨斯陷阱

亚当·斯密在《国富论》中提出的经济理论，对当时欧洲国家财富积累起到了很大的作用。虽然斯密的理论对当时经济的增长贡献了很好的理论基础，但却不能解释为什么人类社会从公元元年至工业革命前一直处于发展停滞的状态。在公元元年至工业革命的这段时间里，人类社会虽然也有很多重要的发明与技术革新，诸如犁的使用、新农业作物的改良、新动物的驯化等，但是为什么人类社会依然处于长期的停滞发展状态，而且这一状态直到工业革命后才被打破？针对这个问题，托马斯·马尔萨斯在其著作《人口论》(*An Essay on the Principle of Population*)中给出了他的假说。

马尔萨斯的理论主要建立在以下几个假设基础之上：第一，他认为在人类社会中存在一个基本工资，即维持个人生存的最低工资水平。如果一个人的工资低于这个基本工资，他就无法生存。第二，人类社会收入水平只要高于生存工资，那么多余的收入就会被用于人口再生产，导致人口增加。因此，人口是收入的增函数。第三，马尔萨斯认为，人们收入的多少主要受制于资源的多少，由于自然资源是有限的，因此收入也是有限的。

在这三个假设下，马尔萨斯提出了自己的人口理论。他认为，当人口不受约束时，人口呈几何级数增长，而生活资料只能按算术级数增长。因此，如果不对人口进行有效的控制，那么经济发展就会陷入马尔萨斯陷阱之中，即人均社会财富长期保持不变的均衡状态。

此外，马尔萨斯认为人口增长主要由出生率和死亡率之间的互动而决定，如果出生率大于死亡率，人口增加；反之人口减少。因此，马尔萨斯提出了预防性控制与积极控制两方面的人口控制措施。其中，预防性控制主要是从人口出生率角度进行阐释。马尔萨斯认为，有效的预防性控制措施可以被称为道德约束，即通过晚婚、避孕、堕胎等方法减少人口出生率，进而降低人口数量。而积极控制主要是从死亡率角度对人口增长率进行考察，强调通过饥荒、贫困、瘟疫及战争等因素影响死亡率，减少人口规模。

图 2.3 给出更清晰的马尔萨斯模型分析。在图 2.3 中，横轴为人均收入，纵轴分别为出生率与死亡率。其中，出生率与人均收入呈正向相关关系，而死亡率与人均收入呈现负向相关关

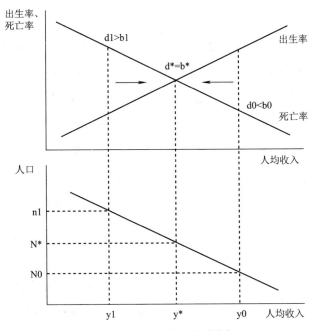

图 2.3　马尔萨斯经济中的长期均衡

资料来源：Gregory Clark, *A Farewell to Alms: A Brief Economic History of the World*, Princeton University Press, 2009。

系。当人均收入上升，出生率大于死亡率时，即 b0>d0 时，人口增长，人口增长导致人均收入的下降。只有当收入下降到生存收入水平时人口增长才会停滞在均衡水平 N* 上，此时实现了人口的稳定；反之亦然。

（二）新古典经济增长理论

进入工业社会之后，生产力水平和生产效率获得了显著提高。经济增长方式与驱动因素也发生了根本性的改变。资本积累在这一阶段扮演着非常重要的角色。因此，经济学家一直探索可以更好解释工业革命之后经济增长的理论框架，很多学者做出了贡献，如哈罗德（Roy F. Harrod）、多马（Evsey D. Domar）、卡尔多 (Nicholas Kaldor)、罗宾逊（Joan V. Robinson）等。[1]

然而对经济增长内在机制最好的诠释者则是罗伯特·索罗（Robert Solow）。1956 年索罗在《经济学季刊》（*The Quarterly Journal of Economics*）发表了名为"一个经济增长理论的贡献"（A Contribution to the Theory of Economic Growth）的文章。[2] 该文给出了后来被认为是新古典经济增长理论典范的索罗模型，

---

[1]　关于新古典经济增长理论的其他模型内容的介绍可参见 Daron Acemoglu, *Introduction to Modern Economic Growth*, Princeton University Press, 2009。

[2]　具体内容参见 Solow, Robert M., "A Contribution to the Theory of Economic Growth", *Quarterly Journal of Economics*, 70(1), 1956, 65-94。

索罗本人也因此贡献获得了 1987 年诺贝尔经济学奖。索罗增长模型旨在揭示经济体中资本存量、劳动力以及技术进步三方面因素如何决定一国产品与服务产出的机制。一般而言，索罗模型主要建立在两个基础的方程上：一个是生产函数；另一个是资本积累方程。

其中，生产函数主要用来刻画在可获得生产技术条件下，利用给定生产要素 [1]（如劳动力、资本）能够生产的数量，即产出与生产要素投入之间的函数关系。索罗增长模型假设生产函数具有以下两个重要性质：首先，索罗增长模型假设生产函数具有规模报酬不变的特征，即如果所有生产要素增加相同的比例也将会引起产出变化同样的比例。经济学家之所以假定生产函数具有规模报酬不变性质，一个重要原因在于可以将生产函数简化，使生产函数由原来产出与劳动力、资本的函数，成为劳均产出与劳均资本的函数。其次，除了假设生产函数具有规模报酬不变的特征外，索罗增长模型也假定生产函数具有边际产量递减（Diminishing Marginal Product）的特性。边际产量递减主要体现在两个方面：一是在资本量和生产技术水平不变的情况下，每增加一单位劳动力投入，劳动的边际产量出现递减；二是在劳动和生产技术水平不变的情况下，每增加一单位资本投入，资本的边际产量出现递减。

----

[1]　生产要素（factors of production）主要是指为了获得产品和服务而用于生产的投入。常见的生产要素主要有土地、资本、劳动力等，然而在所有生产要素中最重要的为资本和劳动力。

　　资本积累方程主要由两部分组成：一是投资，即资本中用于新厂房和设备的支出；二是资本折旧，即原有资本在生产过程中发生的损耗。在宏观经济运行中，投资主要来自储蓄，储蓄是上一年国民收入的一个比例，而折旧则是每年资本存量的一个磨损比例。从资本积累方程我们可以得知，当劳均资本存量增加时，产出量和投资量均得到增加，折旧也随着劳均资本的增加不断增大。

　　在索罗模型对经济增长的解释中，有两个非常重要的概念：一是稳定状态，二是趋同。

　　1. 稳定状态

　　稳定状态主要是指在经济增长过程中，根据资本积累方程，当投资大于折旧时资本积累为正，而劳均产出又是劳均资本的函数，此时劳均产出处于增加状态。而当折旧大于投资时，此时劳均资本增量为负，资本积累减少，最终使劳均产出水平下降。由此可见，在经济增长过程中存在一种稳定的状态，即当投资等于折旧时，资本增量为零，劳均产出处于平衡状态。此时，既不会出现投资增加而导致产出扩张，也不会出现投资不足而导致产出萎缩。因此，我们把当资本存量增量等于零时的资本存量称为稳定状态（Steady-state）的资本存量，此时的产出水平为稳定状态的产出水平。而且我们可以看到的一个事实就是，无论一个经济体的初始资本水平如何，在一个较长期的经济发展过程中该经济体最终会达到稳定状态的资本水平，相应的产出也将处于稳定状态。

然而在现实社会中，我们却很少看见处于稳定状态的经济体，其原因主要在于决定劳均资本增量的储蓄率、劳动力投入都是内生变化的。一个经济体储蓄率与劳动力投入发生变化，经济增长的稳定状态也将随之变化。假设经济体已经处于稳态，储蓄率也达到了稳态，此时如果储蓄率增加，这意味着每年将有更多的收入用于储蓄进而变成当年的投资，新的投资将大于折旧，从而资本积累增加，经济增长进入新的稳定状态。由此可见，当储蓄率上升时，资本的稳态也将会增加，从而可以得到更高的稳态产出水平。

为了进一步了解储蓄率对经济增长产出的影响，根据世界银行的数据，图 2.4 给出了世界各经济体 1960—2016 年平

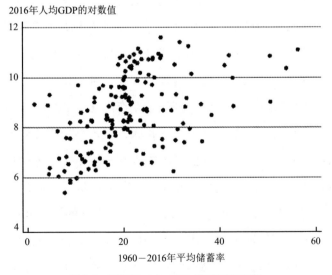

图 2.4　储蓄率与人均 GDP 关系的实证证据

资料来源：世界银行。

均储蓄占产出百分比与 2016 年人均 GDP 之间的关系。

图 2.4 的数据表明，拥有储蓄率越高的国家，人均收入水平越高，两者存在显著的正向相关关系。例如美国、日本等，这些国家具有较高的储蓄率，从而具有较高的人均收入水平；而另一些国家，如埃塞尔比亚、布隆迪，它们的储蓄率则较低，进而伴随着较低的人均收入水平。以上这些事实与索罗增长模型预测结果一致。因此，在新古典经济增长理论索罗模型中，储蓄率（或者投资）是决定一个国家或地区经济繁荣与贫穷的关键因素。而自人类社会进入到近代工业化以来，资本积累也自然而然地成为各经济体实现自身经济发展的基础。

除储蓄率外，在索罗增长模型中，另一个影响稳定状态的因素是劳动力或者是人口增长。在经济发展过程中，当资本存量保持不变的情况下，人口的增长会引起劳均资本的下降。因此，储蓄率的提高增加了劳均资本存量，而折旧与人口增长则减少了劳均资本存量。索罗模型认为，当人口增长率提高时，资本存量将更加分散地给更多的工人，这也意味着更多的资本要维持劳动力的生存，从而减少资本增量的形成。这一变化使稳定状态的资本存量变小。由于资本存量变小了，人均产出水平也将会降低。因此，索罗增长模型预测人口增长率高的国家将会有较低的人均 GDP 水平。

索罗增长模型预测人口增长率对稳态劳均资本存量具有显著的负向影响，即人口增长率高的国家将会有低的稳态劳均资本存量，进而有较低的人均收入水平。而较低人口增长率的国家却拥有较高的稳态劳均资本存量和较高的人均收入。这似乎意味着高人口增长率会使一国经济状况恶化。那么现实中，实际的经验数据是否支持这一结论呢？在图 2.5 中，我们同样利用世界银行的数据，对 1960—2016 年各国平均人口增长率与 2016 年人均 GDP 的数值进行分析。结果表明，拥有较高平均人口增长率的国家或地区在 2016 年拥有较低的人均 GDP，而拥有较低人口增长率的国家却有较高的人均 GDP 水平。人口增长与人均收入之间存在显著的负向关系。

2. 趋同

索罗增长模型的另一个重要预测则是发现经济增长存在趋

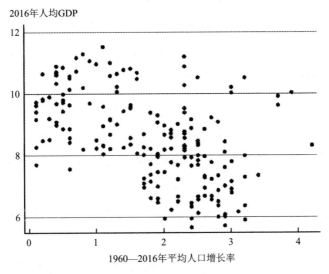

图 2.5　人口增长与人均收入的国际证据

资料来源：世界银行。

同的过程，即远离稳态的经济体无论其初始经济发展水平如何，最终将会追赶上富裕经济体，收敛在稳态产出水平上。这意味着经济越落后的国家，经济增长速度越快；经济越富裕的国家，经济增长速度越慢。

收敛出现的一个重要假定是经济体之间可能存在由于地理、文化、制度等诸多因素差异所形成的不同初始资本存量，但是因为它们在经济增长过程中具有相同的稳定状态，所以可以预期，经济体之间的经济增长率将会趋同，即有着较少资本存量的经济体将会拥有较快的经济增速，而拥有较高资本存量的经济体因趋近资本存量稳态，经济增长较为缓慢。

表 2.2 给出了 2016 年世界银行对不同经济体分类的人均GDP 以及经济增长速度的信息。从中可见，低收入国家人均GDP 为 610.6 美元，但经济增长速度为 4.2%；而高收入国家人均 GDP 为 40803.6 美元，经济增长速度仅为 1.7%。由此可见，索罗增长模型在一定程度上较好地预测了经济增长的特征。

表 2.2　　　　　　　不同经济体 2016 年人均 GDP 及 GDP 增速

	人均 GDP（美元）	经济增长速度（%）
高收入国家	40803.6	1.7
中等收入国家	4809.2	4
上中等收入国家	7994	3.7
下中等收入国家	2078.8	5.1
低收入国家	610.6	4.2

资料来源：世界银行。

3. 经济增长的实证证据

在新古典经济增长模型中，通常假设穷国要比富国拥有更高的经济增长速度，因此所有国家的经济增长最后会收敛到稳态。这一假设被称为经济增长的绝对收敛（Absolute Convergence）。在实证方面，经济学家主要利用不同国家初始人均 GDP 与经济增长率的相关关系进行考察。关于索罗经济增长模型趋同问题的研究，哈佛大学的罗伯特·巴罗（Robert Barro）与夏威尔·萨拉-伊-马丁（Xavier Sala-I-Martin）给出了更加系统化的实证研究证据。然而，他们利用 1960—1986 年跨国经济数据发现，初始人均 GDP 没有与 1960—1985 年经济增长率呈现显著的负向相关关系，如图 2.6 所示。

对这一结果的出现，巴罗及其合作者给出的解释是各经济体可能处于由储蓄率、人口增长、技术进步差异所决定的不同稳定状态，因此各经济体并没有像索罗模型预期的那样存在绝对收敛。接下来，他们利用美国各州历史数据进行考察。利用美国各州数据进行分析的优势在于不仅可以控制观测样本自身的异质性、缩小样本之间（诸如法律制度、经济发展阶段水平等）差异，而且可以通过样本使美国各州处于相同稳态。当作为样本的美国各州处于相同的经济增长稳态时，1880 年初始人均 GDP 较低的州在 1880—1988 年拥有较高的平均经济增长速度，而在 1880 年拥有较高人均 GDP 水平的州在 1880—1988 年平均增长率相对较低。这一结果似乎意味着，如果各经济体消除各自的异质性，处于相同的经济稳态时，那么必然会出现经

1960—1985年平均经济增长率

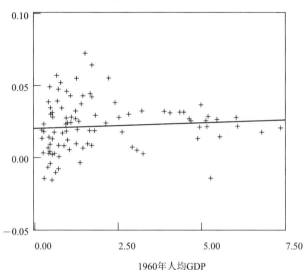

图 2.6　人均 GDP 增长率与 1960 年人均 GDP

资料来源：Robert J. Barro, "Economic Growth in a Cross Section of Countries", *Quarterly Journal of Economics*, 106(2), 1991, 407-443。

济增长的收敛。这一实证结果在后来的 OCED 国家与欧洲国家之间依然成立。

　　因此，巴罗及其合作者在原有研究的基础上，控制了不同地区的异质性，即初始时期的中小学就学率、投资率、出生率、死亡率、政治稳定等因素，发现 1960 年人均 GDP 又与各国 1960—1985 年平均经济增长率呈现出显著的负向相关关系，即产生了收敛现象，各经济体向各自的稳态收敛，如图 2.7 所示。这种在一定条件下各经济体向各自稳态趋同的过程被称为条件趋同（Conditional Convergence）。

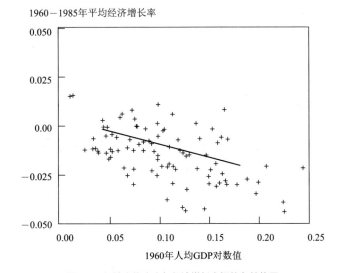

图 2.7　初始人均产出与经济增长之间的条件趋同

资料来源：Robert J. Barro, "Economic Growth in a Cross Section of Countries", *Quarterly Journal of Economics*, 106(2), 1991, 407-443。

（三）内生经济增长理论

　　尽管新古典经济增长模型对工业革命之后的经济增长做出了很好的解释，但该模型的一个缺陷是技术进步外生的假设。在现实经济发展过程中，特别是 20 世纪 70 年代和 90 年代，世界经济分别经历了生产率减缓和生产率加速的过程。在此期间，技术进步速度非常重要，因此原有新古典经济增长理论中技术进步外生的假设受到了较大挑战，内生经济增长理论（Endogenous Growth Theory）应运而生。这一理论被保罗·罗默（Paul Michael Romer）最先引入经济增长模型中，他也因此贡献获得 2018 年诺贝尔经济学奖。[1] 后来，经过菲利普·阿吉翁（Philippe Aghion）和皮特·豪伊特（Peter Howitt）的拓展，该模型促进了此领域大量文献的发表。[2]

内生经济增长模型最大的特点是抛弃了原有索罗模型关于技术进步外生的假设，并不认同经济增长存在一个稳态且各个经济体均会收敛到稳态的判断，而是认为经济可以无限增长。而内生经济增长理论也恰好预测了知识经济对经济增长的影响。

在内生经济增长模型中，知识与人力资本存在一定差异。人力资本主要依托人口增长，人口增长越快，人力资本积累越多，但是人力资本的增长不可能快于人口的增长。而知识增长不一定内生于人口增长，知识一般以书本或者专利等形式存在，具有较强的积累性。此外，知识没有较强的增长约束，仅仅受制于研究工作人员的数量。因此，在内生经济增长模型中，一个经济体所拥有的知识存量越多，其经济增长就越高。

一般而言，内生经济增长模型的一个典型模型被称为 AK 模型，其生产函数为：

$$Y=AK$$

其中，Y 为产出，K 为资本存量，A 表示每单位资本所生产的产出量的一个常数，即无论资本量有多少，额外的一单位

---

[1]　Paul Michael Romer, "Endogenous Technical Change", *Journal of Political Economy*, 98(5), 1990, 71-102.

[2]　Aghion, Philippe, and Peter Howitt, "A Model of Growth through Creative Destruction", *Econometrica*, 60(2), 1992, 323-351.

资本生产 A 单位的额外产出。

与之前资本存量变动方程一致，资本方程可以写成：

$$\Delta K = sY - \delta K$$

资本存量等于投资与折旧的差额。将生产函数代入方程中：

$$\frac{\Delta Y}{Y} = \frac{\Delta K}{K} = sA - \delta$$

从该方程可以看到，只要 $sA > \delta$，即使没有技术进步外生的假设，经济也会永远增长下去。

作为新古典经济增长理论的索罗模型与内生经济增长的罗默模型主要有以下几点区别：一是罗默模型以不完全竞争为基础，而索罗模型以完全竞争为基础。二是罗默模型认为创新是内生的，并且取决于知识存量以及研发情况，而索罗模型认为技术进步是外生的。三是在内生经济增长模型中，富国应该比穷国增长得更快，因为他们具有更高的现有知识存量。该模型预测贫富国家之间会出现分化，而不是收敛。而索罗模型则预测拥有较低资本强度的穷国会经历较高的增长率，并收敛于富国的收入水平。

尽管上文介绍了以亚当·斯密、托马斯·马尔萨斯为代表的古典主义经济增长理论，以索罗模型为代表的新古典经济增长理论，以及最新发展起来的新经济增长理论，但是我们依然发现，上述理论对经济增长的解释存在一定的局限与不足。经济增长与经济发展学者对此进一步探索相关假说以解释经济增长速度差异，以及经济发展不平等问题。

二　竞争性假说

关于经济增长与发展差异的主要假说可以归纳为以下三类，即地理假说、制度假说、文化假说。

（一）地理假说

地理假说主要认为，不同经济体之间的地理差异是导致国家和地区之间贫富差异的重要决定因素。特别是如果我们对照世界地图将会发现，很多经济贫穷的国家分布在赤道附近的热带地区，而很多经济发达的国家则位于地球南北回归线两侧的温带地区。因此，地理假说成为很多学者解释国家与地区之间经济发展不平等的一个重要出发点。

实际上，早在18世纪，法国启蒙运动先驱孟德斯鸠（Montesquieu）就注意到地理因素对世界财富分布的决定作用。他认为，生活在热带气候的人倾向懒惰，缺乏求知欲，没有创新精神，也不努力工作，从而导致了这些地区的经济贫困。[1]

在实证研究方面，杰弗里·萨克斯（Jeffrey Sachs）及其合作者曾撰文对国家经济发展水平与地理因素之间的关系给出

---

[1]　Charles de Montesquieu, *The Spirit of the Laws*, Cambridge University Press, 1989.

了实证证据。[1] 他们发现，一个国家的人均 GDP 与纬度具有显
著的正向相关关系。图 2.8 横轴为世界纬度的绝对值，纵轴为
1995 年人均 GDP 水平。我们发现，地理位置处于赤道附近的非
洲、南亚以及加勒比海国家的人均收入水平较低，而地理纬度
位于 30°—40° 之间 的温带地区国家具有较高的人均 GDP 水平。
这一结果充分展示了地理与经济发展之间的密切关系。

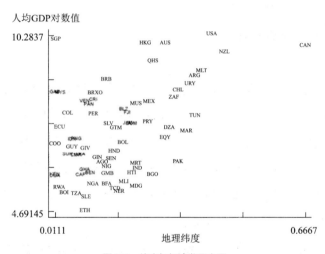

图 2.8　纬度与经济发展水平

资料来源：John Luke Gallup, Jeffrey D. Sachs, and Andrew D. Mellinger, "Geography and Economic Development", *International Regional Science Review*, 22(2), 1999, 179-232。

为什么地理因素会对经济发展产生影响呢？发展经济学家
一般认为，地理主要通过以下几个渠道对经济发展产生影响：首
先是热带地区疾病较多，而且很多热带疾病对人们身体健康造

[1]　John Luke Gallup, Jeffrey D. Sachs, and Andrew D. Mellinger, "Geography and Economic Development", *International Regional Science Review*, 22(2), 1999, 179-232.

成巨大威胁，如疟疾、登革热、埃博拉病毒等。这些地方性传染病严重威胁当地劳动力健康，进而影响劳动生产率，阻碍经济发展。其次是热带地区气候特征不适合农业生产，由于较为炎热的气候以及多雨和沙漠地区不适合提高农业生产力水平，因此温带比热带和亚热带地区具有更好的农业发展相对优势。最后是地理因素对贸易的影响。例如，一些拥有出海口的沿海国家要比没有出海口的内陆国家拥有更好的对外贸易条件，可以采用海运来降低长途贸易成本，进而增加贸易，促进经济发展。此外，地理因素也可以通过制度等因素对经济发展产生影响。例如德国学者卡尔·A．魏特夫（Karl A.Wittfogel）在《东方专制主义》（*Oriental Despotism*：*A Comparative Study of Total Power*）一书中，曾论述过水利社会与专制制度之间的关系。[1] 他认为如果一个国家历史上以农业为主，那么兴修水利则变得非常重要，但水利设施又不能依靠个体修建，必须通过强大的组织集体修建才能完成，因此在以水利为主的农业社会中，更容易形成专制主义与中央集权政体。

综上所述，我们可以看到，地理假说对经济发展差异具有一定的解释力，但是值得我们思考的是地理因素往往是固定不变的，不能解释为什么虽然同处热带地区有些国家发展得好，而另外一些国家却发展得慢。例如东南亚地区的新加坡，虽然同为热带国家，但在 20 世纪 60 年代至 80 年代平均经济增长速

---

[1]　Karl A. Wittfogel, *Oriental Despotism*: *A Comparative Study of Total Power*, New Haven: Yale University Press, 1957.

度超过 5%，与周边印度尼西亚、马来西亚、菲律宾相比，其经济发展较为突出，属于高收入国家行列。

（二）制度假说

与地理假说同等重要并极具解释力的是制度假说。制度假说认为"有效的制度安排是经济增长的关键"[1]，如果一个国家拥有好的制度，那么这个国家就会拥有更加安全的产权和较少的独裁政策，进而会形成对人力资本、物质资本投资的激励，促进经济发展。[2] 阿西莫格鲁等学者撰写的关于经济发展的殖民地根源的文章进一步给出了制度与经济发展之间的实证证据。[3] 如图 2.9 所示，如果一个国家在 1985—1995 年平均产权被侵占的风险越低，1995 年人均 GDP 水平越高。由此可见，制度对经济发展具有显著的促进作用。

另外一个关于制度假说的经典自然实验可以从朝鲜半岛当代历史发展中找到相应证据。在第二次世界大战之前，朝鲜半岛被同一个国家统治，即李氏朝鲜。在"二战"期间，整个半

[1]   Robert Paul Thomas and Douglass C. North, *The Rise of the Western World: A New Economic History*, Cambridge University Press, 1973.

[2]   Douglass Cecil North, *Structure and Change in Economic History*, Norton, 1981.

[3]   Daron Acemoglu, Simon Johnson, and James A. Robinson, "The Colonial Origins of Comparative Development: An Empirical Investigation", *American Economic Review*, 91(5), 2001, 1369-1401.

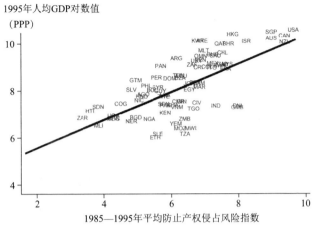

图 2.9 产权保护与人均收入关系

资料来源：Daron Acemoglu, Simon Johnson, and James A. Robinson, "The Colonial Origins of Comparative Development: An Empirical Investigation", *American Economic Review*, 91(5), 2001, 1369-1401。

岛一直被日本所占领，直到第二次世界大战结束。然而在第二次世界大战结束之后，朝鲜半岛局势发生了变化。1945 年，美苏以北纬 38° 线作为分界线接受日本投降，在朝鲜半岛 38° 线以北为苏联控制区，38° 线以南为美国控制区。又于 1948 年 8 月、9 月相继成立"朝鲜民主主义人民共和国"和"大韩民国"。尽管在 1950—1953 年爆发了朝鲜战争，但是在战争期间并未实现朝鲜半岛的统一。在 1953 年 7 月签订《朝鲜停战协定》之后，依然将北纬 38° 线作为分界线将朝鲜半岛划分为朝鲜和韩国两个国家。

然而在战后的一段相对和平的时期内，两国的经济发展战略做出了截然不同的制度选择。朝鲜采用严格的计划经济制度，闭关自守，否定市场，认为私人产权非法；而韩国则承认以私人产权为基础的市场经济制度，特别是在 1961 年朴正熙当选总统后，韩国制定了一系列企业信贷、补贴出口的政策。20 世纪 80 年代，韩国经济突飞猛进，成为"亚洲四小龙"之一。这一显著的差异也可以从外太空寻找到相应的证据。图 2.10 给出了来自美国国家宇航局（NASA）从外太空拍摄的朝鲜半岛夜晚灯光的照片。我们可以从中清晰地看到，在朝鲜半岛 38° 线北侧的朝鲜民主主义共和国夜晚漆黑一片，而南侧的大韩民国夜晚灯光亮度较高。虽然一个国家和地区的灯光亮度分布与当地的人口分布以及地理因素具有一定的关系，但是灯光亮度一般与一个国家和地区的经济发展水平呈现显著的正向相关关系。由此可见，韩国比朝鲜发展得更加繁荣。

图 2.10　太空中的朝鲜半岛灯光
资料来源：美国国家宇航局（NASA）。

（三）文化假说

除了地理、制度两个重要假说外，文化也是社会科学家认为与经济发展关系最为紧密的决定因素。马克斯·韦伯（Max

Webber）曾在其经典著作《新教伦理与资本主义精神》（*The Protestant Ethic and the Spirit of Capitalism*）一书中指出，新教改革及新教伦理在促进西欧近代资本主义发展过程中扮演了非常重要的角色。图 2.11 给出了 1900 年各个国家新教徒比例与其 1900 年人均 GDP 之间的散点图。从中可见，英国、丹麦、挪威、德国等新教国家的新教徒占全国人口比重超过 50%，而这些国家在 1900 年的人均 GDP 也平均超过 2000 元。这一结果不仅表明了新教与经济发展存在正向相关关系，证明了马克斯·韦伯的论断，也揭示了文化因素对经济发展的影响。

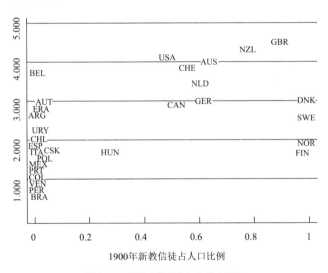

图 2.11 新教人数比例与人均 GDP

资料来源：Becker, Sascha O., and Ludger Woessmann, "Was Weber Wrong? A Human Capital Theory of Protestant Economic History", *Quarterly Journal of Economics,* 124(2), 2009, 531-596。

　　关于文化对经济发展影响的讨论，不仅仅局限在宗教范围内，还包括意识形态、信任、信仰等各个方面。格洛德尼切克（Yuriy Gorodnichenko）与热若尔·罗兰（Gerard Roland）给出了信仰与创新以及经济增长之间的关系。[1] 罗兰等学者利用霍夫施泰德个人主义指数 [2] 与 2000 年人均 GDP 数据进行考察。如图 2.12 所示，个人主义信仰与劳均收入之间存在显著的正向

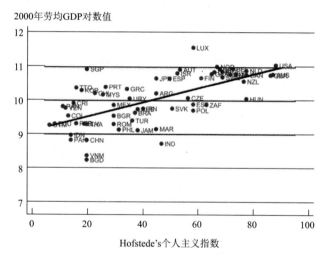

图 2.12　个人主义文化与劳均 GDP

　　资料来源：Yuriy Gorodnichenko, and Gerard Roland, "Individualism, Innovation, and Long-run Growth", *Proceedings of the National Academy of Science*, 108(4), 2011, 21316-21319。

----

[1]　Yuriy Gorodnichenko, and Gerard Roland, "Individualism, Innovation, and Long-run Growth", *Proceedings of the National Academy of Science*, 108(4), 2011, 21316-21319.

[2]　霍夫施泰德个人主义指数衡量的是某一社会关注的是个人主义还是集体主义，指数值较高表明该社会为个人主义倾向，社会中个体之间的联系是松散的，人们倾向于只关注自己及自己的家人；指数值较低表明该社会为集体主义倾向，人们与社会结成强烈、紧密的组织关系。

相关关系。如果一个国家越倾向个人主义，例如美国，则该国可能拥有更高的劳均 GDP；而那些倾向于集体主义的国家，如印度、越南、中国等，可能具有较低的劳均 GDP。由此，该研究从另一方面揭示出文化与经济发展之间的关系。

三　历史对理解发展重要吗？

在本章的前两部分，我们分别介绍了主要经济增长理论以及影响经济发展的地理、文化、制度三个重要竞争性假说。我们清晰地看到，无论是古典经济增长理论还是新古典经济增长理论抑或内生经济增长理论，经济学家均是从资本、劳动力、技术等各种最直接决定收入水平的因素入手，考察其对各经济体之间经济发展水平差异的影响。但在研究过程中，越来越多的研究者发现，现有的增长理论虽然可以对人均收入水平做出一定的解释，但决定经济增长似乎有更加深刻的原因。随后，经济学家开始探索影响经济发展更加深层的因素，从地理、制度、文化等层面出发，寻求经济繁荣与贫困之间的逻辑。图 2.13 展示了对国穷国富内在决定因素的探索进程。

然而，在面对这些深层决定因素时，我们发现即使将地理、文化、制度等作为影响经济发展的决定因素，依然会面临很多无法解释的问题。例如，虽然地理因素对经济发展差异具有一定解释力，但是地理因素不能随时间变化而变化，无法解释为何在人

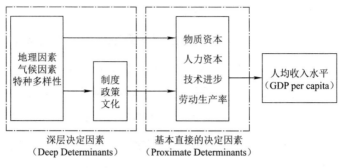

图 2.13　经济增长理论逻辑演化过程

类长期历史上资源原本丰裕的国家和地区的经济在 1800 年后变得落后，而那些自然资源相对贫乏的国家经济却获得发展？特别是类似人类历史上两次大分流，对于这样的问题，地理因素所提供的解释略显乏力。关于制度与文化因素，虽然两者也具备较好的解释力，但却内生于经济社会发展演变过程之中。很多时候我们不禁要问：什么因素决定了不同国家和地区之间制度与文化发展上的差异呢？假如我们接受马克斯·韦伯关于新教对近代西欧资本主义发展具有重要作用的观点，那么新教如何从德国发展到英国，进而发展到其他国家的呢？由此可见，除了现有被经济学家强调的经济发展决定因素外，可能还有其他更加深层的因素影响着经济发展。在这些因素中，不同国家历史经验的差异可能对其人力与物质资本的形成、制度演化以及文化变迁起到非常重要的作用，进而对各经济体的经济绩效产生影响。从历史视角理解国家历史经验对经济发展的影响正是本书要考察和揭示的重要内容。

（一）历史的重要性：一些基本事实

近期一系列文献开始关注历史事件是否对当前经济发展产生影响。这里有三支重要文献。其中英格曼（Stanley Engerman）与索科洛夫（Kenneth L.Sokoloff）考察了要素禀赋与殖民地制度对美洲殖民地独立后经济发展的影响。[1] 而德隆·阿西莫格鲁（Daron Acemoglu）及其合作者分析了如何理解当前制度的历史起源及其对当前经济长期发展的影响。[2] 最后则是拉斐尔·拉波塔（Rafael La Porta）等研究者考察了不同殖民力量对殖民地法律制度形成及演化过程的作用，以及这些法律制度如何对当前投资者保护与金融发展产生长期影响。[3] 这一系列关于历史与经济发展的文章不断涌现，日益加深了历史对于理解经济

[1]　Stanley L. Engerman, Kenneth L. Sokoloff, and Stephen Haber, *How Latin America fell behind? Essays on the Economic Histories of Brazil and Mexico, 1800-1914*, Stanford: Stanford University Press, 1997.

[2]　Daron Acemoglu, Simon Johnson, and James A. Robinson, "The Colonial Origins of Comparative Development: An Empirical Investigation", *American Economic Review*, 91(5), 2001: 1369-1401.Daron Acemoglu, Simon Johnson, and James A. Robinson, "Reversal of Fortune: Geography and Institutions in the Making of the Modern World Income Distribution", *The Quarterly Journal of Economics*, 117(4), 2002, 1231-1294.

[3]　Rafael La Porta, Florencio Lopez-De-Silanes, Andrei Shleifer, and Robert W. Vishny, "Legal Determinants of External Finance", *the American Finance Association*, 52(3), 1997, 1131-1150. Rafael La Porta, Florencio Lopez-de-Silanes, Andrei Shleifer, and Robert W. Vishny, "Law and Finance," *Journal of Political Economy*, 106(6), 1998, 1113-1155.

发展的重要性。

为什么历史对于理解经济发展具有重要作用？根据现有文献可以总结出以下三个方面。

1. 历史对经济发展的重要性 I：遗产性研究

历史对经济发展的重要性首先表现为重大历史事件对经济发展的长期影响，即所谓的"遗产性研究"(Legacy Research)。遗产性研究主要是指历史上某些重大历史事件的发生对经济发展的某些机制产生了重要的影响，而这些机制随着时间的变化对当前经济发展产生了持续影响。

这里以德隆·阿西莫格鲁（Daron Acemoglu）及其合作者发表在 2001 年《美国经济评论》(*American Economic Review*) 中名为"比较发展的殖民地起源"(*The Colonial Origins of Comparative Development：An Empirical Investigation*）的文章为例。[1] 道格拉斯·诺斯（Douglass North）始终认为，制度差异是理解各经济体之间经济绩效差异的重要决定因素。[2] 然而，制度与经济发展之间的因果关系较难识别。因为一方面制度影响经济发展，但另一方面经济发展也会影响制度，特别是经济发展较好的国家会主动采取有利于产权保护、鼓励投资的制度。

---

[1] Daron Acemoglu, Simon Johnson, and James A. Robinson, "The Colonial Origins of Comparative Development：An Empirical Investigation", *American Economic Review*, 91(5), 2001, 1369-1401.

[2] Douglass North, *Institutiona, Institutional Change and Economic Performance*, Cambridge University Press, 1990.

面对这一问题，阿西莫格鲁及其合作者利用前殖民地国家的历史发展经验对制度与经济增长之间的因果关系进行识别。

首先，他们选择"防止财产侵占风险指数"（1985—1995 年的平均值）作为制度的代理变量，与 1995 年的人均 GDP 进行分析。结果表明两者之间呈现显著的正向相关关系，然而两者并非因果关系，该结果存在遗漏变量和互为因果关系所导致的内生性估计偏差。因此，他们采用工具变量方法来解决该问题。其中，工具变量选择殖民时期殖民者定居时的死亡率进行分析。如果殖民者定居时死亡率较高，殖民者往往采用攫取性制度安排，例如非洲地区因为黄热病、疟疾等恶性疾病较多，导致大量殖民者死亡。而在另一些殖民地区，如美洲大陆，气候条件与欧洲相似，殖民者定居死亡率较低，因此殖民者采用包容性的殖民政策。而这种初始的殖民政策对后来这些殖民地独立后的制度形成起到了非常重要的作用，这也进一步揭示了制度与经济发展之间的因果联系。

通过这一案例我们可以看到，历史事件对当前经济发展是存在长期影响的。而这种影响也决定我们在进行经济发展问题的讨论时，不仅要注意到影响经济发展的直接要素投入内容，同时也要注意到不同经济体历史经验对当前经济发展所产生的影响与作用。

2. 历史对经济发展的重要性Ⅱ：历史自然实验

历史对经济发展的重要性除了表现在历史事件对当前经济发展的长期影响外，还体现在历史分析可以为当前发展经济学理论提供历史自然实验。所谓历史自然实验主要是指在特殊历史环境提供的研究背景下，通过对历史事件随机选择出的实验组与对照组进行比较分析，进而考察核心解释变量与被解释变量的因果关系。由于社会科学研究采用的样本并非随机，因此社会科学研究与自然科学研究相比，研究环境要求更高、难度更大。理想的研究设计和研究环境存在较大的限制，所以在历史过程中很多特殊的社会经济环境为我们提供了理想的实验场景，历史自然实验也在发展经济学研究中变得非常重要。

　　例如，近代中国商业化与农村经济发展问题一直是学术界争论的重点。传统观点认为，中国近代商业化导致农村两极分化，特别是近代中国农村"内卷化"的重要成因。[1] 然而，另一些学者则认为近代中国商业化使近代中国农村广大农民通过劳动力市场和土地市场获得了良好的经济机会，其福利水平也得到了提升。[2] 这主要是缺乏对商业化与农民经济福利两者因果关系的识别。为给出近代商业化对农民经济福利因果影响的实证证据，龚启圣与李楠利用近代东北地区大豆贸易所提供的

---

　　[1]　Philip C. C. Huang, *The Peasant Economy and Social Change in North China*, Stanford, California: Stanford University Press, 1985.

　　[2]　Loren Brandt, *Commercialization and Agricultural Development: Central and Eastern China, 1870-1937*, Cambridge: Cambridge University Press, 1989. Myers, Ramon H.,"Socioeconomic Change in Villages of Manchuria during the Ch'ing and Republic Periods: Some Preliminary Findings", *Modern Asian Studies*, 10(4), 1976, 591-620.

历史自然实验，对当时是否参与大豆贸易的农民经济福利差异进行考察，由此揭示商业化对农户经济福利的影响。[1] 在 19 世纪末，东北地区的大豆并非主要对外出口产品，而是主要被当作农业生产肥料进行使用，但到了 20 世纪初，随着欧洲商人意识到大豆的商业价值，大豆成为紧俏商品出口欧洲市场，成为重要的商业化产品。然而在东北地区，并非所有地区都适合大豆生产，因此通过比较大豆商业化前后差异，大豆种植地区与非种植地区农户的经济福利水平，我们可以得到近代中国商业化对农民经济福利的因果影响。

由此可见，历史对经济发展的重要性不仅仅体现在遗产研究方面，历史为当前经济发展研究提供的特殊自然实验环境也是我们关注历史与经济发展的一个重要原因。

3. 历史对经济发展的重要性Ⅲ：特殊问题的考察

历史对经济发展的第三个重要性主要表现在对于经济发展特殊专题的考察，历史往往可以提供很好的经验。这些特殊专题包括：瘟疫与经济发展、战争与经济发展、灾害与经济发展等。由于这些问题对人类社会而言是灾难性的，所以经济学家不可能为了研究在现实中设置这样的研究环境。因此，人类历史进程中的大规模瘟疫、战争、灾害往往成为我们回答这些研究问题的主要观测对象和数据来源。

---

[1]　James Kai-sing Kung, and Nan Li, "Commercialization as Exogenous Shock: The Welfare Consequences of Soybean Cultivation in Manchurian China, 1895-1934", *Explorations in Economic History*, 48(4), 2011, 568-589.

例如，通过对历史上战争的研究，我们可以发现战争对经济发展影响的基本规律，既包括战争的起因，也包括战后经济重建的内在机制。此外，类似文化这类问题也需要通过对长期历史数据进行观察才能回答。本章前面内容已经揭示文化是影响经济发展的重要因素之一。然而，现有多数研究仅仅利用横截面跨国数据来考察不同经济体之间的文化差异对经济绩效的影响。虽然这一考察可以获得一些发现，但是现有研究忽略了文化本身具有动态变化的特征。文化自身的动态变化是一个非常缓慢的过程，可能需要几个世纪的时间。[1] 因此，对文化与经济发展动态关系的考察，必须通过对历史数据加以分析和讨论。

可见，历史对经济发展研究具有不可替代的作用，对历史问题的考察不仅仅是为当前经济理论提供历史经验，更重要的是通过对历史现象进行分析来完成对当前世界某些问题的理解，从而获得比当前数据和经验考察更加丰富的理论和实证证据。

（二）历史影响经济增长的基本理论基础

以上我们考察了历史对于经济发展的重要性，但是为什么历史会对经济发展产生影响呢？这里主要依托两个重要的理论基础，即路径依赖与多重均衡。

---

[1] Gerard Roland, "Understanding Institutional Change：Fast-moving and Slow-moving Institutions", *Studies in Comparative International Development*, 38(4), 2004, 109-131.

1. 理论基础 I：路径依赖

历史之所以对经济发展产生重要影响是因为路径依赖（Path Dependence）的存在。路径依赖主要是指人类社会中的技术演进或制度变迁所具有较强的惯性，人类社会一旦进入某一发展路径（无论是"好"还是"坏"）就可能对这种路径产生依赖，在没有外在冲击的情况下，惯性的力量会使这一选择不断自我强化，从而让这个社会不易走出现有发展方向。

路径依赖效应最早由保罗·大卫（Paul A. David）提出。在《历史计量与 QWERTY 的经济学》（*Clio and the Economics of QWERTY*）一文中，他讲述了 QWERTY 的故事以及路径依赖理论。[1] 实际上，在 19 世纪中叶，我们今天使用的计算机键盘，字母顺序并非全为 QWERTY，当时已经有好几个不同版本的打字机键盘在美国市场出现。其中一个非常特别的就是由克里斯托夫·拉森·肖尔斯（Christopher Latham Sholes）设计出来的 QWERTY 键盘。该键盘设计的初衷是防止打字时按键错误的问题，但事实上该键盘并非那么有效。那是什么因素最终使 QWERTY 键盘胜出呢？其主要原因在于当时著名的军火制造商 Remington 家族买下了这一专利，并将其推向了市场，由此奠定了 QWERTY 键盘的基础。在 QWERTY 键盘被市场广泛接受后，虽然打字机的设计也经过了改良，特别是 DVORAK "德沃夏克

---

[1]　Paul A. David, "Clio and the Economics of QWERTY", *American Economic Review*, 75(2), 1985, 332-336.

键盘"的发明，该键盘的效率明显高于 QWERTY 键盘，但人们已经习惯了 QWERTY 键盘的按键布局，很难再适应另一种设计。另外，这也是商业运作的结果，因为当时打字工作是由专门受过训练的打字员完成，所以雇用了打字员的企业都不愿意再付出额外的成本来培训打字员适应另一种新的键盘体系。最终，这种戏剧性的现象使打字键盘过早地被标准化，而且是被标准化到了一套并不完美的键盘系统上。

以上 QWERTY 键盘的故事仅仅是路径依赖在日常生活的一个缩影，然而在整个人类社会发展变迁的过程中，很多历史事件均具有路径依赖效应。因此，当前各经济体在经济发展过程中均可找到历史事件的影子。

2. 理论基础 II：多重均衡

影响历史对经济发展决定因素的第二个理论基础是多重均衡的存在。这里多重均衡主要是指经济体在经济发展过程中可能面对多个不同的发展路径，而每个发展路径都是该经济体按照现有约束条件做出的最佳选择。历史之所以对经济发展起到如此重要的作用，正是因为多重均衡与路径依赖共同作用而产生不同的发展轨迹。

在人类历史上，特别是当战争、瘟疫等重大历史事件对当前经济结构产生较大冲击时，经济体在经济恢复过程中将面对多重均衡的问题，需要重新选择新的发展路径。唐·戴维斯（Donald R. Davis）与戴维·温斯坦（David E. Weinstein）利用第二次世界大战期间美军在日本战略轰炸对日本 114 个城市进行破坏的案例，考察了多重均衡对日本经济重建产生的影响。[1]
研究发现，这些城市虽然遭受到了战争的破坏，但是战后依然
恢复到战前的经济结构水平。而笔者在分析太平天国战争对中
国经济空间结构的影响时则发现，太平天国战争对当地经济结
构造成巨大冲击，但战后随着通商口岸以及要素禀赋特别是人
口的大量损失（变化），中国近代空间经济结构发生了巨大变化，
而这一产业布局也对当前中国空间经济结构产生了重要影响。[2]

四 结束语

本章对主要的经济增长理论及其主要假说进行了介绍。通过
对古典经济增长理论、新古典经济增长理论以及内生增长模型的介
绍，读者基本理解了不同时期影响经济增长的最直接因素。与此
同时，通过对地理、文化、制度三个重要假说的介绍，读者对经
济发展的深层次决定因素也有所了解。从以上分析可见，尽管影
响经济发展的直接因素和间接因素对各经济体之间的经济发展不
平衡具有较强的解释力，但是依然存在局限，因为历史因素对经

[1] Davis, Donald R., and David E. Weinstein, "Bones, Bombs, And Break Points: The Geography Of Economic Activity", *American Economic Review*, 92 (5), 2002, 1269-1289. Donald R. Davis, and David E. Weinstein, "A Search For Multiple Equilibria in Urban Industrial Structure", *Journal of Regional Science, Blackwell Publishing*, 48(1), 2008, 29-65.

[2] Nan Li, "The Legacy of Civil War: the Long-term Effect of Taiping Rebellion on Economic Development in Modern China", Working Paper, 2017.

济发展的决定作用往往是被广大学者和政策制定者所忽略的问题。

　　近期的一系列研究使我们开始关注历史问题对解释经济发展差异所起的作用。历史事件通过路径依赖与多重均衡对经济发展的决定因素产生作用，进而影响各国家与地区经济绩效。此外，历史不仅对经济发展具有长期影响，而且通过提供历史自然实验以及对一些特殊专题问题的讨论，也使我们在研究考察经济发展问题时不得不关注其影响和作用，必须在历史视野下对经济发展进行考察。对以上内容的揭示也正是本书的主要目标与意图。

第三章
地理与发展：国家财富已经被上帝
决定了吗？

上一章我们主要介绍了财富增长的基本理论以及影响各经济体经济绩效的深层次决定因素。在介绍的过程中，我们强调虽然现有经济增长理论以及文化、地理、制度等假说对经济绩效有显著的影响，但这种影响并不能解释当前国家和地区之间经济发展的全部差异与不平等。在各种现有决定因素之中，各经济体自身的历史经验可能是一个被广泛忽略但又非常重要的决定因素。因此，从本章开始，我们将讨论历史如何影响不同经济体的发展路径，以及如何决定它们之间经济绩效的差异。在深入讨论历史对经济发展的影响之前，我们首先考察作为经济社会发展最基础的决定因素——地理因素——对不同国家和地区历史的影响。

一 地理禀赋与经济发展

如第二章所述，地理因素与经济发展两者之间有着密切的关系，不同国家和地区之间的地理环境差异决定了他们之间经济绩效的不同。在现有发展经济学的研究文献中，盖拉普（J. L. Gallup）、萨克斯（J. D. Sachs）以及梅林杰（A. D. Mellinger）对地理与经济发展之间的关系进行了全面的总结和描述。[1] 他们不仅陈述了诸多关于地理与经济发展的事实，而且也对地理影响经济发展的理论和机制进行了介绍。

首先，从人均 GDP 来看，萨克斯及其合作者给出了地理条件与经济发展之间的关系。图 3.1 清晰地展示了 1995 年人均 GDP 与纬度之间的关系。在此有两个主要发现：一是在赤道附近的热带地区的国家人均 GDP 几乎均在 4400 美元以下，而赤

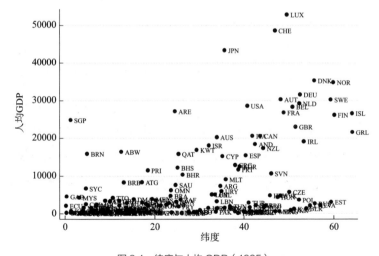

图 3.1　纬度与人均 GDP（1995）

资料来源：根据世界银行数据绘制。

[1]　Gallup, J. L., J. D. Sachs, and A. D. Mellinger, "Geography and Economic Development." *International Regional Science Review*, 22(3), 1999, 179-222.

道两侧中高纬度的国家和地区人均收入水平则较高。二是地理位置处于沿海地区的国家要比地理位置处于内陆地区的国家更加富裕，且海岸线越长，人均收入水平越高。

其次，从人口密度来看，我们同样也可以看到一些地理条件对人口分布的影响。这里人口分布主要利用每平方千米人口数量即人口密度进行度量。人口密度的分布并非像人均 GDP 分布那样以赤道为中心逐渐向赤道两侧递增，人口总体上在全球不同纬度分布较为平衡，但也呈现出一些基本规律。首先，地势较为平坦、地理环境条件较好的平原地区人口密度较高，例如中国的黄河与长江的中下游地区、印度恒河流域、美国东部以及欧洲西部地区等。而在另外一些地理环境较为恶劣的地区，人口密度较低，例如在非洲撒哈拉沙漠地区、中印边境喜马拉雅山高原地区、南美洲热带雨林地区以及南北极附近的高纬度苔原带与冰原带地区等。其次，沿海地区人口密度要显著高于内陆地区人口密度，我们发现，距海岸线越近的地区，人口密度越高，而距离海岸线越远的地区，人口密度越低[1]。从以上对人口密度空间分布特征的总结中可以看到，人口密度的空间分布的确与地理因素有关。

最后，我们也可以从 GDP 密度来看地理与经济发展之间的关系。虽然前文给出了地理与人均 GDP 以及人口密度之间关系的基本特征，但是这些结果未能完全展现出地理对于社会财富

---

[1]　Gallup, J. L., J. D. Sachs, and A. D. Mellinger, "Geography and Economic Development", *International Regional Science Review*, 22(3), 1999, 179-222。

的影响。因此，萨克斯及其合作者又提出了财富密度这一指标来分析地理与社会财富之间的关系。盖洛普等人的研究展现了世界各地 GDP 密度[1] 的空间地理分布情况。[2] 全球 GDP 密度具有以下几个基本特征：一是 GDP 密度分布呈现出与人均 GDP 分布类似的特点，即从赤道两侧向南北两极逐渐递增的特征。特别是在北半球温带地区，GDP 密度较高且财富较为集中，而在赤道附近，特别是非洲、拉丁美洲以及东南亚地区，GDP 密度则较低。二是沿海地区 GDP 密度要比内陆地区 GDP 密度高。这一现象不仅表现在亚欧大陆以及美洲地区，而且在非洲、大洋洲地区也较为明显。由此可见，GDP 密度与地理之间的关系具有人均 GDP、人口密度分布与地理之间关系的双重特征。

上述基本事实揭示了地理与经济发展的关系，那么地理究竟通过哪些途径对经济发展产生影响呢？关于地理影响经济发展的内在机制，发展经济学家认为主要有以下几个途径。

（一）地理区位、贸易与发展

地理对经济发展产生影响的第一个重要机制是通过贸易来实现的。在经济发展过程中，贸易是重要的决定因素，特别是

---

[1] GDP 密度即每平方千米 GDP 的大小，计算方法为：人均 GDP 与人口密度的乘积。

[2] Gallup, J. L., J. D. Sachs, and A. D. Mellinger, "Geography and Economic Development", *International Regional Science Review*, 22(3), 1999, 179-222。

工业革命以来，无论原料产地，还是最终产品制造国，均需要通过贸易来实现生产要素、中间商品以及最终产品的交换。贸易不仅可以通过比较优势来实现有效经济分工以促进交换，还可以通过技术转移，实现生产率的提高，进而促进人均产出的增加。然而，决定一个国家或地区贸易规模与范围的一个重要因素就是地理条件。正如亚当·斯密在《国富论》中所述，"与单纯的陆路运输相比，水运为每种产业开拓了一个更加广阔的市场，因此在沿海以及通航河道的两岸，每种产业都开始分工并且得到改进，而且在改进之后，不用很多时间就可以把这些产业拓展到该国的内陆地区"。[1] 由此可见，地理条件对贸易规模与范围起到特殊作用。

　　然而，在世界上仅有 17.4% 的大陆位于距离海洋或者可航行河流 60 英里的范围内。而在这些大陆仅生活着约占世界49.4% 的人口，却生产着 67.6% 的 GDP。简言之，在这些离海洋 60 英里的地区，人均 GDP 是内陆地区人均 GDP 的 2 倍（David N. Weil）。[2] 图 3.2 给出了各大洲距离海洋或可航行河流 100 千米以内的人口比例与其人均 GDP 之间的关系。我们发现，虽然西欧面积相当于撒哈拉以南非洲的 1/8，但其距离海洋和可航行河流 100 千米以内的人口比例却是撒哈拉以南非洲的 4 倍，而其人均 GDP 是后者的 10 倍。

---

[1]　Adam Smith, *The Wealth of Nations*, Penguin Classics, 1982.

[2]　David N. Weil, *Economic Growth*, Pearson Addison-Wesley, 2009.

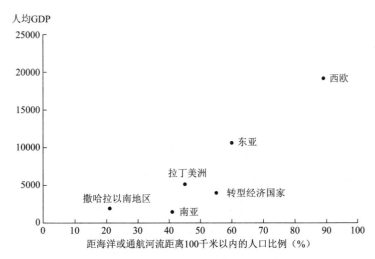

图 3.2　距海洋或通航河流 100 千米以内的人口比例与人均 GDP 的关系

资 料 来 源：Gallup, J. L., J. D. Sachs, and A. D. Mellinger, "Geography and Economic Development", *International Regional Science Review*, 22(3), 1999, 179-222。

　　除了距离海洋远近与通航河流范围是地理因素外，距离主要经济活动中心范围的远近也是地理影响经济发展的另一个非常重要的因素。如果一个国家或地区与一个发达经济体接壤并且具有较长的边境线，那么该国家将会比其他国家拥有更多的经济发展机会。一般来说，当一个国家离某一个发达地区的距离每增加 1000 千米，其交通贸易成本则会提高 1 个百分点。两个国家之间的距离每增加 1%，两者贸易量将会下降相当于 GDP 的 0.85%。图 3.3 给出了距主要经济核心地区距离与其人均 GDP 之间关系的散点图。从中可见，距离主要经济核心地区越远，人均 GDP 水平越低。反之，距离主要经济核心地区越近，人均 GDP 水平越高。两者之间呈现显著的负向相关关系。

例如，当前经济发展较为落后的撒哈拉以南非洲地区距主要经济核心地区距离是欧洲的 6 倍，相应地其人均 GDP 仅为西欧的 1/10。

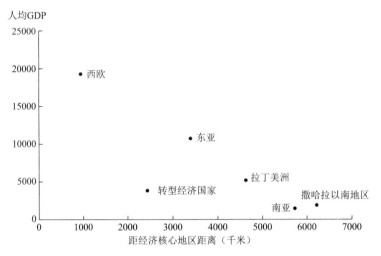

图 3.3 距主要经济核心地区距离与人均 GDP 关系

资料来源：Gallup, J. L., J. D. Sachs, and A. D. Mellinger, "Geography and Economic Development", *International Regional Science Review*, 22(3), 1999, 179-222。

（二）地理、疾病与发展

地理因素影响经济发展的另一个重要机制是疾病。健康是人力资本的重要内容。如果一个国家总体人口的预期寿命越高，这不仅意味着有更多的劳动力供给，而且也有更多的有效劳动，从而提高劳动生产率和人均收入。然而在现实中，各个国家和地区的健康情况有所差异。例如在热带地区，由于当地存在大量的传染病，如疟疾、黄热病、昏睡虫和血吸虫病等，这些疾病严重危害当地人的身体健康水平，进而导致非洲和南亚地区平均预期寿命较低。热带地区与其他地区相比恶性疾病较多，主要有以下两个原因：一是热带地区温度无法达到冰点，因此很多寄生虫和传染病宿主容易存活；二是由于非洲热带地区是人类的发源地，本地的寄生虫也有足够的时间进化来适应当地环境。而温带地区人类居住时间较短，所以温带地区威胁人类健康的致病寄生虫也较少（William H. McNeill）。[1]

在所有热带疾病中，疟疾对经济发展的威胁最大。疟疾是一种由疟原虫单细胞寄生虫通过蚊虫叮咬进行人际传播的传染性疾病。疟疾早期病状为4—6天的身体乏力期，之后是4—8天的疲劳期。疟疾对小孩成长具有长期影响。幼年时患疟疾的儿童，大脑会受到损害，失去学习能力。虽然疟疾对成年人的影响比未成年人要小，但是也会造成成年人贫血和体力下降，影响其劳动参与能力。在当前世界，疟疾每年造成的急性病例为3.5亿—5亿例，导致约100万的人口死亡。而其中60%的病例和80%的死亡来自撒哈拉以南非洲地区。[2]当然，这一结果存在当地医疗条件较差和政府处置不力的原因，但也受其对健康的影响。因为疟疾只有在全年蚊子都比较活跃的气候条件下才会发生，这也是非洲与南美洲成为疟疾的主要暴发地区的原因。

---

[1]   William H. McNeill, *Plagues and Peoples*, New York：Anchor Press, 1976.

[2]   WHO：《2005世界疟疾报告》。

盖洛普等的研究给出了 1946—1994 年世界各地区疟疾的发病情况。[1] 该研究表明，赤道两侧热带地区是疟疾高发地区，随着赤道两侧温度逐渐下降，疟疾呈现逐渐衰弱的趋势。虽然随着第二次世界大战以来卫生医疗条件的改善，疟疾的发病地区也比之前有所缩小，但非洲、南美洲以及东南亚等热带地区依然是主要发病地区。

（三）要素禀赋与"资源诅咒"

一个国家或者地区的特殊要素禀赋结构也是地理影响经济发展的重要机制之一。一个国家的经济发展离不开该国的要素禀赋结构。特别在一个封闭的环境下，要素禀赋结构对于一个国家或地区的经济发展扮演了非常重要的角色。自然资源丰富的国家往往比自然资源贫瘠的国家拥有更好的发展机会。自然资源丰富的国家往往可以提供更多的工业原材料、土地资源、庞大的市场等，进而实现产出水平的增加。而对于自然资源相对贫瘠的国家而言，实现经济发展的主要途径则是依靠进口和外部市场，这使其经济发展受到限制。特别在现代工业化到来之前，一国社会经济发展对自然资源的依赖程度达到空前水平。

然而在人类社会发展的不同阶段，自然资源与经济发展之

[1]　Gallup, J. L., J. D. Sachs, and A. D. Mellinger, "Geography and Economic Development", *International Regional Science Review*, 22(3), 1999, 179-222。

间的关系变得不确定。一方面，我们看到一些发展中国家自然资源丰富，但是人均收入水平低下，如南美的智利、埃及、古巴等；另一方面，一些国家虽然自然资源贫乏，比如日本，但在"二战"之后经济获得较大发展，具有较高的人均收入水平。

经济学家一般采用自然资本（Natural Capital）来衡量一个国家的资源要素禀赋情况。所谓自然资本主要是指一国农业用地、牧场、森林和地下矿产资源（如金属、矿产、煤炭、天然气等资源）的价值。在这里，经济学家通过绘制自然资本与 2000 年世界各国人均 GDP 的散点图来刻画要素禀赋与经济发展水平之间的关系。如图 3.4 所示，自然资本与人均 GDP 之间呈现显著的正向关系，自然资本较多的国家，一般人均收入水平也较高。

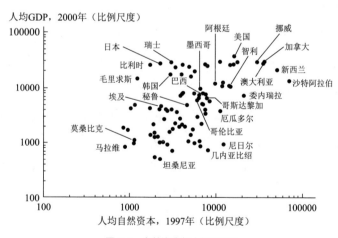

图 3.4　自然资本与人均 GDP

资料来源：人均自然资本来自 1997 年世界银行数据，人均资本来自 Heston A, Summers R, and Aten B, "Penn World Table Version 6.1", Center for International Comparisions at the University of Pennsylvania（CICUP）, 2002。

　　然而在发展经济学中也有些要素禀赋与经济发展之间呈负向关系的反例，其中最重要的理论被称为"资源诅咒"（Resource Curse）假说。这一假说也被萨克斯及其合作者所关注，在一篇名为"自然资源诅咒"（*The Curse of Natural Resources*）的文章中，他们对经济发展与自然资源之间的关系进行了详细的阐述。[1]他们发现，一个国家或地区的自然资源出口占 GDP 的比重与1970—1989 年经济增长速度呈现显著的负向相关关系，即自然资源出口比重越高，其经济增长速度越低。例如，由图 3.5 可见，在 20 世纪 70 年代，经济绩效表现卓越的"亚洲四小龙"（新加

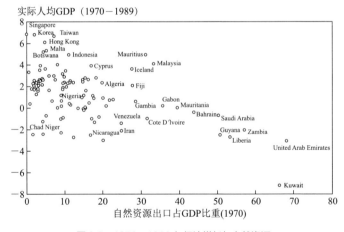

图 3.5　1970—1989 年经济增长与自然资源

资料来源：Sachs, J. D., and A. M. Warner, "The Curse of Natural Resources", *European Economic Review*, 45, 2001, 827-838。

---

　　[1]　Sachs, J. D., and A. M. Warner, "The Curse of Natural Resources", *European Economic Review*, 45, 2001, 827-838.

坡、韩国、中国台湾、中国香港），平均经济增长速度达到 6%—8%，但这些国家与地区自然资源相对贫瘠，自然资源出口占GDP 的比重不足 10%。而自然资源出口占 GDP 比重超过 50%的国家，如沙特阿拉伯、黎巴嫩、圭亚那、科威特、阿拉伯联合酋长国等，在 1970—1989 年经济增长率呈现负增长。

在那些自然资源丰富的国家或地区，为什么会出现"资源诅咒"呢？对于这一悖论，经济学家给出两方面的解释：一是在自然资源较为丰富的国家或地区，往往存在过度消费的情况，从而导致了"资源诅咒"的出现。过度消费主要是指由自然资源引起的收入增加，具有暂时性的特征 [1]。而这种暂时性收入的一个结果是这些国家或地区消费水平得以提升，导致储蓄率过低，进而影响投资的形成，最终阻碍经济增长。二是自然资源丰富的国家或地区可能存在较为扭曲的经济结构，这一现象通常被称为"荷兰病"（Dutch disease）。[2] 荷兰病主要是指资源丰富的国家往往将自然资源作为出口产品，然后使用进口制成品满足其基本的消费需求。然而，这种将原材料出口，制成品进口的行为，可能导致本国制造业部门萎缩。这种现象最早出现在 20 世纪 60 年代的荷兰，因为当时荷兰发现了大型天然气田，

---

[1]   自然资源的暂时性特征主要表现在两个方面：一是自然资源不是用之不竭的，经过一定时间自然资源会出现使用完结的问题；二是随着技术发展某一资源可能被另外一种资源所替代，进而形成自然资源的暂时性特征。

[2]   W. Max Corden, and J. Peter Neary, "Booming Sector and De-Industrialisation in a Small Open Economy", *The Economic Journal*, 92, 1982, 825-848.

然而新资源的发现并没有使荷兰经济获得持续增长，反而导致该国产业部门萎缩，阻碍其经济发展。

二　历史发展路径的地理因素

尽管经济学家强调地理的确对国家或地区之间经济发展差异产生影响，但是地理对当前世界经济发展的影响仅限于此吗？地理因素是否还通过其他机制和途径影响当前世界经济绩效或其他经济发展的各个潜在要素呢？特别是地理是否通过某些渠道改变历史发展路径，进而对当前各经济体的制度演化、文化形成、技术进步等产生影响呢？在接下来这一部分，我们将通过对几个问题的讨论来揭示地理因素对不同国家或地区历史路径的改变，以及对经济发展的影响。

（一）农业文明的地理起源

作为能够使用工具的动物，人类大致出现在距今 200 万年前。[1] 如果这一考古证据可以让人信服的话，那么在这 200 万年间，至少有 199 万年，人类的祖先只能用木头、骨头、石头等

---

[1]　Cameron, Rondo E. and Larry Neal., *A Concise Economic History of the World: from Paleolithic Times to the Present*, New York：Oxford University Press, 2003.

简陋工具与大自然相抗争，驱赶野兽，获取食物。由于早期人类使用的工具为石器，因此考古学家将这一时期称为"石器时代"。考古学家又根据石器工具的加工方式将"石器时代"划分为"旧石器时期"与"新石器时期"两个阶段。

旧石器时期主要指距今 200 万年至 1.5 万年前，其间又划分为三个阶段。其中旧石器时代早期（约 200 万年至 30 万年前）大致相当于早期猿人和晚期猿人阶段；旧石器时代中期（约 30 万年至 5 万年前）处于早期智人阶段；旧石器时代晚期（约 5 万年至 1.5 万年前）相当于晚期智人阶段。总之，在旧石器时代的任一时期，原始人类主要采用打制的方法来制造石器工具，但石器加工粗糙，形状简陋，效率低下。因此，人类对自然环境改造的能力较弱，只能靠采集野生植物的根茎、果实和捕猎动物为生，即采摘渔猎的生活方式。在这一阶段，人类获取的生活资料极其有限，生存的最大敌人就是大自然。人们长期过着茹毛饮血的生活，以树叶和毛皮作为遮体避寒之衣，以洞穴作为居身之所，并且为了获取食物，时常不停地迁徙流动。

但到了距今 1.5 万年的新石器时期，一切有了改变。在距今 1.5 万年前，人们开始使用弓箭，而且开始驯养家畜，特别是狗。到了距今 1 万年前，磨制石器出现，人们可以制造出斧、刀、铲、锄等工具，而且还发明了在石器上钻孔的技术，生产工具制造技术与旧石器相比获得了很大的提高。但更大的成就是原始农业和畜牧业的发明，即人类社会迎来了"农业文明"。

根据考古学家论证，原始农业的起源地有三个中心，如图

3.6所示。从中可见，地中海沿岸、亚洲、美洲是农业文明最早出现的地区。其中，在距今8000年前后，西亚地区的早期人类开始种植大麦、小麦等作物；在距今7000多年前，亚洲的中国开始在长江中下游地区种植水稻，在黄河中上游种植粟；而几乎与此同时，美洲地区的居民开始种植玉米、马铃薯、南瓜等。

　　原始农业的出现改变了原始人类的生活方式，使不断迁徙的人们开始定居下来。尽管这一时期农业生产技术低下，但有限的农业生产依然保证了食物的有效供给，使人们抵御自然的能力进一步增强。与此同时，随着生活方式的改变与生产水平的提高，原始人类的社会组织形式也有所变化，以家族和部落为单位的社会组织开始出现。人类早期文化也获得了发展，出现了早期的文字与绘画，如西班牙北部和法国西南部的阿尔塔

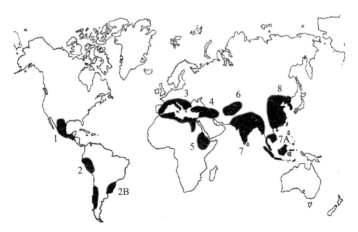

图3.6　新石器时期农业文明农业起源中心

资料来源：Ladizinsky, G., *Plant Evolution under Domestication*, The Netherlands: Kluwer Academic Publishers, 1998。

米拉山洞壁画等（如图 3.7 所示）。

　　尽管我们清晰地厘清了早期原始社会人类发展的路径，但是这一变化在世界不同地区是完全不同的，那么这种差异是否会对后来各个国家或者地区的经济发展产生影响呢？现有很多学者研究表明，早期农业文明产生的时间差异的确对后续经济发展具有显著的长期影响。[1] 例如，农业技术的发明导致食物供给的增加，食物供给的增加促进了人口的增长，而人口的增加进而促进了社会分工与社会组织的扩大与发展，同时人口规模的扩大也对早期城市建设与发展具有积极的促进作用。因此，

图 3.7　拉斯科岩洞壁画

资料来源：Lascaux Cave, Official Lascaux Web site, from the French Ministry of Culture。

---

[1]　Matranga, Andrea, "The Ant and the Grasshopper: Seasonality and the Invention of Agriculture", Working Paper, New Economic School, 2017.

这些最早出现农业起源的地方，也成为人类历史上最早的四大文明古国发源地，以及现代文明发展的起点。那么，一个非常重要的问题，为什么人类最早的农业文明会出现在以上这些地区呢？农业起源背后的决定因素是什么呢？

关于农业文明出现的地区差异问题，经济学家认为这与早期原始人群生存的地理环境差异有着密不可分的关系。关于地理因素如何影响农业起源问题，经济学家主要有以下假说。首先，艾什勒弗（Quamrul Ashraf）与米哈洛普洛斯（Stelios Michalopoulos）认为，在原始社会时期，气候冲击决定了不同地区进入农业社会的时间先后顺序。[1] 在名为"气候波动与农业扩散"（*Climatic Fluctuations and the Diffusion of Agriculture*）文章里，他们对气候冲击理论假说进行了系统化的阐述。他们认为，适当的气候冲击增加了人们获得生存资料的风险，因此早期人类不得不从采集渔猎生产方式向农业生产技术转变，进一步改进在生产工具（如制造新的生产工具、改善居住环境等），以降低生存风险。新生产工具的使用，不仅可以丰富食物内容，而且也可以积累众多农业知识，从而使农业文明最早在当地产生。在农业文明产生的同时，农业技术也迅速向产生农业的地区边缘扩展。这一逻辑如图 3.8 所示。

为了证明其假说的可靠性，艾什勒弗与米哈洛普洛斯首先

———————

[1]　Quamrul Ashraf, and Stelios Michalopoulos, "Climatic Fluctuations and the Diffusion of Agriculture", *The Review of Economics and Statistics*, 97(3), 2015, 589-609.

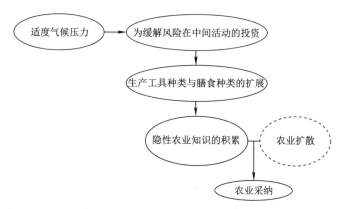

图 3.8　农业起源的气候冲击理论框架

资料来源: Quamrul Ashraf, and Stelios Michalopoulos, "Climatic Fluctuations and the Diffusion of Agriculture", *The Review of Economics and Statistics*, 97(3), 2015, 589-609。

收集了不同地区的气候波动数据作为气候数据的代理变量。然而原始社会时期的气候波动数据收集存在一定的难度，他们采用的方法是利用 1500—1900 年的气候波动数据作为历史气候波动的代理变量。为了证明当前气候波动数据作为历史气候波动代理变量的有效性，作者首先用 1500—1900 年与 1901—2000 年两个时间段的气候方差与平均气候分别进行比较分析，相关分析结果表明两者之间具有显著的正向相关关系。由此证明，尽管从长期来看地球气候是不断变化的，但是在较长的一段时间内，气候波动较为稳定，因此可以用 1500—1900 年的气候波动数据作为历史气候波动的度量指标［见图 3.9（a）、图 3.9（b）］。

　　在获得可靠的数据后，接下来作者将世界各国进入农业文

季节间温度标准差（1500－1900年）

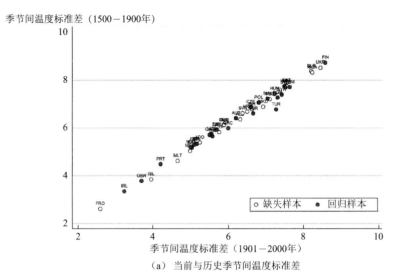

（a）当前与历史季节间温度标准差

季节间温度平均值(1500－1900年)

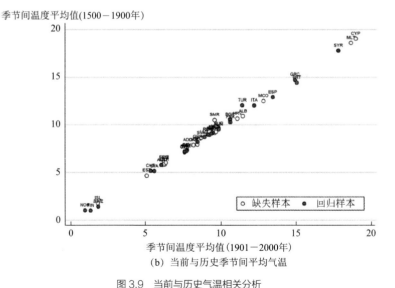

（b）当前与历史季节间平均气温

图3.9 当前与历史气温相关分析

资料来源：Quamrul Ashraf, and Stelios Michalopoulos, "Climatic Fluctuations and the Diffusion of Agriculture", *The Review of Economics and Statistics*, 97(3), 2015, 589-609。

明的时间设定为被解释变量，核心解释变量分别为不同地区气候波动及其平方项，此外还包括当地的平均温度等。分析结果表明，虽然当地的平均温度对其进入农业文明的早晚有正向影响，但统计不显著。然而气候波动及其平方项统计显著。其中，气候波动的平方项为负，这意味着气候波动对各地进入农业文明的时间呈现非线性关系。当气候波动较低时，当地进入农业文明的时间较晚，但随着气候波动逐渐增大，当地进入农业文明的时间越早。但是，我们也发现，当气候波动超过指标过大时，当地进入农业文明的时间也变得较晚。图 3.10 中清晰刻画了这一非线性变动关系。由此可见，原始社会时期气候波动的确是各地进入农业文明时间长短的重要决定因素。

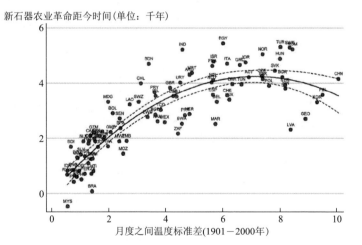

图 3.10　当前气候波动与各地进入农业文明时间的相关分析

资料来源: Quamrul Ashraf, and Stelios Michalopoulos, "Climatic Fluctuations and the Diffusion of Agriculture", *The Review of Economics and Statistics*, 97(3), 2015, 589-609。

（二）生物多样性与经济发展

除了地理气候等因素决定农业起源时间与地区差异，进而影响经济发展外，经济学家也发现原始社会初期不同地区的地理生物多样性特征也会影响农业起源，以及后续的工业革命，乃至当前各国家与地区之间的经济发展差异。这一假说，主要来自瑞典的两位经济学家。

奥尔森(Ola Olsson）与希布斯（Douglas A. Hibbs Jr.)认为，虽然经济学家一直相信人力资本与物质资本的积累，以及技术的使用是解释经济增长与发展的重要决定因素，但是经济绩效本身依然可能被其他更深层次的因素所决定。[1] 基于这一想法，他们提出早在 1.2 万年前人类进入农业文明之前的生物地理差异应该也是影响人类社会进步与发展的重要决定因素。这一观点最早被杰拉德·戴蒙德（Jared Diamond）在其经典著作《病菌、枪炮与钢铁》(*Germs, Gun and Steel*）中所提及。[2] 戴蒙德认为，亚欧大陆面积巨大且呈东西走向，这与其他大陆相比具有先天的生物发展优势。因此，在亚欧大陆，动物和植物种类更加多样。而这种地理与生物地理的优势为亚欧大陆人们从采集渔猎进入

---

[1]　Olsson Ola, and Douglas A. Hibbs Jr., "Biogeography and Long-run Economic Development", *European Economic Review*, 49, 2005, 909-938.

[2]　Jared Diamond, *Germs, Gun and Steel：The Fates of Human Societies*, W. W. Norton & Company, 1997.

农耕生产方式的转换提供了先决条件，从而使进入农业社会的时间至少要比其他大陆早 500 年左右。而农业的发展为人类生存提供了更多的食物，食物供给得到保障，使人口得以增长。食物的储存有助于促进专业化分工以及特殊阶层的产生，进而促进了技术以及复杂政治制度的发展，为后续经济增长打下了基础。这一假说的逻辑关系在图 3.11 中得到了基本展现。尽管戴蒙德最早对该假说进行了阐述，但奥尔森及其合作者则首次通过经济学方法对其进行实证检验。

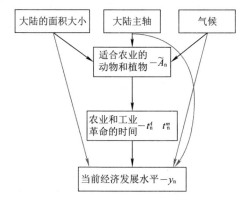

图 3.11　生物地理与长期经济发展关系

资料来源：Olsson Ola, and Douglas A. Hibbs Jr., "Biogeography and Long-run Economic Development", *European Economic Review*, 49, 2005, 909-938。

在公元前 1.1 万年左右，人类社会进入了一个新的发展阶段。冰河期的结束标志着更新世 [1] 的结束，同时全新世 [2] 由此开始。

---

[1]　更新世（Pleistocene）为地质时代第四代早期，也称为洪积世或冰川世，大约距今 260 万年到 1.2 万年前。

[2]　全新世（Holocene）是地质年代中最年轻的年代，从距今 1.2 万年前至今。

随着全新世的开始，温暖湿润的气候随之而来。原始人的生产方式开始从采集渔猎向农业生产转变。各大洲的农业文明出现的时间差异如表 3.1 所示。最早进入农业文明的是被称为新月地带的地方，即今天的黎巴嫩、以色列、叙利亚、约旦、伊拉克等地。在公元前 8500 年，当地已经开始驯养山羊、绵羊，并且种植小麦、大麦、豌豆等作物。公元前 7500 年，中国开始驯化猪，同时种植水稻、粟。而美洲大陆则在公元前 3500 年才开始从采集渔猎向农业进化，开始种植土豆、向日葵、玉米，同时驯养豚鼠、美洲驼等动物。可以看到，世界各地不同地区从采集渔猎转向农耕与畜牧社会的时间差异。

表3.1　　世界各地不同地区农业、畜牧业起源的时间

地区	日期	种植植物	驯养动物
1. 近东	公元前8500年	小麦、大麦、豌豆	山羊、绵羊
2. 中国	公元前7500年	水稻、粟	猪
3. 墨西哥中部	公元前3500年	玉米、豆	火鸡
4. 安第斯山脉中南部/亚马孙低地	公元前3500年	土豆、木薯	美洲驼、豚鼠
5. 美洲东部	公元前2500年	向日葵	无
6. 撒哈拉以南的非洲	公元前4000年	高粱	无

注：日期是指驯化动物或种植植物首次被证明的日期。所有的日期均为校准的放射性碳日期。右边栏中的种植植物和驯养动物是该地区驯养物种的示例，而不是完整列表。

资料来源：Jared Diamond, *Germs, Gun and Steel: The Fates of Human Societies*, W. W. Norton & Company, 1997. Bruce D. Smith, *The Emergence of Agriculture*, New York: Scientific American Library, 1998。此两者对一些地区给出了不同的时间。

与此同时，我们也发现在不同地区的原始社会时期，各地区的物种多样性也存在差异。正如杰拉德·戴蒙德所说，各物

种都是不均匀地分布在整个世界上的。[1] 在世界上将近 20 万种野生植物中，仅有近 1000 种植物可以食用，而仅有 100 种可以人工种植。在布鲁姆勒（M. Blumler）编写的植物大典中，仅有 56 种是具有种子的植物。[2] 表 3.2 给出了世界各地可以驯养和种植的动植物的基本分布情况。我们发现，亚欧大陆拥有的可以人工种植的植物种类最多，其中近东、欧洲、北非等环地中海地区加上东亚与东南亚地区，植物种类超过 45 种。而撒哈拉

表 3.2　　　　　　世界各地适合种植与饲养的动植物种类

地区	植物种类	动物种类
近东、欧洲、北非	33	9
东亚	6	7
东南亚	6	2
撒哈拉以南非洲地区	4	0
北美	4	0
中美	5	0
南美	2	1
澳洲	2	0
太平洋岛屿与冰岛	0	0

资　料　来　源：Ronald M. Nowak, *Walker's Mammals of the World*, Baltimore: The Johns Hopkins University Press, 1991.Blumler, M., *Seed Weight and Environment in Mediterranean-Type Grasslands in California and Israel*, UMI Dissertation Services, Ann Arbor, MI, 1992. Jared Diamond, *Germs, Gun and Steel: The Fates of Human Societies*, W. W. Norton & Company, 1997。

---

[1]　Jared Diamond, *Germs, Gun and Steel：The Fates of Human Societies*, W. W. Norton & Company, 1997.

[2]　Blumler, M., *Seed Weight and Environment in Mediterranean-Type Grasslands in California and Israel*, UMI Dissertation Services, Ann Arbor, MI, 1992.

以南地区仅有 4 种，美洲大陆包括北美、南美以及中美地区仅有 11 种，澳洲仅有 2 种。世界各地可驯养的动物种类也与其可人工种植的植物种类分布相类似。在自然界中，尽管大多数动物都适合人类饲养，但是体重在 45 千克以上的动物仅有 148 种，其中仅有 14 种适合人们驯养，其他的 134 种动物被证明不适合饲养。在这些适合人类饲养的物种中，欧亚大陆以及北非地区动物种类超过 18 种，而美洲地区包括北美洲、南美洲、中美洲地区仅有 1 种，其他地区则为 0。由此可知，亚洲要比其他地区拥有更强的物种多样性优势。

随后，奥尔森及其合作者开始证明地理气候特征是否对农业转换时间产生差异，而这种差异是否又会对当前经济发展产生影响。首先，奥尔森等发现，如果一个地区的纬度越低，气温条件越高，所在地区面积越大，则当地的动植物多样性越强，生物条件越好。由此可见，地理条件对生物多样性具有显著的正向影响。接下来，奥尔森等又对生物多样性条件与当地农业文明产生的时间进行分析。研究表明，生物条件与农业文明开始时间呈现显著的相关关系，即如果当地生物条件较差时，其进入农业文明的时间则较晚，而当地生物条件较好时，其进入农业文明的时间则较早。这充分证明了生物地理特征对不同地区初始经济技术转换的时间差异起到了非常重要的影响作用。

此外，奥尔森等也进一步揭示了生物地理因素对当前经济发展的影响。首先，奥尔森等给出了地理以及生物地理特征对

1997 年人均 GDP 的影响。从分析结果可以看到，地理因素对 1997 年人均 GDP 呈现显著的正向影响，而生物地理特征也对 1997 年的经济发展产生了显著的积极作用。之后，奥尔森等又进一步考察了地理生物条件是否通过政治环境与社会基础设施因素影响经济发展。实证结果表明，政治环境与社会基础设施的确对 1997 年人均 GDP 产生影响，但将地理生物多样性条件放入模型中，研究者发现，虽然政治环境与社会基础设施以及地理因素依然统计显著，但是此时地理环境的影响系数却会变小。这一结果表明，地理生物条件之所以对长期经济发展产生影响，一个潜在的机制可能是因为生物多样性最先导致农业文明，提供了稳定的食物，促进了人口的增长，而人口的增长使当代社会出现了更为复杂的社会组织和制度环境，进而对当前经济绩效变化产生影响。

（三）地理与文化传统

地理因素对历史发展轨迹的影响除了对农业文明起源，也体现在文化传统的形成上。这里关于地理对文化形成的影响仅举一例，即水利社会与专制主义起源。

在人类历史社会的发展进程中，一个现象很早就被众多学者所关注，从亚里士多德到孟德斯鸠，再到黑格尔和马克思，他们都发现亚洲以及中东地区的社会制度与他们所处的欧洲国家相比，专制程度相对较高。特别是马克思，他将这一观察到的现象称为"亚细亚生产方式"（Asiatic Mode of Production）。[1]
而为什么会出现这一结果，亚当·斯密最先给出了解释。[2] 亚
当·斯密发现，这些国家对水资源的控制能力与欧洲国家不
同，而这种差异是导致社会制度专制水平差异的重要原因。基
于这一出发点，德国历史学家卡尔·魏特夫（Karl Wittfogel）
在其著作《东方专制主义》中发展了这一水利假说（Hydraulic
Hypothesis），将东方专制主义与大型水利工程系统结合起来。[3]

2017 年，本特森（Jeanet Sinding Bentzen）、卡尔森（Nicolai
Kaarsen）和温根德（Asger Moll Wingender）在欧洲经济学学
会会刊《欧洲经济学会杂志》（*Journal of European Economics
Association*）中发表名为"灌溉与专制"一文，对专制制度的水
利假说进行考察。[4] 本特森及其合作者认为，大型水利系统的构
建与维护依赖于强有力的领导，而在人类历史发展过程中，这
种领导力为中央集权的专制主义统治者的产生提供了基础。为
了验证这一假说，他们采用联合国世界粮农组织给出的灌溉农
业潜力 [5] 的空间地理分布情况。根据他们的研究，在热带、热

[1]　Karl Marx, *A Contribution to The Critique of Political Economy*, Kessinger
Publishing, LLC, 2007.

[2]　Adam Smith, *The Wealth of Nations*, Penguin Classics, 1982.

[3]　Karl A. Wittfogel, *Oriental Despotism*: *A Comparative Study of Total Power*,
Yale University Press, 1957.

[4]　Jeanet Sinding Bentzen, Nicolai Kaarsen, and Asger Moll Wingender, "Irrigation
and Autocracy", *Journal of the European Economic Association*, 15(1), 2017, 1-53.

[5]　灌溉农业潜力是指利用灌溉农业替代雨水农业预期能够增产的比例。

带雨林、亚热带地区，雨水灌溉占有较大比例，但是在温带地区，特别是陆地河流较为丰富的地方，灌溉农业的潜力较大。而按照水利假说，这些地区的政治制度存在显著差异。

为了揭示灌溉农业与政治制度之间的关系，本特森首先确定当前的灌溉能力是否与历史上的灌溉能力相一致。为此，他分别选用当前灌溉等级与不同历史时期的灌溉水平进行对比分析，实证结果表明，历史灌溉水平与当前灌溉等级之间具有显著的正向相关关系，因此灌溉潜力可以作为历史上当地灌溉能力的代理变量。接下来，本特森及合作者利用马歇尔（Marshall）等[1]构建的 Polity IV 数据库中的民主化（Polity 2）指数作为被解释变量、灌溉能力作为解释变量进行回归分析，当控制了民主化、殖民制度、地理、海拔、坡度、文化等一系列与民主相关的因素后，实证结果显示灌溉潜力越高的地方民主化水平越低。这一结果在图 3.12 中得到了较好的展示，从中可见，灌溉潜力与政治民主化程度呈现显著的负向相关关系，从而揭示了地理环境对不同国家和地区文化形成的影响。

三　结束语

本章主要对地理因素与历史发展之间的关系进行了讨论。

---

[1]   Marshall, M.G., Jaggers, K., and Gurr, T.R., Polity IVprogect, Center for Lnternational Levelopement and Conftict Management at the Umrersty of Uaryland College Pork, 2010.

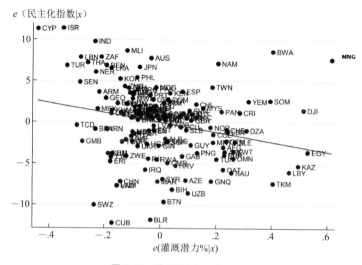

图 3.12　灌溉潜力与民主化程度

资料来源：Jeanet Sinding Bentzen, Nicolai Kaarsen, and Asger Moll Wingender, "Irrigation and Autocracy", *Journal of the European Economic Association*, 15(1), 2017, 1-53。

　　尽管在发展经济学文献中，很早就有经济学家关注地理对当前世界各国和地区之间的经济发展不平衡问题的影响。然而，对于地理环境如何通过影响历史发展路径来影响当前经济发展的问题，仍缺乏足够关注。本章我们试图打开这一视野。从以上分析可见，地理因素不仅通过对外贸易、气候对农业生产效率、疾病等渠道对当前经济发展产生影响，而且也对文明的产生与发展、社会技术转型以及文化形成等方面均具有显著的影响。而这些因素又是当前经济发展的重要决定因素。因此，我们可以说，地理对当前经济发展的影响不仅在今天，更在历史中埋下了深深的痕迹。

第四章
制度、制度变迁与经济绩效

前一章主要对影响经济发展的最基本因素之一——地理因素进行了分析。通过分析我们发现，地理环境不仅通过气候、地理区位、要素禀赋等对经济绩效产生直接影响，而且地理因素（特别是人类社会早期的地理因素）也通过改变经济社会发展的初始条件对经济发展产生较大的影响，例如，农业文明的起源、文化的形成等。本章我们将讨论影响经济发展的另一个重要决定因素——制度。在这里我们不仅对制度如何影响经济发展进行介绍，而且对历史因素如何影响制度形成及其变迁过程进行考察。

本章的结构安排如下：首先，我们对制度的定义以及分类进行简要的介绍。其次，我们对制度如何影响经济发展的内在机制进行考察。最后，我们就重大历史事件对一个国家或者地区某一制度的形成及演化所起的特殊作用进行重点介绍。

一　什么是制度？

除了生产要素和技术之外，制度是经济学家在解释经济发展与增长问题中强调最多的因素。那什么是制度呢？通常来说，经济学家认为，制度（Institution）主要是指社会运行的一系列游戏规则，是对人类经济社会行为施加的一种法律与社会规范约束。这种约束有助于降低人类经济社会活动中的交易成本（Transition Costs），即为了促成交易而发生的成本[1]。制度经济学家通常将制度分为正式制度与非正式制度。

（一）正式制度

在本书中，正式制度（Formal Institution）主要是指编纂成文的法律、规章、条例等。日常经济社会生活中，最常见的正式制度包括政治制度、法律制度、经济制度等。

1. 政治制度

政治制度在日常经济社会运行中占有特殊地位。一般而言，政治制度决定着政治权力如何在不同社会群体之间进行

---

[1]　交易成本概念最早由著名制度经济学家罗纳德·哈里·科斯（Ronald H. Coase）1937 年在一篇名为《企业的性质》（*The Nature of Firm*）的论文中首次提出。交易成本即在达成交易的过程中所花费的全部时间和货币成本，包括传播信息、广告、与市场有关的运输以及谈判、协商、签约，合约执行的监督等活动所花费的成本。

分配。政治制度主要是指界定主要政治团体和政治人物的权力及其选举办法的一系列规则。在现代社会，现有的政治制度可以分为民主体制与专制体制。民主体制是指政治领袖通过自由公平的竞争选举产生，所有成年公民都有投票的权力，所有政党都有权参与选举和治理国家。而专制体制是指政府的所有权力均赋予在一个人身上，例如独裁者、君主或最高宗教领袖等。

在民主体制下，政治体制主要有总统制与议会制这两种政体。在总统制国家，总统是行政体系的首脑，由选民选举产生。行政部门的权力来源于独立的立法部门。立法机构无权因政治原因解除行政首脑的职务。而在议会制国家中，行政部门由议会多数派任命。立法机构决定行政部门的领导。立法部门可以从政治目的出发，通过不信任投票的方式投票罢免行政人员。表 4.1 展示了当前世界施行议会制和总统制的主要国家。从中可以看到，议会制国家主要集中在欧洲地区，而总统制国家主要分布在美洲与非洲地区。在民主体制中，选举规则也有较大差异。在众多选举规则中，最常见的为多数规则（Majoritarian Rule），即选票人数最多的人当选。另一个常见的选举规则是比例规则（Proportional Rule），即按照不同党派获得票数的份额分配议会席位。在当前世界，美国、加拿大、澳大利亚、印度、巴基斯坦、孟加拉国等国家采用多数选举规则。而另外一些国家，例如以色列，则采用比例规则。

表4.1　　　　　　　　　　　　总统制与议会制国家举例

类别	主要国家举例
总统制国家	美国、土耳其、秘鲁、墨西哥、厄瓜多尔、阿根廷、哥斯达黎加、洪都拉斯、危地马拉、乌拉圭、智利、巴西、肯尼亚、塞内加尔、塞拉利昂、津巴布韦等
议会制国家	英国、意大利、新加坡、斯洛伐克、瑞士、南非、澳大利亚、比利时、加拿大、丹麦、日本、卢森堡、荷兰、马来西亚、新西兰、挪威、西班牙、瑞典、泰国、以色列、奥地利、捷克、德国、希腊、印度、爱尔兰、冰岛、匈牙利等

　　而独裁专制政治体制的具体表现有纳粹主义、法西斯主义以及右翼独裁等形式。纳粹主义是 20 世纪 30 年代德国在阿道夫·希特勒领导下形成的权力集中在统治者手中，宣扬日耳曼种族优越性，奉行元首至上的一种政治体制。该政治体制的施行直接导致了第二次世界大战的爆发，直到 1945 年第二次世界大战结束，该制度才宣告终结。另外一种独裁专制政体是法西斯主义（Fascist）。法西斯主义主要内容包括崇尚民族主义和法团主义、崇拜暴力和最高领袖。法西斯主义的主要代表是意大利墨索里尼、西班牙佛朗哥、葡萄牙萨拉查等。此外，在"二战"之后又出现了右翼独裁政权这种独裁政体。主要特征是这些政权既没有意识形态驱使，也没有改造社会的基本规划，通常依靠暴力武装来获得政权，然后进行独裁统治。右翼独裁政权的主要代表有智利奥古斯都·皮诺切特（Augusto Pinochet）、阿根廷豪尔赫·拉斐尔·魏地拉（Jorge Rafael Videla）、巴拉圭阿尔佛雷多·斯特罗斯纳·马蒂奥达（Alfredo Stroessner Matiauda）、刚果民主共和国蒙博托（Mobutu Sese Seko）等。

2. 法律制度

法律制度是正式制度的重要组成部分。世界各地的法律存在较大差异，造成这种差异的原因主要体现在以下两个方面：一方面跟不同国家所实施的宗教传统相关，例如在伊斯兰世界，《古兰经》中表达的伊斯兰教法既是宗教法律，又是道德规范；再如在奉行犹太教的以色列，犹太法典《塔木德》是许多法律的基础。另一方面，各国法律制度也跟各国不同的法律起源有着密切的关系。例如在美国、加拿大、澳大利亚、新西兰等前英国殖民地国家和地区，当地法律执行的是英美法系（Common-law System）。在英美法系中，法律论证主要依靠判例——过去的法庭审判案例做出决定。而另外一些地区则实行大陆法（Civil-law System）。大陆法主要源自罗马民法，依靠成文的法律法规做出决定。表4.2给出了两大法系在全球的基本分布情况。

表4.2   不同法系主要国家举例

类别	主要国家举例
英美法系	美国、加拿大、澳大利亚、爱尔兰、新西兰等
大陆法系	法国、西班牙、葡萄牙、比利时、德国、捷克、斯洛伐克、俄罗斯、意大利、荷兰、比利时、瑞典、瑞士、挪威、芬兰、丹麦、墨西哥、巴西、秘鲁、阿根廷等
伊斯兰教法	沙特阿拉伯、阿富汗、伊朗、伊拉克、巴基斯坦、索马里、苏丹等

3. 经济制度

在各项制度中，经济制度是最重要的制度，也是现实日常生活中保证经济运行和实现经济增长的重要基础。现实世界中时常被学者关注的经济制度主要有计划经济与市场经济两种制度安排。计划经济主要是指在资源配置过程中，以中央政府计划为先，经济生产、交换、消费、分配等环节都要通过计划作为资源配置方式的经济体制。具体而言，计划经济是通过中央政府的统一计划安排展开，由中央政府来决定生产什么、生产多少、如何生产，企业作为生产者完全是计划的执行者，对资源配置没有什么影响。而市场经济则与计划经济完全不同，是以市场作为主要资源配置方式的经济体制。具体而言，市场经济通过市场机制或价格机制使经济得到有效运行，每个消费者、生产者都是相互独立的，政府对企业的经营决策不进行直接干预，生产什么、生产多少和如何生产都完全由企业按照自己的经营目标、市场的价格信号和供求关系来决定。在市场经济体制下，政府不直接干预企业的生产经营活动，在对经济进行管理的过程中，政府的定位主要是通过制定相关经济政策来调节经济运行，所有经济活动都是在一整套法律法规体系的约束下进行的。

（二）非正式制度

非正式制度（Informal Institution）与正式制度有着显著差异，主要是指法律上没有成文规定的制度，具体包括社会规范（Social Norms）、习俗（Convention）以及已经被人们广泛接受的行为准则等。在社会发展运行的过程中，尽管正式制度发挥着重要的作用，但是非正式制度（如传统习俗、社会规范等）也构成整个社会的制度基础。甚至很多正式制度源于非正式制度。例如中国传统社会的土地交易，特别是明清时期的大量民间土地交易契约文书，多数并非由政府来充当土地买卖行为的有效执行监督者，而是由宗族通过民约礼法来监督执行。[1] 由此可见，非正式制度对于社会发展，特别是社会基层治理方面的作用。与此同时，我们也可以清晰地认识到，非正式制度一般是以一个国家或地区的文化为基础，体现了该国或地区自身的价值观、宗教等文化内容。

（三）正式制度与非正式制度的联系与区别

正式制度与非正式制度虽然都是对人们经济社会行为进行规范，但两者之间也存在较为明显的差异。从制度的提供方来看，正式制度需要社会群体商议讨论，是人为制定的结果，而非正式制度则是自我实现，无须人为制定。从制度设计的成本来看，正式制度的设计需要消耗部分社会资源，例如协商、会议、谈判等，存在较大机会成本；但非正式制度的生成过程无须消耗资源，往往是人们日常行为规范的一部分，具有自我实现的性质。最后从制度的实施机制来看，人们未必自觉遵守正式制度，因此需要有强制力量进行监督实施，例如警察、法院、司法机构等，而非正式制度由于根植于文化传统，人们因此经常受其影响进行自我约束。

---

[1]　龙登高：《中国传统地权制度及其变迁》，中国社会科学出版社 2018 年版。

二 为什么制度会影响经济绩效?

根据制度经济学的相关理论,制度对经济绩效的影响主要通过其产权理论、交易成本理论、委托代理理论以及制度变迁理论等得以体现。

(一)产权理论

产权学派起源于 20 世纪 60 年代,以罗纳德·哈里·科斯(Ronald H. Coase)的《社会成本问题》(*The Problem of Social Cost*)[1] 为标志。该文主要论证了产权制度安排对社会和个人的经济活动的影响。现代产权理论构成了新制度经济学的理论基础。

产权是财产权利的缩写。关于产权的定义,不同学者给出了不同视角的理解。例如哈罗德·德姆塞茨(Harold Demset)将产权定义为"一个人或其他人收益或者受损的权力"[2],即界定人们是否有权利用自己的财产来获取收益或者损害他人的权力,

---

[1] Ronald H. Coase, "The Problem of Social Cost", *Journal of Law Economics*, 3, 1960, 1-44.

[2] Harold Demsetz, "Toward a Theory of Property Rights", *American Economics Review*, 57(2), 1967, 347-359.

以及如何针对收益或受损进行补偿的规则。而同为新制度经济学代表人物，阿门·阿尔钦（Armen A. Archain）则认为产权是一个社会所强制实施的选择使用一种经济物品的权力[1]，或者说是人们使用资源时所必须遵守的规则。尽管不同学者对产权给出了不同的定义，但他们对产权的理解都具有一定的共识。例如所有产权经济学家都将产权视为人们对物品使用所引起的相互关系，即一种人与人的关系，而非人与物之间的关系。而且他们都强调产权是一组权力束，而非单一的权力。此外，所有学者都认为一件物品经济价值的大小主要是由附着在该物品上的权力数量及其强度所决定。

在产权理论中，一套完整的产权主要包括所有权、使用权、管理权、剩余索取权以及转让权等。其中所有权主要是指排除他人对某一物品使用的权力，即所有权具有排他性。使用权则是对某一物品使用的权力。管理权则是决定由谁来使用的权力。剩余索取权是指针对拥有物品使用或管理所获得的对收益或成本进行分配的权力。转让权则是将拥有物品转让给他人的权力。为更好地理解这些具体产权内容，在此通过一个案例进行说明。例如，有一套房屋，房屋的所有者拥有房屋，因此他或她具有该房屋的所有权。该房屋的房东既可以把房子用来自己居住，也可以用来出租。这里决定让谁居住、房屋作何用途的权力就是管理权。如

---

[1] Alchain A. A., Property Right. In: Palgrave Macmillan (eds.) *The Now Palgrave Dictionary of Economics*, London, Palgrave Macmillan, 1987.

果房屋通过房产中介用来出租，则房东让渡了房屋的使用权，租客获得了使用权。当租客支付租金时，虽然房东获得租金，但房东需要支付一部分租金给房产中介，那么房产中介与房东分别获得了一部分剩余索取权。最后房东可能要将房子作为遗产继承给子女，此时子女获得的则是转让权。总之，产权的具体分类较为复杂，并非是使用权、收益权、管理权、转让权、剩余索取权的简单加总，而是在可转让条件下产权权利在空间和时间两个维度上的形态变化。从以上案例可见，产权处理的内容虽然是围绕某一特定物品展开，但是其变化的本质依然是人与人之间的关系。

那为什么需要产权理论呢？了解和明细产权究竟对日常经济社会生活有何益处呢？产权之所以重要往往源于两个基本因素：一是资源物品的稀缺性，二是人们在使用某一资源时表现出来的外部性。

稀缺性是产权存在的一个非常重要的前提。如果我们生活在鲁滨逊的一人世界里，产权是不需要，而且是不起作用的。但事实并非如此，我们生活在一个人口众多资源稀缺的世界里。每个人不仅要面对资源约束，而且人们也经常会遇到同一个物品具有多种用途选择的问题。因此，如果人们需要对某一物品的使用进行竞争，那么产权就变得非常重要。如果不对稀缺资源的使用方式和条件加以限制，就会发生利益冲突，交易也就无法进行。因此，德姆塞茨认为，产权是一种社会工具，其重要性在于可以帮助一个人形成与其他人进行交易时的合理预期。[1]

产权存在的另一个原因则是外部性的存在。外部性（Externality）是指经济主体在经济活动中对旁观者的福利产生了一种有利或者不利的影响。当产生有利影响时，即产生了正的外部性；当产生了不利影响时，即产生了负外部性。例如，当你的邻居种植了大量鲜花，清香的味道也让作为邻居的你心旷神怡，你没有支付任何报酬，但不仅大饱眼福，而且也闻到了花香，这就是一种正外部性的体现。而另外一种情况，比如你的邻居在露天烧烤，烧烤的浓烟飘到了你家，你不仅没有吃到烧烤，而且被烟熏火燎，这就是一种负外部性。外部性无论正或负，最大的危害在于其导致市场资源配置无效。因此，产权理论认为，产权的一个主要功能在于"引导人们实现将外部性较大地内在化激励"。[2] 因此，产权理论深信，一个社会的经济绩效最终取决于产权安排对个人行为提供的激励功能。

产权理论中最重要的理论莫过于科斯定理（Coase Theorem）。然而科斯定理至今依然没有一种规范的表述。其中较为通俗的表达如下：

科斯第一定理：在交易成本为零的状态下，不管产权的初始界定如何，市场交易都将导致资源配置处于帕累托最优

---

[1] Harold Demsetz, "Toward a Theory of Property Rights", *American Economics Review*, 57(2), 1967, 347-359.

[2] Ibid.

状态。[1]

这一表述恰恰与新古典经济学完全竞争市场理论相吻合。随后，科斯又提出了"科斯第二定理"的假说，即：

科斯第二定理：如果存在交易成本不为零，产权的初始界定以及经济组织形式的选择将对资源配置效率产生影响。

这一假说可以进一步得到以下两个推论：

推论1：在交易成本为正的前提下，资源配置的帕累托最优状态是实现不了的，交易成本是决定资源配置效率的一个非常重要的因素。

推论2：在交易成本为正的前提下，产权安排非常重要。不仅影响产权转让和重组的市场交易，而且还将直接影响资源配置效率。

由此可见，产权理论所强调的产权对资源配置以及经济绩效有着重要的影响。因此，制度成为影响经济发展的重要因素之一。

（二）交易成本理论

除产权理论之外，在制度经济学中另一个在经济绩效中扮

---

[1] 所谓帕累托最优状态是指在一个交易中，从一种分配状态到另一种分配状态的变化过程，在没有使任何人境况变坏的前提下，使其他人变得更好，即达到了效率与公平理想状态。

演重要角色的理论是交易成本理论。交易成本理论虽然起源于20世纪30年代，但是在70年代才成为新制度经济学中最活跃的分支。交易成本理论最早可以追溯到罗纳德·科斯在20世纪30年代所撰写的《企业的性质》[1]一文。然而交易成本理论则是在1970年、1980年才形成成熟的理论体系，以奥利弗·威廉姆森（Oliver E. Williamson）的《市场与层级制》（*Markets and Hierarchies*）和《资本主义的经济制度》（*The Economic Institutions of Capitalism*）为代表。[2] 其理论核心是用制度比较分析的方法来研究经济组织，进而围绕交易成本节约这一中心问题把交易作为分析对象来讨论企业内部以及企业与市场之间的关系。

最早把交易作为经济学基本分析对象的是约翰·康芒斯（John R. Commons）。他认为，交易行为本身不仅仅是物品之间的交换，还是人与人之间对物品所有权的转让关系，而且应该将交易过程进一步划分为买卖交易、管理交易、限额交易。[3] 以上三种交易也可以称为市场交易、企业内部交易和政府交易。交易成本理论正是从这点出发，将交易视为经济活动中的重要组成部分，从契约角度对交易本身进行分析。

---

[1]　Coase R. H., "The Nature of the Firm", *Economica*, 4(16), 1937, 386-405.

[2]　Oliver E. Williamson, *Markets and Hierarchies：Analysis and Antitrust Implications*, *A Study in the Economics of Internal Organization*, The Free Press, 1975. Oliver E. Williamson, *The Economic Institutions of Capitalism*, The Free Press, 1985.

[3]　John R. Commons, "Institutional Economics", *American Economics Review*, 21, 1931, 648-657.

在现实的交易过程中，交易双方本性上都有损人利己的机会主义行为倾向。因此，在有限理性的条件下，人们需要对这些机会主义行为发生的时间和方式做出提前判断，采取预防性手段，而这一过程需要支付高昂的交易成本。为保证交易的有效进行，企业与市场被作为有效的规制结构发展出来，以有效防止机会主义行为的产生。而交易成本理论正是分析不同交易应该在哪种规制结构中进行，从而支付最小的交易成本。

一般而言，交易成本理论主要分析交易性质的三个维度：一是资产专用性。这主要是指为了某一特定的交易而做出的持久投资，其一旦形成很难转移到其他用途，如果过早结束，将会形成"沉没成本"（Sunk Cost）。因此，资产专用性越强，防止机会主义产生的交易成本也就越高，交易双方需要建立一种持久的、稳定的契约关系。二是不确定性的存在。在交易过程中，交易双方既要面对外部不确定性问题，如自然灾害、战争等，也要面对交易自身不确定性问题，例如在交易过程中某一方突然违约。因此，交易成本经济学强调在交易过程中由于机会主义行为带来不确定性，交易双方需要建立保障机制。三是交易频率，主要体现在交易时间连续上。如果交易频率越高，组织制度的费用也就越能得到补偿。

在区分交易性质之后，我们可以将不同交易与不同规制结构进行匹配。例如在不涉及资产专用性的交易时，不管交易频率高低，与市场组织体制相匹配；而当涉及一定程度的专用性资产，且交易频率不高的情况下，与三方规制结构相匹配；当涉及专用性资产，且交易频率较高的情况下，与双方规制结构相匹配；最后当涉及高度专用性资产，且交易频率很高的情况下，与一体化规制结构相匹配。

通过上述介绍可见，交易成本理论不仅为研究组织制度功能及其选择提供了一种全新的理论和方法视角，而且在法经济学、产业组织理论、公司治理结构等也具有广泛的应用。

（三）委托代理理论

制度影响经济绩效的第三个重要理论是委托代理理论。委托代理理论主要考察的是委托人与代理人在信息不对称的条件下订立不完全契约的问题。在现实经济活动中，多数情况下是企业委托人让代理人直接负责或处理企业运营的相关事务，此时代理人具有完全信息，但是委托人不具有完全信息，代理人可能会在具体合约的执行过程中并不完全地执行委托人的决定，由此造成经济效率损失。因此，委托代理理论主要针对这一问题对合约本身进行机制设计。委托代理理论主要面对和处理的问题是在信息不对称的条件下所出现的"逆向选择"与"道德风险"问题。

1. 逆向选择

逆向选择（Adverse Selection）是指在信息不对称条件下，参与交易的一方比另一方拥有更多影响交易契约的信息，而对方无法轻易观察到这些信息。在这种情况下，拥有信息优势的一方可能隐藏信息，或提供虚假信息从而获利，由此造成市场效率损失，甚至干扰市场有效运行。2001 年诺贝尔经济学奖得主乔治·阿克洛夫（George Akerlof）在其论文《次货市场》（*Lemon Market*）中对这一问题进行详细考察。[1] 他假设在一个二手车交易市场中，只有卖车的人知道汽车的真实情况，而买车的人缺乏信息。因此，买车的人只能根据二手车市场平均车况的价格进行出价。而平均价格低于质量较好车辆的价格，所以作为卖方在二手车交易市场上只能提供质量较差的车进行交易。长此以往，二手车市场将只有质量差的车，而质量好的车被排除在市场之外，由此导致二手车交易市场彻底崩溃。

现实中，人寿保险也是一个逆向选择的较好例子。被保险人比保险公司更了解自己的情况，所以保险公司接受某一项人寿保险业务所承担的风险要高于被保险人购买保险服务所承担的风险。由于被保险人具有信息优势，他们比保险公司更容易做出正确的决策。

为了解决逆向选择问题，经济学家提出两种解决方式：一是通过设计某种机制或者契约，使拥有信息优势的一方愿意公开其私人信息，或者愿意提供真实的信息，即所谓的"信号显示"。例如在劳动力市场上，求职者通过获得某种学历或者证书来证明自己的能力和智商。二是通过价格高低作为"信号显示"

---

[1]　George A. Akerlof, "The Market for 'Lemons': Quality Uncertainty and the Market Mechanism", *Quarterly Journal of Economics*, 84(3), 1970, 488-500.

来体现某种商品或者服务的质量高低，进而增加市场效率。因为一般消费者会相信，价格越高买到高质量商品的概率就越大，而价格越低意味着质量越低。

2. 道德风险

道德风险（Moral Hazard）与逆向选择相反，不是由签约前信息分布不对称所引起的，而是由于签约后作为交易某一方的行为不被另一方准确观察到，从而在最大限度地增进自身利益时，做出不利于他人的行为。产生道德风险的主要原因在于合约的不完全性。例如当一个人对自己的车投保后，就会大大降低车辆被盗抢的防范程度，从而增加车辆被盗风险，而这一风险由保险公司承担。类似地，医生为了增加自己的收入而故意给病人多开药，律师故意拖延办案时间来获得更多的报酬等，这些都属于信息不对称情况下的道德风险问题。

为了解决道德风险问题，委托代理理论一般采用的方法：一是实行分成制，允许代理人与委托人共同分享企业的利润，同时委托人承担一部分风险。二是委托人向代理人收取固定的租金，支付了固定租金后的剩余归代理人所有。三是设置某种激励制度，使经理人员的报酬水平与企业利润之间的相关性增强。

从以上分析可见，无论是逆向选择还是道德风险，之所以会产生委托代理问题，信息不完全性扮演了非常重要的作用。正是因为委托人与代理人之间存在这种信息不对称，产生了经济效率的损失，不能达到帕累托最优状态。

（四）制度变迁理论

制度变迁理论始于诺斯·道格拉斯（D. North）的一系列研究，如《制度变迁与美国经济增长》(*Institutional Change and American Economic Growth*)、《西方世界的兴起》(*The Rise of the Western World: A New Economic History*)、《经济史中的结构与变迁》(*Structure & Change in Economic History*)、《制度、制度变迁与经济绩效》(*Institutions, Institutional Change and Economic Performance*)、《交易成本、制度和经济绩效》(*Transaction Costs, Institutions, and Economic Performance*) 等。[1] 这些著作最终形成了一个包括产权理论、国家理论、意识形态理论在内的制度变迁理论框架。

诺斯认为，制度提供了人类之间相互影响的框架，建立了构成经济社会活动中合作与竞争的一种关系。制度变迁是指制度创立、变更以及随着时间变化而不断演化发展的方式。诺斯

---

[1] Lance E. Davis, and Douglass C. North, *Institutional Change and American Economic Growth*, New York: Cambridge University Press, 1971. Douglass C North, and Robert Paul Thomas, *The Rise of the Western World: A New Economic History*, Cambridge: Cambridge University Press, 1973. Douglass C North, *Structure & Change in Economic History* , New York: W. W. Norton & Company, 1981. Douglass C North, *Institutions, Institutional Change and Economic Performance*, New York: Cambridge University Press, 1990. Douglass C North, *Transaction Costs, Institutions, and Economic Performance*, California: International Center for Growth, 1992.

将制度区分为制度环境与制度安排。制度环境主要是指一系列用来建立生产、交换和分配基础的政治、社会和法律制度的集合。而制度安排是指支配经济单位之间可能合作与竞争方式的一种安排。诺斯认为，制度变迁过程主要是指许多外在性变化促成了利润的形成，但由于外部性、规模经济、风险和交易成本等因素的作用，这些潜在的外部利润无法在现有的制度安排框架下实现，从而形成一种新的制度安排，并且出现了制度变迁。而这一制度变迁的过程也成为经济长期增长的源泉。

制度变迁理论框架主要包括三个基本理论：产权理论、国家理论和意识形态理论。

1. 产权理论

诺斯认为，在制度变迁过程中，产权制度是制度变迁的基础。有效率的经济组织是经济增长的关键，而有效率的经济组织的产生需要在制度层面上对产权进行安排和确立，以便对人们的经济活动形成一种有效激励。只要明确产权的界定和保护，就可以减少未来不确定因素的冲击和机会主义行为的可能性，从而为创新活动提供激励和保护，最终促进经济增长。

2. 国家理论

国家理论是制度变迁理论的第二个基础。诺斯认为，如果要了解一个社会产权结构的变迁，就必须先理清国家的功能，这里国家被当作一种政治组织出现。国家先天在暴力方面具有比较优势，在扩大地理范围时，国家的界限要受其征税能力的限制。国家在确定产权结构后，形成经济组织的契约关系框架，因此最终要对造成经济绩效不同表现的产权结构效率负责。国家有三个基本特征：一是国家为获取收入，以一种服务形式作为交换，来收取公民为购买这种安全和公正所支付的税金；二是国家为使其收入最大化，为各个集团设定不同的产权；三是国家受制于选民。面临其他国家或潜在统治者的竞争，国家提供的基本服务是博弈的基本规则，无论是习俗还是成文法，都有两个目的：一是界定形成产权结构的竞争与合作的基本规则，这能使统治者的资金最大化；二是在第一个目的的框架中，降低交易成本使社会产出最大化，从而增加国家税收。第一个目的是保证统治者自身收益最大化，第二个目的是使社会产出最大化而且包含完全有效率的产权制度。两者的冲突引发选民与统治者的对抗行为，导致国家的兴衰起伏。因此，好的国家政治组织往往能促使制度变迁向好的轨道运行，从而带动经济增长。

3．意识形态理论

在一般情况下，人们都有一种获得好处但不支付报酬的行为倾向，即"搭便车"（Free Ride）。因此，如果社会成员都是"搭便车"者，那么社会就失去了创新活动的激励和经济增长的内在动力。所以对制度变迁的考察必须要借助意识形态理论。所谓意识形态主要是指人们对世界现实形成的一套信念，其本质是作为社会个体的个人与其所处的社会环境之间达成协议的一种节约成本的手段。意识形态具有确认现行制度结构是否符合社会伦理或凝聚社会组织的功能，对协调人们之间的行为起着非常重要的作用。[1]

4. 路径依赖

最后，诺斯强调了路径依赖（Path-dependence）在制度变迁中的作用。在经济发展过程中，一个长期令人困惑的问题是，为什么有些国家很快实现了经济增长，而另一些国家却陷入了长期经济贫困之中？同样的制度变革，为什么有些国家能促进经济的发展，而有些国家却导致了动乱和衰退？诺斯认为，制度变迁过程中存在着报酬递增和自我强化的机制，即一个国家一旦走上了某一条路径，它的既定方向会在以后的发展中得到自我强化。人们过去做出的选择决定了现在可能的选择。

（五）制度与经济发展的实证研究

以上介绍了制度对经济绩效产生作用的内在机制和主要理论假说，那么制度对经济增长真的起到非常重要的作用吗？在现有发展经济学与制度经济学研究中，大量文献表明两者之间存在紧密正向的相关关系。例如德隆·阿西莫格鲁（Daron Acemoglu）等给出了制度与经济绩效之间的实证结果。[2] 在

---

[1]　[美]罗纳德·H.科斯等著，刘守英等译：《财产权利与制度变迁：产权学派与新制度学派译文集》第13篇，《关于制度变迁的经济学理论：诱致性变迁与强制性变迁》（林毅夫），格致出版社、上海三联书店、上海人民出版社2014年版。

[2]　Daron Acemoglu, Simon Johnson, James A. Robinson, "The Colonial Origins of Comparative Development: An Empirical Investigation", *American Economic Review*, 91(5), 2001, 1369-1401.

他们的研究中，阿西莫格鲁及其合作者选择防止财产被侵占
风险作为制度的代理变量。这一数据来自《国家风险指南》
（*International Country Risk Guide*），其目的是评估投资在不同
国家被侵占的风险。核心被解释变量是经济发展水平，主要利
用人均 GDP 的对数值进行衡量。图 4.1 给出了人均 GDP 与防止
财产被侵占风险之间的散点图。由图 4.1 可见，两者之间呈现出
显著的正向相关关系。采用人均 GDP 的对数来度量长期经济增长
的表现。可以看到，防止财产被侵占风险的分数越高，该国的人
均 GDP 对数值越高，例如美国、加拿大、新西兰、新加坡等。而
对于另外一些国家，防止财产被侵占风险的分数越少，人均 GDP
对数值越低，例如非洲及地中海国家，马里、赞比亚、刚果等。

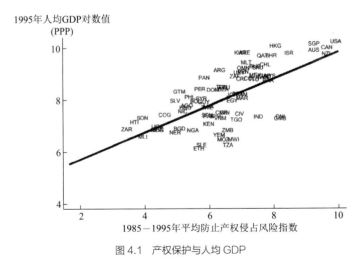

图 4.1 产权保护与人均 GDP

资料来源：Daron Acemoglu, Simon Johnson, James A. Robinson, "The Colonial Origins of Comparative Development: An Empirical Investigation", *American Economic Review*, 91(5), 2001, 1369-1401。

三　历史在制度的形成与变迁中的作用

以上我们介绍了制度对经济增长影响的相关理论和内在机制，从中看到制度的确是影响经济绩效非常重要的决定因素。那么历史对于制度的形成以及演化起到了什么样的作用呢？接下来，我们将通过几个典型案例来介绍历史事件对制度形成的影响。

（一）比较经济发展的殖民地起源

什么因素导致了各国之间经济发展的差异与不平等这一直是经济学家与政策制定者关心的重要议题。到目前为止，几乎所有经济学家都承认除了物质与人力资本投资、技术进步之外，制度是导致国家和地区间经济发展不平衡的一个非常重要的决定因素。那些拥有较好制度的国家，可以有效地保护产权，减少独裁者对社会资源的掠夺，进而增加更多的人力与物质资本的投资，最终提高生产效率、增加产出。[1]一个典型例子是朝

---

[1]　Douglass C North, and Robert Paul Thomas, *The Rise of the Western World: A New Economic History*, Cambridge：Cambridge University Press, 1973. Jones, Eric L., *The European Miracle: Environments, Economies and Geopolitics in the History of Europe and Asia*, Cambridge：Cambridge University Press, 1981. Douglass C North, *Structure and Change in Economic History*, New York：W. W. Norton & Company, 1981.

鲜与韩国提供的历史自然实验。在 20 世纪 50 年代朝鲜停战协
定签订之前，朝鲜民主主义共和国与大韩民国都位于朝鲜半岛，
两者地理资源环境、民族构成等均无显著差异，而且在历史上
曾是一个国家。但是在朝鲜战争爆发后，北方建立朝鲜民主主
义共和国，南方建立起大韩民国。在经济制度上，朝鲜民主主
义共和国实行以闭关自守、计划经济为主的经济政策，而大韩
民国实行以市场导向的市场经济制度。特别是在 20 世纪 60 年代，
朴正熙当选韩国总统后，韩国推行了一系列以出口为导向的经
济发展战略。截至 20 世纪下半叶，韩国经济获得较大发展，成
为"亚洲四小龙"之一，进入高收入水平国家行列。图 4.2 给出
了朝鲜和韩国 1948—2000 年制度的变化情况，从中可见，在 50

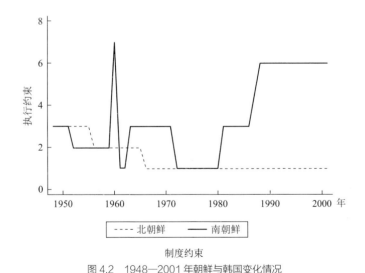

制度约束

图 4.2　1948—2001 年朝鲜与韩国变化情况

资料来源：Edward L. Glaeser, Rafael La Porta, Florencio Lopez-de-Silane, and Andrei
Shleifer, "Do Institutions Cause Growth?", *Journal of Economic Growth*, 9(3), 2004, 271-303。

年代前后，韩国和朝鲜的制度约束基本相同，但在朝鲜战争结束后，韩国制度约束变得宽松，而朝鲜则更加紧张。而这一差异恰恰是韩国与朝鲜当前经济发展水平差异较大的重要因素之一。

既然制度对经济表现非常重要，那么各个国家制度的差异又是如何形成的呢？德隆·阿西莫格鲁等（Daron Acemoglu，Simon Johnson，James A. Robinson）在《比较发展的殖民地起源：一个实证考察》（*The Colonial Origins of Comparative Development: An Empirical Investigation*）一文中将制度变迁与经济发展的关系进行了全面的分析。[1]

在这篇文章中，阿西莫格鲁等提出了一个假说，他们认为在殖民主义时期，不同殖民地的地理环境导致了不同地区殖民者死亡率的差异，而死亡率的差异决定了殖民者在殖民地选择不同殖民政策的偏好。如果死亡率低，殖民者选择在此地定居，并采用与宗主国相同的具有建设性的殖民政策。如果死亡率较高，殖民者无法在当地定居，往往采取掠夺性的殖民政策。由于路径依赖作用的存在，这种在殖民主义时期形成的制度差异往往会对当前各个前殖民地国家制度差异产生影响，而这种差异又对当前的经济绩效产生影响。这一假说的逻辑演进如图 4.3 所示。

---

[1]　Daron Acemoglu, Simon Johnson, James A. Robinson, "The Colonial Origins of Comparative Development: An Empirical Investigation", *American Economic Review*, 91(5), 2001, 1369-1401.

潜在定居者 ⇒   定居   ⇒   早期制度 ⇒   当前制度 ⇒   当前绩效
死亡率

图 4.3　制度变迁的演进逻辑关系

资料来源：Daron Acemoglu, Simon Johnson, James A. Robinson, "The Colonial Origins of Comparative Development: An Empirical Investigation", *The American Economic Review* , 91(5), 2001, 1369-1401。

在实证考察过程中，阿西莫格鲁等利用全世界 64 个前殖民地社会作为观测样本，表 4.3 给出了基本主要变量的统计描述结果。其中我们看到根据殖民地时期死亡率的四分位数所划分的结果。当死亡率超过 75% 时，在 1995 年人均 GDP 的对数值为 7.2，而当死亡率小于 25% 时，人均 GDP 对数值为 8.9。从中可见，死亡率高低与人均 GDP 之间存在显著的负向相关关系。此外，从死亡率与制度表现之间的关系来看，当死亡率超过 75% 时，当地的防止财产被侵占风险的分数为 2.3，当死亡率小于 25% 时，防止财产被侵占风险的分数为 5.3。由此可见，殖民地时期死亡率与当前产权制度之间也存在显著的负向相关关系。

表 4.3　　　　　　　　　　主要核心变量的统计描述

			死亡率的四分位数			
	全世界	基本样本	（1）	（2）	（3）	（4）
1995 年人均 GDP 对数值	8.3（1.1）	8.05（1.1）	8.9	8.4	7.73	7.2
1988 年人均产量对数值（把美国水平标准化为 1）	-1.70（1.1）	-1.93（1.0）	-1.03	-1.46	-2.20	-3.03
1985—1995 年防止财产被侵占的平均保护	7（1.8）	6.5（1.5）	7.9	6.5	6	5.9
1990 年约束执行情况	3.6（2.3）	4（2.3）	5.3	5.1	3.3	2.3

	全世界	基本样本	死亡率的四分位数			
			（1）	（2）	（3）	（4）
1900年约束执行情况	1.9 （1.8）	2.3 （2.1）	3.7	3.4	1.1	1
独立第一年约束执行情况	3.6 （2.4）	3.3 （2.4）	4.8	2.4	3.1	3.4
1900年民主水平	1.1 （2.6）	1.6 （3.0）	3.9	2.8	0.19	0
1900年定居欧洲的人口比率	0.31 （0.4）	0.16 （0.3）	0.32	0.26	0.08	0.005
欧洲定居者死亡率对数值	n.a.	4.7 （1.1）	3.3	4.3	4.9	6.3
观测数量	163	64	14	18	17	15

资料来源：Daron Acemoglu，Simon Johnson，James A. Robinson，"The Colonial Origins of Comparative Development: An Empirical Investigation"，*The American Economic Review*，91(5)，2001，1369-1401。

接下来，德隆·阿西莫格鲁等又给出了殖民时期死亡率和早期殖民制度政策与现代制度的回归结果。实证结果表明，1900年不同殖民地欧洲殖民者数量与殖民者死亡率对1900年殖民地的制度环境产生影响。首先，1900年殖民地欧洲殖民者定居人数越多，当地的制度环境越好；同时如果当地欧洲殖民者死亡率越高，1900年当地制度环境越差。当地欧洲殖民者死亡率每增加1%，当前防止财产被侵占风险的分数将下降0.5—0.6。与此同时，他们又分别给出了各个前殖民地国家在1900年制度环境与1985—1995年制度环境的回归结果。从实证结果可以看到存在较为清晰的路径依赖，历史上制度环境越好，当前的制度环境则越好。如果在1900年殖民地掠夺性行为约束上升一个单位，当前防止财产被侵占风险的分数将上升 0.2—0.3；相应地，如果 1900 年殖民地民主化程度上升一个单位，那么当前防止财产被侵占风险的分数也将上升 0.2 左右。

在考察完殖民时期地理因素对初始制度的影响，以及历史制度对当前制度的路径依赖之后，阿西莫格鲁等又考察了制度对经济发展的影响结果。在将各个前殖民地国家殖民地时期死亡率作为当前制度的工具变量后，实证结果表明制度对当前经济发展具有显著的正向影响，而这一结果在排除了欧洲、非洲以及各大洲国家的虚拟变量后依然显著。1985—1995 年平均防止财产被侵占风险的分数每增加 1 个单位，人均 GDP 平均增加 1% 左右。

上述研究给出了历史制度对当前制度形成与演化发展的基本案例。从中可见，历史事件对当前制度形成差异的影响是显著的，历史制度上的分化差异也是导致当前各个国家和地区之间经济发展水平差异与不平衡的主要决定因素。

（二）法律制度与金融发展

关于历史事件与制度形成演化的经典案例也体现在拉波塔等关于法律制度与金融发展的研究中。[1] 众所周知，一个国家

---

[1]　Rafael La Porta, Florencio Lopez-de-Silanes, Andrei Shleifer, and Robert W. Vishny, "Law and Finance", *Journal of Political Economy*, 106(6), 1998, 1113-1155.

的金融发展水平决定了这个国家的经济繁荣情况。然而，金融的发展又可能受到该国的制度制约。如果一个国家或地区拥有好的制度，那么投资者的产权利益可以进一步得到保护，形成更多的资本积累，并最终促进经济发展。反之，如果该经济体产权制度较差，投资者的产权利益得不到保障，那么该国就会缺乏投资激励，金融发展较为缓慢，最终导致经济发展停滞不前。一个非常有趣的问题就是，不同国家或地区之间，对投资者投资权益保护的差异是如何形成的呢？拉波塔及其合作者给出了他们的答案。

拉波塔等在研究过程中发现，为什么有些国家拥有庞大的资本市场，而另一些国家没有？比如，美国和英国为什么拥有庞大的股票市场，而德国和法国股票市场则相对较小？此外，为什么美国每年有很多的公司发行债券，但意大利等国家在几十年内都没有发行什么债券？再如，德国与日本拥有庞大的扩张银行体系，但其他国家的扩张银行体系则相对较小？面对以上问题，拉波塔等认为，法律制度对投资者（权力执行）的质量影响是导致不同国家金融发展差异的重要决定因素。其中，英美法律表现较好，而法国、德国、斯堪的纳维亚法律对投资者的保护较差，进而形成了各地区的金融发展差异。这种法律制度的选择又与这些国家殖民时期的历史经历有关。

在研究中，他们主要选取了 49 个国家有关公司股东和债权人保护的法律规则作为研究对象，分析这些法律规则的渊源、实施质量、所有权状况。表 4.4 给出了不同法律本源国家资本市场发展情况的统计描述。我们从中可以看到，外部资本占 GNP 比重方面，英美法源的国家平均值为 0.6，远远大于其他国家法源，如法国、德国以及斯堪的纳维亚半岛地区的国家。人均内资公司的数量、人均 IPO 数量也是如此。因此，我们可以猜想经济绩效表现可能跟国家不同的法律制度本源有着密不可分的关系。

接下来，笔者又进一步给出了一系列经济变量与不同法律本源的实证分析结果。实证结果显示：首先，普通法系的国家对投资者的保护比大陆法系的国家更为严格，金融发展状况由此变得更好；其次，普通法系的国家拥有更少的政府所有权和监管，因此腐败更少，劳动市场运行更好，地下经济活动更少；最后，普通法系国家拥有更简单的法律程序和更独立的司法体系，进而产权更安全，合同执行效率更高。研究显示，普通法系国家通常对投资者具有最强的保护，而在大陆法系中，法国法系国家通常最弱，德国法系国家和斯堪德纳维亚法系国家通常居中。

在日常投资过程中，笔者认为尽管各个国家都宣称给予投资者法定的权利，但是全世界的法律规则却具有很大不同。起源于普通法系的国家比起源于大陆法系的国家（特别是法国法系国家）更倾向于保护投资者。虽然没有明显的证据表明不同国家倾向于保护不同种类的投资者，但有证据表明普通法系的国家对所有的投资者具有更强的保护。这一证据更加强化了最基本的假设：作为一个股东或一个债权人，在不同的法律管辖区会赋予投资者非常不同的权利。这些权利是由法律决定的，而

表4.4　资本市场表现与法律起源

国家或地区	外部资本/GNP	人均内资公司	人均IPO	负债/GNP	GDP增速	GNP对数值	法律规则	反董事权利	一股一票	债权人权利
面板A：均值										
澳大利亚	0.49	63.55	—	0.76	3.06	12.64	10.00	4	0	1
加拿大	0.39	40.86	4.93	0.72	3.36	13.26	10.00	4	0	1
中国香港	1.18	88.16	5.16	—	7.57	11.58	8.22	4	1	4
印度	0.31	7.79	1.24	0.29	4.34	12.50	4.17	2	0	4
爱尔兰	0.27	20.00	0.75	0.38	4.25	10.73	7.80	3	0	1
以色列	0.25	127.60	1.80	0.66	4.39	11.19	4.82	3	0	4
肯尼亚	—	2.24	—	—	4.79	8.83	5.42	3	0	4
马来西亚	1.48	25.15	2.89	0.84	6.90	11.00	6.78	3	1	4
新西兰	0.28	69.00	0.66	0.90	1.67	10.69	10.00	4	0	3
尼日利亚	0.27	1.68	—	—	3.43	10.36	2.73	3	0	4
巴基斯坦	0.18	5.88	—	0.27	5.50	10.88	3.03	4	1	4
新加坡	1.18	80.00	5.67	0.60	1.68	11.68	8.57	3	1	3
南非	1.45	16.00	0.05	0.93	7.48	10.92	4.42	4	0	4
斯里兰卡	0.11	11.94	0.11	0.25	4.04	9.28	1.90	2	0	3

续表

国家或地区	外部资本/GNP	人均内资公司	人均IPO	负债/GNP	GDP增速	GNP对数值	法律规则	反董事权利	一股一票	债权人权利
泰国	0.56	6.70	0.56	0.93	7.70	11.72	6.25	3	0	3
英国	1.00	35.68	2.01	1.13	2.27	13.86	8.57	4	0	4
美国	0.58	30.11	3.11	0.81	2.74	15.67	10.00	5	0	1
津巴布韦	0.18	5.81	—	—	2.17	8.63	3.68	3	0	4
英美法源	**0.60**	**35.45**	**2.23**	**0.68**	**4.30**	**11.41**	**6.48**	**3.39**	**0.22**	**3.11**
阿根廷	0.07	4.58	0.20	0.19	1.40	12.40	5.35	4	0	1
比利时	0.17	15.50	0.30	0.38	2.46	12.29	10.00	0	0	2
巴西	0.18	3.48	0.00	0.39	3.95	13.03	6.32	3	1	1
智利	0.80	19.92	0.35	0.63	3.35	10.69	7.02	3	1	2
哥伦比亚	0.14	3.13	0.05	0.19	4.38	10.82	2.08	1	0	0
厄瓜多尔	—	13.18	0.09	—	4.55	9.49	6.67	2	0	4
埃及	0.08	3.48	—	—	6.13	10.53	4.17	2	0	4
法国	0.23	8.05	0.17	0.96	2.54	14.07	8.98	2	0	0
希腊	0.07	21.60	0.30	0.23	2.46	11.25	6.18	1	1	1
印度尼西亚	0.15	1.15	0.10	0.42	6.38	11.84	3.98	2	0	4

续表

国家或地区	外部资本/GNP	人均内资公司	人均IPO	负债/GNP	GDP增速	GNP对数值	法律规则	反董事权利	一股一票	债权人权利
意大利	0.08	3.91	0.31	0.55	2.82	13.94	8.33	0	0	2
约旦	—	23.75	—	0.70	1.20	8.49	4.35	1	0	—
墨西哥	0.22	2.28	0.03	0.47	3.07	12.69	5.35	0	0	0
荷兰	0.52	21.13	0.66	1.08	2.55	12.68	10.00	2	0	2
秘鲁	0.40	9.47	0.13	0.27	2.82	10.92	2.50	2	1	0
菲律宾	0.10	2.90	0.27	0.10	0.30	10.44	2.73	4	0	0
葡萄牙	0.08	19.50	0.50	0.64	3.52	11.41	8.68	2	0	1
西班牙	0.17	9.71	0.07	0.75	3.27	13.19	7.80	2	0	2
土耳其	0.18	2.93	0.05	0.15	5.05	12.08	5.18	2	0	2
乌拉圭	—	7.00	0.00	0.26	1.96	9.40	5.00	1	1	2
委内瑞拉	0.08	4.28	0.00	0.10	2.65	10.99	6.37	1	0	—
法国民法法源	**0.21**	**10.00**	**0.19**	**0.45**	**3.18**	**11.55**	**6.05**	**1.76**	**0.24**	**1.58**
澳大利亚	0.06	13.87	0.25	0.79	2.74	12.13	10.00	2	0	3
德国	0.13	5.14	0.08	1.12	2.60	14.46	9.23	1	0	3
日本	0.62	17.78	0.26	1.22	4.13	15.18	8.98	3	1	2

续表

国家或地区	外部资本/GNP	人均内资公司	人均IPO	负债/GNP	GDP增速	GNP对数值	法律规则	反董事权利	一股一票	债权人权利
韩国	0.44	15.88	0.02	0.74	9.52	12.73	5.35	2	1	3
瑞士	0.62	33.85	—	—	1.18	12.44	10.00	1	0	1
中国台湾	0.88	14.22	0.00	—	11.56	12.34	8.52	3	0	2
德国民法法源	0.46	16.79	0.12	0.97	5.29	13.21	8.68	2.00	0.33	2.33
丹麦	0.21	50.40	1.80	0.37	2.09	11.84	10.00	3	0	3
芬兰	0.25	13.00	0.60	0.75	2.40	11.49	10.00	2	0	1
挪威	0.22	33.00	4.50	0.64	3.43	11.62	10.00	3	0	2
瑞典	0.51	12.66	1.66	0.55	1.79	12.28	10.00	2	0	2
斯堪的纳维亚法法源	0.30	27.26	2.14	0.57	2.42	11.80	10.00	2.50	0.00	2.00
样本平均水平	0.40	1.02	1.02	0.59	3.79	11.72	6.85	2.44	0.22	2.30

资料来源: Rafael La Porta, Florencio Lopez-de-Silanes, Andrei Shleifer, and Robert W Vishny, "Law and Finance", *Journal of political economy*, 106(6), 1998, 1113-1155。

不是存在于证券票据本身。笔者经过评估后得出结论：各国的法律实施质量有很大的不同。德国法系和斯堪的纳维亚法系国家拥有相对最好的法律实施质量。法律实施质量在普通法系国家也很强，然而在法国法系国家最弱。需要指出的是，法律实施质量与法律权利本身不同，会随着收入水平的提高有很大的改善，因而是一个动态的过程。

那么为什么不同国家之间会出现这样的绩效差异呢？这一差异与各国早期的殖民历史经历有着非常密切的关系。早期殖民宗主国家将自己国家的法律制度带到了广大殖民地地区，进而在殖民地地区进行推广。这些前殖民地国家在20世纪六七十年代独立后，也将这些基本的法律原则作为自身的法律传统加以继承和实施，最终导致了不同国家法律制度的差异。这也成为这些国家当前金融市场发育不平衡的重要决定因素。

四 结束语

制度是影响经济增长的关键决定因素。一般而言，制度通过一系列制度安排对物质与人力资本的形成，以及技术进步、产权保护等提供了一系列激励，进而对经济绩效产生影响。

本章主要对制度如何影响经济增长和发展的基本理论进行了介绍。通过对产权理论、交易成本理论、制度变迁理论的介绍，我们对制度影响经济增长的内在机制有了一定的了解。在肯定制度对经济绩效所起到的作用的同时，我们也进一步考察了不同国家或地区之间制度本身是如何形成的。通过本章的介绍，我们进一步揭示了不同经济体的历史经验对其当前制度演化形成与发展的内在机制的影响，从而更加突出了历史因素对于制度形成与发展的重要意义。

第五章
宗教信仰与经济发展

在上一章，我们主要就历史因素对制度的形成、演化以及其对经济发展的影响进行了介绍。通过对制度的介绍，我们清晰地了解到，制度经济学家一般把制度划分为正式制度与非正式制度两类，其中正式制度主要是指人为制定的一系列法规政策等，而非正式制度主要是指法律上没有成文规定的制度，主要包括社会规范（Social Norms）、习俗（Convention）以及已经被人们广泛接受的行为准则等。在现实生活中，并非只有正式制度对经济发展扮演着非常重要的角色，非正式制度在经济增长过程中也十分重要，例如马克斯·韦伯在《新教伦理与资本主义精神》（*The Protestant Ethic and the Spirit of Capitalism*）一书中就已经阐述了宗教对于经济发展的影响。

本章主要考察作为非正式制度的宗教信仰如何在经济发展过程中扮演重要角色。同时也就历史因素对于宗教形成、宗教传播以及宗教影响经济发展的内在机制进行考察。首先，在本章第一部分，我们先对宗教影响经济增长的现有假说与实证结果进行介绍。在第二部分，通过历史经验对现有研究结果进行简单评述。在第三部分，主要对宗教如何影响经济增长的内在机制进行考察。

一　宗教信仰与经济发展：一些基本事实

自德国著名社会学家马克斯·韦伯（Max Weber）经典著作《新教伦理与资本主义精神》问世以来，宗教信仰是否影响经济发展这一问题便成为经济学家、社会学家讨论的重点。在《新教伦理与资本主义精神》一书中，马克斯·韦伯提到："在任何一个宗教成分混杂的国家，只要稍微看一下其职业情况的统计数字，其中可以发现这样一种情况：工商界领导人、资本所有者、近代企业中的高级技术工人，尤其受过高等技术培训的商业培训的管理人员，绝大多数都是新教徒。"马克斯·韦伯就此认为，新教伦理赞美勤劳致富同时厉行节约的美德，由此导致了 16 世纪北欧新教国家快速发展并进入资本主义。

除了马克斯·韦伯提出的新教伦理与资本主义的经典案例外，另一个非常典型的案例是"东亚模式"与儒家价值观。众所周知，在 20 世纪 60 年代，亚洲的中国香港、新加坡、韩国、中国台湾等经济体，由于采用一系列出口导向型发展战略，重点发展劳动密集型加工制造业，在较短的时间内，实现了平均 8% 的快速经济增长。这些国家和地区一跃成为亚洲发达富裕地区。因此，东亚经济发展模式引起了世界的关注，这些国家与地区也被称为"亚洲四小龙"。但是究竟是何原因导致了"亚洲四小龙"经济实现快速增长呢？经济学家给出了不同的解释。多数学者认为，这些国家和地区都实行出口战略，注重结构调整和发展劳动密集型产业，这恰恰是其经济增长的重要动力。但另一些学者认为，以上决定仅仅是"亚洲四小龙"获得经济发展的直接因素。而在这些直接因素的背后，这些国家与地区的文化特征也对其经济发展产生了很大的影响。例如，他们都是亚洲国家或地区，拥有相同的文化价值观，即儒家价值观，而其发展恰恰是儒家价值观的重要体现。[1]

虽然以上案例揭示了宗教与经济发展之间的关系，但是关于两者关系的实证证据依然缺乏。我们不禁要问：宗教真的会影响经济发展吗？宗教如何影响经济发展的内在机制？这正是下文将要回答的问题。

截至目前，世界上大约有 1 万多个不同的宗教。虽然世界宗教数量较多，但是大约 84% 的人口信仰世界上最大的五个宗教，这五个宗教分别是基督教、伊斯兰教、印度教、佛教和犹太教。世界上最古老的宗教是犹太教，大约出现在公元前 21 世纪。截至 2012 年，世界犹太教信徒总数约为 1400 万，占全世界人口的 0.2%。其次是起源于公元 1 世纪的基督教，分为不同的宗派分支，如天主教、新教、东正教等，目前信徒总数约为 25 亿人，占全世界人口的 31.5%，是当前世界第一大宗教。在三个基督教教派中，

---

[1] R.MacFarquhar, "The Post-Confucian Challenge", *The Economist*, 1980, p.74.

天主教信徒人数约为 12 亿、新教信徒人数约为 9 亿、东正教信徒人数约为 4 亿。世界规模第二大的宗教是创始于公元前 7 世纪的伊斯兰教，截至目前伊斯兰教信徒人数约有 13 亿，占世界人口的 23.2%。接下来是印度教，创始于公元前 16 世纪，信徒人数约为 11 亿，占全世界人口的 15%。最后是佛教，创建于公元前 10 世纪，信徒人数约为 4 亿，占世界人口的 7.1%（见图 5.1）。从地理分布来看，基督教在世界分布范围最广，不仅覆盖整个亚欧大陆，而且包括整个美洲、大洋洲以及非洲南部地区。伊斯兰教主要位于西亚、北非以及东南亚地区。印度教虽然信徒众多，但地理分布比较集中，主要分布在印度地区。佛教主要分布在亚洲，特别是东南亚以及蒙古地区。犹太教虽然较为古老，但 42%的信徒居住在以色列，其余 58% 的信徒居住在美国和加拿大，其他的信徒分散在欧洲、南美、亚洲、非洲、澳洲等地。

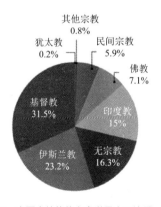

图 5.1　主要宗教信徒占全世界人口比重，2010

资料来源：The Global Religious Landscape, Pew Research Center（http://www.pewresearch.org/）。

　　此外，从世界五大宗教信徒的平均年龄来看，伊斯兰教信徒较为年轻，平均年龄为 23 岁。紧接着是印度教，信徒平均年龄为 26 岁，比伊斯兰教信徒平均年龄高出 3 岁。信徒平均年龄最大的是犹太教和佛教，分别为 36 岁和 34 岁。而作为世界信徒人数最多的基督教，信徒平均年龄为 30 岁，处在世界五大宗教的中间水平。从中可见，不同宗教信徒的平均年龄差异既和宗教信仰教义有关，也与各自宗教信仰人群背后的年龄结构、社会经济发展阶段有着密切关系。例如，在拥有国教且受到宗教管治的国家，宗教信仰的印记可能从一个婴儿出生就已经被打上；而在另一些国家，特别是发达国家和地区，由于面临老龄化问题，所以人口年龄结构呈现出"倒三角"结构，宗教信徒的平均年龄可能较高，而在发展中国家，由于出生率较高，所以呈现"正三角"形的人口结构，宗教信徒的平均年龄也就较低。世界五大宗教信徒平均年龄分布如图 5.2 所示。

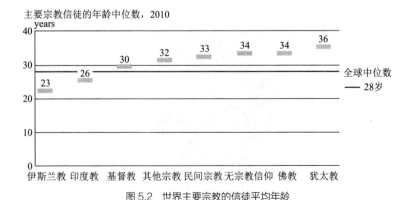

图 5.2　世界主要宗教的信徒平均年龄

资料来源：The Global Religious Landscape, Pew Research Center（http://www.pewresearch.org/）。

虽然世界上宗教种类较多，超过了 1 万多种，但是从各宗教的教义来看，却有着相同之处，多数宗教的教义都是在教导人们如何与人为善，确定伦理道德原则对人们的日常行为进行规范。例如在基督教《登山宝训》（马太福音第 5—7 章）中，规定人们要圣洁、公义、爱人、施舍、爱仇敌、禁食、祷告、进入光明、勿爱钱财、毋论断人、真诚无欺、听道行道等。而佛教也有十戒，即不杀生、不偷盗、不邪淫、不妄语、不饮酒、不涂饰、不歌舞及旁听、不坐高广大床、不非时食、不蓄金银财宝。伊斯兰教的《古兰经》也将人的宗教行为归纳为五项基本功课，即念、礼、斋、课、朝。其中课功主要是指为缓和社会贫富对立和维护穆斯林集体利益，对财产占有者规定有一定的疏捐制度，进行济贫和慈善事业。礼功则规定礼拜的次数，是督促穆斯林坚守正道，对自己的过错加以反省，从而避免犯罪，使社会减少不安定因素，为和平共处提供条件。那么宗教真的可以通过信仰和教化对教徒的经济行为产生影响吗？

来自美国哈佛大学的两位学者罗伯特·巴罗（Robert Barro）与其夫人瑞琪尔·麦克拉瑞（Rachel M. McCleary）发表在《美国社会学评论》（*American Sociological Review*）中名为"宗教与经济增长"（Religion and Economic Growth across Countries）的文章试图回答我们关注的问题。[1] 该文主要分析了人们的宗教信

[1]　Barro, Robert J., and Rachel M. McCleary, "Religion and Economic Growth across Countries", *American Sociological Review*, 68(5), 2003, 760-781.

仰和宗教活动有何决定，以及宗教信仰、宗教参与是否对经济绩效产生影响这两个问题。

为了考察宗教对经济发展的影响，巴罗夫妇利用世界价值观调查（1981—2001 年）所提供的有关宗教信仰的问题，如将"该国是否有国教、是否存在宗教管制以及宗教多元化指标"等作为其宗教活动的代理变量，构造了全世界 59 个国家的宗教活动数据库。表 5.1 展现了作者选取的样本在国家层面宗教活动的基本情况。由表 5.1 可见，在样本中有 35.5% 的国家拥有国教，接近 35% 的国家拥有宗教管制，而且超过半数以上的国家具有宗教多元化的特征。此外，有些国家只允许单一宗教的存在，例如葡萄牙、挪威、意大利、丹麦、土耳其等；而另一些国家不仅规定国教，而且具有强有力的国家宗教管制，例如在土耳其，只允许信仰伊斯兰教，而在意大利则只允许信仰天主教。在宗教多元化方面，拥有国教和宗教管治的国家，通常宗教多元化指数较低；而在那些没有国教和宗教管制的国家，宗教信仰多元化指数较高，如加纳、喀麦隆等。

表 5.1　　　　　　　各国国教、宗教管制以及宗教多元指数情况

国家	国教	国家管制	多元化指数	国家	国教	国家管制	多元化指数
喀麦隆	0	0	0.73	丹麦	1	0	0.02
加纳	0	0	0.72	芬兰	1	1	0.03
南非	0	0	0.63	法国	0	1	0.17
加拿大	0	0	0.56	德国	0	0	0.54

续表

国家	国教	国家管制	多元化指数	国家	国教	国家管制	多元化指数
多米尼加	0	0	0.05	希腊	1	1	0.04
墨西哥	1	0	0.05	冰岛	1	0	0.03
美国	0	0	0.64	爱尔兰	1	0	0.08
阿根廷	0	0	0.13	意大利	1	1	0.01
巴西	1	1	0.20	荷兰	0	0	0.53
智利	0	0	0.22	挪威	1	1	0.01
哥伦比亚	0	0	0.05	波兰	0	0	0.19
秘鲁	1	0	0.09	葡萄牙	1	0	0.02
乌拉圭	1	1	0.14	西班牙	1	0	0.00
委内瑞拉	0	0	0.08	瑞典	1	1	0.08
孟加拉国	1	1	0.24	瑞士	0	0	0.51
印度	0	0	0.31	土耳其	0	1	0.01
以色列	0	0	0.19	英国	1	1	0.33
日本	1	0	0.46	澳大利亚	0	0	0.51
韩国	0	0	0.33	新西兰	0	0	0.37
马来西亚	0	0	0.68	保加利亚	0	0	0.28
巴基斯坦	1	0	0.06	捷克	0	1	0.43
菲律宾	1	0	0.28	爱沙尼亚	0	1	0.48
新加坡	0	0	0.63	拉脱维亚	0	1	0.68
泰国	0	0	0.14	立陶宛	0	1	0.13
奥地利	1	1	0.15	罗马尼亚	0	0	0.40
比利时	0	0	0.05	俄罗斯	0	1	0.51
塞浦路斯	0	0	0.36	斯洛伐克	0	1	0.34
匈牙利	0	1	0.47	斯洛文尼亚	0	0	0.12

　　资料来源：Barro，Robert J.，and Rachel M. McCleary，"Religion and Economic Growth across Countries"，*American Sociological Review*，68(5)，2003，760-781。

　　在表 5.2 中巴罗夫妇对样本中微观个人层面的宗教行为进行考察。从表 5.2 可见，在全世界，大约 24% 的人每周要去一次教堂，36% 的人每个月去一次教堂。对信仰而言，约有 55% 的人相信死后上天堂，38% 的人相信死后下地狱，58% 的人相信生命循环，80% 的人相信上帝以某种形式存在。此外，从样本中也可以看到，将近 1/3 的人生活在有国教的国家，约 37% 的人生活在有宗教管治的国家。从各宗教的分布情况来看，天主教比例最高，为 46%，其次新教是 22%，伊斯兰教、犹太教与印度教分别为 4.3%、1.5%、1.2%。表 5.2 不仅对巴罗夫妇所分析的样本进行了全面的统计描述，也使我们对当前世界人们的宗教活动有了一定的了解。而且更重要的是，他们的统计描述与现实基本一致，因此他们选取的样本具有一定的代表性。

表 5.2　　　　　　　　　　　　　　　**均值及标准差**

变量	平均数	标准差
每周参加教堂活动	0.24	0.21
每月参加教堂活动	0.36	0.23
相信天堂	0.55	0.22
相信地狱	0.38	0.21
相信来世	0.58	0.17
信仰上帝	0.80	0.14
宗教人士	0.61	0.20
$\log[x/(1-x)]$对于		
每月参加教堂活动	-0.74	1.20

变量	平均数	标准差
相信天堂	0.33	1.15
相信地狱	-0.55	1.06
人均GDP的自然对数	9.37	0.69
受教育年限	8.29	2.11
城市化率	0.70	0.15
1岁期望寿命	74.1	4.1
（1/1岁期望寿命）（×100）	1.35	0.084
人口比重>65	0.112	0.041
人口比重<15	0.238	0.073
宗教多元化	0.29	0.23
国教	0.33	0.47
宗教管制	0.37	0.48
天主教部分	0.46	0.40
东方宗教部分	0.073	0.240
印度教部分	0.012	0.086
犹太教部分	0.015	0.099
伊斯兰教部分	0.043	0.147
东正教部分	0.077	0.211
新教部分	0.29	0.34
其他宗教部分	0.022	0.067
非宗教部分	0.107	0.123

资料来源: Barro, Robert J., and Rachel M. McCleary., "Religion and Economic Growth across Countries", *American Sociological Review*, 68(5), 2003, 760-781。

接下来，巴罗夫妇开始考察宗教与经济发展之间的关系。首先，巴罗夫妇开始考察什么因素影响人们的宗教行为，或者说人们的宗教活动是由哪些因素决定的？研究发现，在给出的众多影响因素中，经济发展水平对宗教信仰没有直接影响，但教育程度对宗教活动具有重要影响，呈现出显著的正向相关性。回归分析结果表明，人们的教育年限每增加 1 年，他们每个月去教堂的次数会增加 0.19 次左右。而城市化水平对宗教活动呈现出显著的负向影响，分析结果显示城市化率每增加 1 个百分点，人们每个月去教堂的次数将减小 1.5 次。此外，从年龄可见，年轻人（15 岁以下）和老年人（65 岁以上）是去教堂的主要人群，而且年轻人定期去教堂的次数要明显高于老年人和成年人。另外，如果该国有国教，宗教多元化也会促进人们的宗教活动，但如果该国有宗教管制，人们参与宗教活动次数较少。从不同宗教的活动频率看，与天主教相比，多数宗教的教徒都很少定期去教堂，仅伊斯兰教和印度教的信徒定期去教堂的次数与天主教信徒无差异。接下来，巴罗夫妇又给出了人们具体信仰内容的决定因素，即是信仰死后上天堂还是信仰死后下地狱。实证结果与之前分析类似，教育年限、国家宗教多元化、国家拥有国教都会促使人们信仰死后上天堂或者下地狱，而城市化率、65 岁以上老年人比重、宗教管制和社会主义国家则会降低信仰死后上天堂或下地狱的比例。

在分析完决定人们的宗教行为和信仰的潜在因素后，巴罗夫妇又给出了不同宗教信仰差异对经济增长的影响。研究发现：每月去教堂的次数越多对经济增长越有负向影响，平均每月去教堂的次数增加 1 次，经济增长率下降 0.9%。这主要是因为人们如果定期去教堂参加宗教活动过多，势必减少劳动参与时间，特别是周末会取消加班，因此对经济产出的增长具有负向影响。从不同宗教信仰来看，通过比较信仰死后上天堂和信仰死后下地狱的两类人群对经济增长的影响，研究结果表明，信仰死后上天堂对产出没有影响，而信仰死后下地狱的人对经济增长有正向促进作用。这主要因为人们的信仰往往可以形成一种有效的激励。信仰死后下地狱往往会形成一种内在的正向激励，人们不想下地狱或者想减轻自身的罪过，因此往往会更加努力地工作。而信仰死后可以上天堂的人，往往没有这种努力工作的激励。

针对以上分析结果，图 5.3 给出了每月去教堂的次数、信仰死后下地狱、信仰死后上天堂对经济增长影响更为直接的散点回归结果。由图 5.3 可见，每月去教堂的次数对经济增长率具有显著的负向影响，而信仰死后下地狱则对经济增长率具有显著的正向影响。此外，对于信仰死后上天堂而言，虽然其与经济增长率之间的关系显著为正，但两者统计关系不显著。

由此可见，宗教对经济发展的确产生一定影响。那么宗教究竟通过哪些机制和渠道对经济发展产生影响呢？这将是我们下面要讨论的问题。

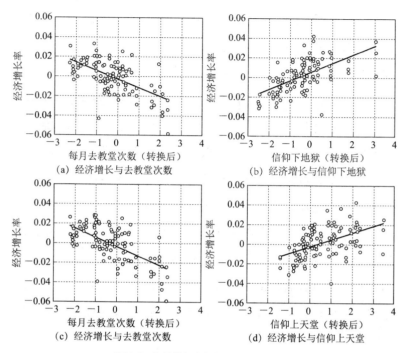

图 5.3　经济增长率与宗教信仰之间关系

注：图 5.3（a）控制了信仰下地狱后经济增长与去教堂次数；图 5.3（c）控制了信仰上天堂后经济增长与去教堂次数

资料来源：Barro, Robert J., and Rachel M. McCleary., "Religion and Economic Growth across Countries", *American Sociological Review*, 68(5), 2003, 760-781。

二　宗教信仰影响经济发展的内在机制

　　宗教对经济发展的影响主要体现在宗教通过人力资本、制度演化、技术传播以及社会稳定等渠道影响经济绩效。下面我

们主要通过一些经典案例来分别介绍宗教如何通过上述渠道对
人们的长期经济绩效产生影响。

（一）机制1：宗教与人力资本

诚如韦伯在其著作《新教伦理与资本主义精神》中所观察
到的那样，发生在16世纪至17世纪欧洲大陆的宗教改革改变
了欧洲经济政治格局。欧洲的经济中心从之前的法国、西班牙、
意大利等天主教国家，逐渐转移到荷兰、英格兰、德国等新教
国家或地区。这一变化不仅体现在宏观层面，还体现在微观个
体层面。韦伯还发现，在任何一个宗教多元化的国家中，工商
业领导人、资本所有者、现代企业中的高级技术工人等职业绝
大多数也是新教信徒。因此，韦伯得出的结论是拥有更多新教
徒的国家或地区将获得更好的经济发展，主要原因在于在新教
信徒信仰中有更多增加储蓄与努力工作的倾向。韦伯的假说至
今已近百年，但是事实是否真如韦伯所言那样，新教与其他宗
教相比更能促进经济发展？或者说，除了韦伯认为的新教伦理
比其他宗教教义有更多的储蓄与努力工作的倾向外，是否还存
在其他机制使宗教与经济发展产生联系呢？

最近英国华威大学的两位学者萨沙·贝克尔（Sascha O.
Becker）和卢德格尔·沃斯曼（Ludger Woessmann）在一篇名
为"韦伯错了吗？一个新教经济史的人力资本理论"（Was Weber
Wrong? A Human Capital Theory of Protestant Economic History）的

文章中对此问题进行考察。[1]该文指出，导致新教对经济绩效产生影响的决定因素可能在于新教信徒比其他宗教信徒具有更高的识字率。

首先，为了考察马克斯·韦伯关于新教徒与经济绩效之间关系的假说，他们利用 1900 年世界主要经济体新教信徒占总人口比重与 1900 年人均 GDP 之间的关系进行分析。分析结果如图 5.4 所示。由图 5.4 可见，1900 年世界上新教信徒占当地人口比重越高的国家，在 1900 年拥有更高的人均 GDP。例如在英国、丹麦、新西兰、挪威等国家，新教信徒占全国人口的比重超过70%，而这些国家 1900 年人均 GDP 超过 2000 美元。这一简单结果似乎印证了马克斯·韦伯所观察到的现象，即新教与经济发展之间确存在显著的正向相关关系。

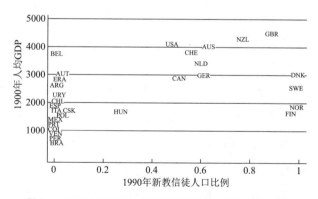

图 5.4　1900 年世界主要经济体新教徒人口比重与人均 GDP

资料来源：Sascha O. Becker, and Ludger Woessmann, "Was Weber Wrong? A Human Capital Theory of Protestant Economic History", *The Quarterly Journal of Economics*, 124（2），2009, 531-596。

---

[1]　Sascha O. Becker, Ludger Woessmann, "Was Weber Wrong? A Human Capital Theory of Protestant Economic History", *The Quarterly Journal of Economics*, 124（2），2009, 531-596.

但与此同时，贝克尔与沃斯曼也发现，在 1900 年新教人口比重较高的国家，当地也存在较高的识字率。由图 5.5 可见，在作者所选取的样本中，新教人口比重超过 50% 的美国、加拿大、新西兰、英国、德国、芬兰、瑞典等国家，在 1900 年当地的识字率水平也基本超过了 80%。因此他们大胆假设，新教对经济增长的影响可能是通过识字率这一渠道得以实现的，而非宗教教义本身。因为在新教改革之初，德国宗教改革的倡导者马丁·路德（Martin Luther）认为，新教信徒应该有自己阅读《圣经》的能力。正是因为这一主张，新教徒的识字率得以大大提高，从而新教徒比例越高的地方，当地的识字率也越高。

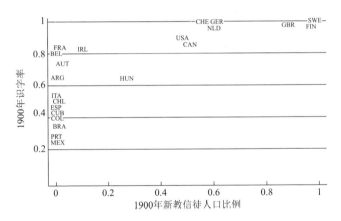

图 5.5　1900 年新教教徒人口比重与识字率

资 料 来 源：Sascha O. Becker, and Ludger Woessmann, "Was Weber Wrong? A Human Capital Theory of Protestant Economic History", *The Quarterly Journal of Economics*, 124（2），2009, 531-596。

与此同时，作者也提供了德国各县的微观实证证据来证明以上假说。有关德国各县新教徒比重与识字率的数据分析结果表明，如果当地新教徒比重较高，那么新教徒比重每增加 1%，当地识字率约增加 0.09%。这一结果即使在排除自由市以及新教徒比例高于 80% 和低于 20% 的小样本进行回归分析的结果中依然呈现显著为正的相关关系。以上结果表明，新教信徒比重的确与识字率之间存在一定的正向相关关系，但是我们关心的是，新教徒比例对经济绩效的影响是否是新教改革对识字率影响的结果。随后，贝克尔及其合作者分别将新教徒占当地人口比重作为核心解释变量，与当地的人均税收、教师工资以及制造业和服务业比重等经济绩效指标进行分析。他们发现，当将新教徒占当地人口比例作为解释变量同经济绩效指标进行分析时，新教徒占当地人口比重越高的地区，人均税收收入、教师工资以及制造业与服务业的比例也越高。然而，当将识字率也作为核心解释变量放入模型中时，有趣的现象出现了。此时，仅识字率显著为正，人均税收收入、教师工资以及制造业与服务业的比例等经济发展指标随着识字率的增加而增加。新教徒占当地人口比重与产出之间的统计关系不再显著。这一结果表明，新教之所以对经济绩效产生影响，完全是因为新教徒本身所具有的较高识字率。这也意味着，引起新教对经济发展起促进作用的因素并非"新教伦理"，而是新教通过提高识字率间接带来的人力资本投资和积累，从而最终促进了韦伯所说的资本主义发展。

与之类似的是，这一迥异于马克斯·韦伯理论的人力资本假说不仅在新教兴起的德国地区得以成立，而且在近代中国也找到了相似的证据。中国并非基督教发源地，也非基督教盛行的国家。尽管在唐代基督教开始传入中国[1]，并在明代天主教耶稣会也在中国进行传播，但之后基督教并没有在中国得到发展。直到第二次鸦片战争以后，基督教才开始在中国传播。图5.6展现了自1840年鸦片战争开始至20世纪20年代时期，中国基督教的基本发展情况。在1840年，中国一直处于闭关自守的状态，有基督教信徒的县占全国比例为0%，而到了1920年，随着一系列通商口岸的建立以及不平等条约的签订，将近94%的县有传教士出现的记录，84%的县有领圣餐的记录，78%的县设立传教中心。显然，中国从一个非基督教国家一跃成为基督教大国。

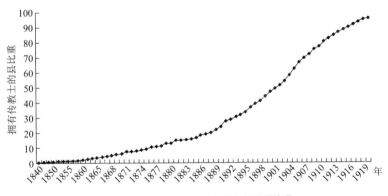

图5.6　1840—1920年中国基督教发展情况

资料来源：Bai, Ying, and James Kai-sing Kung, "Diffusing Knowledge While Spreading God's Message: Protestantism and Economic Prosperity in China, 1840-1920", *Journal of European Economic Association*, 13(4), 2014, 669-698。

---

[1]　当时叫作景教，是基督教中的聂斯托利派。基督教曾先后四次传入中国，第一次发生在唐太宗贞观九年，称为"景教"，是唐代对古代基督宗教宗派"聂斯托利派"的称呼，后因唐武宗下令灭教，结束了其在中国210年的传播。第二次是元朝，称为"也里可温"，后随着元朝的覆灭而消亡。第三次是明末清初传入的"天主教"，后在雍正登基后的禁教中消亡。第四次是在鸦片战争前后传入，延续至今。

采用中国案例对宗教与经济绩效之间关系进行考察的优点在于，无论新教还是天主教，对于中国而言都是外来宗教，因此不会出现欧洲地区内部因宗教历史因素导致地区之间信仰差异的估计偏差。这一类似自然实验的方法恰恰可以帮助我们对宗教与经济发展两者之间的关系进行更好的因果识别。来自香港科技大学的白营与龚启圣两位学者，最近就利用中国 20 世纪初期基督教发展与经济绩效数据，对近代基督教传教士在中国的传教活动与当地经济发展之间的关系进行考察，进一步揭示了宗教与经济发展之间的机制问题。[1] 首先，他们在讨论传教士活动与经济发展之间的关系时发现，在 20 世纪初期新教与天主教相比，新教对经济发展有显著的正向影响，而天主教没有显著的促进作用。此时，在新教传教士比例较高的地区，用城市化水平度量的经济发展水平也相对更高，新教传教士比重较高地区的城市化率要比新教传教士比重低的地区高出 0.2 左右。这一结果进一步肯定了新教对经济发展产生促进作用的事实。但是作者认为这一结果可能存在反向因果关系的可能，即经济越发达的地区可能会吸引越多的新教传教士。为了排除这一估计偏差，他们利用发生于 19 世纪末义和团运动时期长江南北地区对待外国人的不同态度，即"东南互保"[2] 协议，作为外生冲击以建立起传教士与经济发展之

---

[1] Bai, Ying, and James Kai-sing Kung, "Diffusing Knowledge While Spreading God's Message: Protestantism and Economic Prosperity in China, 1840-1920", *Journal of European Economic Association*, 13(4), 2014, 669–698.

[2] 东南互保是指义和团运动在华北兴起后，东南各省的地方督抚与英美帝国主义订约互保。

间的因果关系。新的估计结果依然表明与其他宗教相比新教对经济发展具有显著的促进影响。

然而重要的是，他们不仅识别了新教与经济绩效之间的关系，而且也对新教影响经济绩效的内在机制给予考察。当他们将教会学校、教会医院数量等因素加入模型中，发现了与贝克尔（Sascha O. Becker）等研究类似的结果。在控制了新教各教派所建立的学校、医院数量等人力资本投资之后，新教本身对经济发展的影响不再存在，而基于教会存在的近代人力资本和公共物品等对经济绩效具有显著的促进作用。这一从中国得到的历史经验，进一步肯定了新教伦理并非是引起新教对经济发展产生影响的重要途径，而是新教所提供的人力资本投资和积累对经济发展起到了重要作用。

综上所述，自马克斯·韦伯的一系列有关新教与经济发展关系的论述产生以来，新教伦理对经济发展的影响作为固有认识已长达一个世纪之久。然而，人们对其影响机制的讨论却存在较大空间。特别是新教兴起对经济发展以及个人成功的影响，究竟是因为马克斯·韦伯所说的新教伦理对欲望的制约、储蓄的偏好，还是因为其他因素呢？至少从以上近期研究和讨论中可以发现，尽管宗教伦理可能对经济发展产生一定影响，但人力资本依然是促进经济发展的重要基础。而且我们也发现，历史的确是偶然与必然的结合。新教的产生是历史发生的必然，展现的是人们突破传统天主教的束缚，但新教对人们生活习惯（提高识字率）以及经济发展的影响则是出于历史的偶然。

（二）机制 2：宗教与制度形成

宗教影响经济发展的另一个重要机制是近代传教士在不同国家和地域进行的传教活动，不仅对宗教本身的传播具有一定的积极意义，扩大了宗教的影响范围，而且也促进了传教士对所在国家的政治制度、文化习俗等的扩散与影响，进而对宗教被传播国家社会制度的形成、演化与发展产生影响。宗教信仰对制度影响最典型的案例主要体现在近代殖民主义扩张时期，基督教传教士的传教活动对被殖民国家或地区制度的影响。

在近代西方殖民活动中，与商人建立殖民地以扩大贸易的意图不同，基督教传教士则认为大航海时代的到来为他们在整个世界范围传播上帝福音创造了很好的机会。特别是天主教与新教传教士在世界各地殖民地进行传教活动，不仅建立了大量的教堂，而且也建立了很多学校、医院等。这些活动为殖民地国家的经济发展奠定了一定人力资本与公共物品投资的基础，但更重要的是传教士在传教过程中，将近代科学民主化思想也带到了殖民地国家或地区，为这些殖民地国家民主解放独立运动后的自身制度构建起到了非常重要的作用。

关于这一问题，罗伯特·D.伍德柏瑞（Robert D. Woodberry）对传教士活动与近代民主思想传播关系进行了考察。[1]伍德柏瑞认

---

[1]　Robert D. Woodberry, "The Missionary Roots of Liberal Democracy", *American Political Science Review*, 106(2), 2010, 244-274.

为，地理、气候等因素决定了近代传教士的行为选择。因为传教士的目标是要将上帝的福音带到世界的每一个角落，因此，传教士往往会选择地理条件较差的地方作为传教的目的地。传教士到达殖民地后，通过建立学校、分发印刷品等方式对近代知识思想进行传播，同时随着殖民贸易新型商业化形态等导致市民意识的形成，最终实现了殖民地国家或地区民主思潮的发展。上述理论假说的逻辑过程如图5.7所示。在接下来的实证研究中，伍德柏瑞还发现，与其他国家的殖民地相比，英国等宗教自由的国家对殖民地后续民主化程度有较强的促进作用，但是在内地国家以及伊斯兰世界则对民主化呈现负向影响。此外，在传教活动中，每万人中新教传教士人口比例越高，民主化程度越高。而且当在模型中同时考虑传教士比例与殖民地宗主国特征时，发现仅有传教士比例对民主化有影响，而宗主国特征没有影响。由此可见，宗教信仰可以影响一个国家的制度形成，进而对该国的经济发展产生深远的影响。

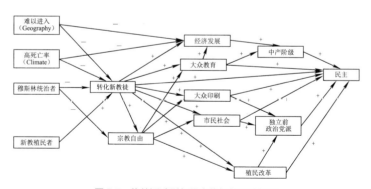

图5.7　传教活动引起民主传播的理论机制

资料来源：Robert D. Woodberry, "The Missionary Roots of Liberal Democracy", *American Political Science Review*, 106(2), 2010, 244–274。

（三）机制 3：宗教与社会稳定

宗教影响经济发展的第三个重要机制是宗教通过宗教伦理教化民众、稳定社会，进而实现促进经济发展的目标。多数宗教教义都教导人心向善，因此无论在历史和现实中，依然有部分国家政教合一，将国家治理与宗教信仰紧密结合在一起。

宗教信仰对经济社会发展所起的稳定作用主要体现在，当一个国家或者地区发生自然灾害等外生经济冲击时，宗教伦理往往可能有助于增加社会稳定，降低爆发农民起义或者社会冲突的可能，进而有利于统治者统治。对于宗教文化是否对社会稳定产生影响，作为灾荒之邦的中国可能提供了较好的案例。

中国灾荒之多，世界罕有，就历史文献记载来看，从公元前 18 世纪到公元 20 世纪，在将近 4000 多年的历史中，几乎无年不饥荒。因此，西方有些学者将中国称为"饥荒的国度"（The land of Famine）。仅在清代统治的 296 年间，灾害总计为 1121 次。其中，旱灾 201 次、水灾 192 次、地震 169 次、雹灾 131 次、风灾 97 次、蝗灾 93 次等。[1]在灾害频发的时候，社会稳定便成为国家治理的重要问题。尤其在重大灾害爆发时，粮食歉收，巨大的经济冲击往往导致底层民众被迫揭竿而起，发生社会冲突或农民起义，进而威胁国家统治。因此，此时宗教教化往往

---

[1]　邓云特：《中国灾荒史》，商务印书馆 2011 年版。

可以起到增加社会稳定，有助于社会治理的作用。

在中国传统社会，自西汉董仲舒"罢黜百家，独尊儒术"以后，儒家被国家所推崇，是中国传统社会规模最大的宗教。儒教与佛教、道教并称为三教，并且以"儒家思想"为最高信仰。儒家尊孔子为先师，后人为了与崇尚黄老列庄等道家思想的道教区分，从南北朝开始将"儒教"称作"圣教"，故孔子亦被尊为儒教圣教主。儒教推崇儒道，倡导王道德治、尊王攘夷和上下秩序，与此同时，儒教也崇尚等级制度，并用"三纲五常"来维护社会伦理道德、政治制度。因此，儒教对中国的宗教与社会稳定起到了无法估量的作用，这也是中国没有宗教战争的原因之一。

关于宗教伦理是否有助于社会稳定，近期龚启圣与马驰骋两位学者，利用清代1651—1910年《清实录》中山东省各县灾害数据对儒教文化是否减缓经济冲击下的社会冲突进行考察。[1] 在图5.8中，两位学者首先展示了清代山东行省从1650—1900年农民起义与自然灾害的统计信息。从中可见，在整个清代统治时期，山东省平均每年发生300余次自然灾害，特别是在晚清时期，随着国家能力的削弱，公共基础设施投资不足，导致灾害频发，晚期灾害爆发频数是清代中期的1倍以上。同

---

[1]　Kung, James Kai-sing, and Chicheng Ma, "Can Cultural Norms Reduce Conflicts? Confucianism and Peasant Rebellions in Qing China", *Journal of Development Economics*, 111, 2014, 132-149.

时，我们可以看到，随着自然灾害的增多，农民起义的数量也呈现同步上升的态势。由此可见，自然灾害所形成的经济冲击对社会稳定的影响。接下来，作者又给出了不同地区农民起义与儒家文化影响差异的信息。由图 5.9（a）可见，农民起义主要发生地点集中在山东省鲁西南地区以及胶东地区。这些地区恰好也是山东省历年自然灾害频发、农业欠产的地区，如图 5.9（b）所示。此外，通过将烈女、孔庙等与儒家文化具有较强相关关系的变量作为儒家影响代理变量进行识别时，作者发现凡是在儒家文化影响较强的地方，社会冲突与农民起义发生的频次相对较少，而在那些儒家文化影响较弱的地区，社会冲突与农民起义爆发的频次相对较强，如图 5.9（c）与图 5.9（d）所示。

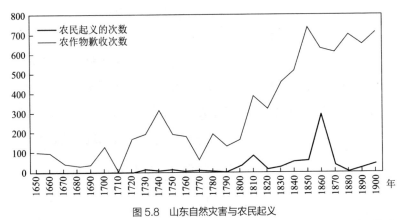

图 5.8　山东自然灾害与农民起义

资料来源：Kung, James Kai-sing, and Chicheng Ma, "Can Cultural Norms Reduce Conflicts? Confucianism and Peasant Rebellions in Qing China", *Journal of Development Economics*, 111, 2014, 132-149。

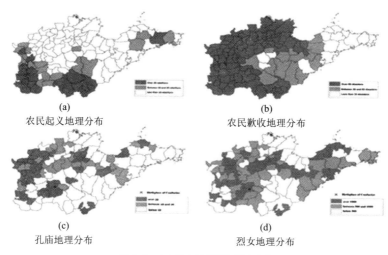

(a)
农民起义地理分布

(b)
农民歉收地理分布

(c)
孔庙地理分布

(d)
烈女地理分布

图 5.9　山东省农民起义与儒家文化

资料来源：Kung, James Kai-sing, and Chicheng Ma, "Can Cultural Norms Reduce Conflicts? Confucianism and Peasant Rebellions in Qing China", *Journal of Development Economics*, 111, 2014, 132-149。

在接下来的实证研究中，两位学者首先给出了自然灾害与农民起义的分析结果。研究发现，农业歉收的确对农民起义具有较强的正向影响，特别是因自然灾害造成的上一年度的农业歉收对当年的农民起义有巨大影响。而就自然灾害而言，水灾对农民起义没有影响，但是旱灾影响较大。而在对关于宗教对于灾害冲击的缓解作用进行考察时，作者通过加入自然灾害与代表儒家文化的烈女与孔庙等儒家文化影响代理变量的交互项时，得到的分析结果表明，虽然自然灾害冲击对农民起义的爆发依然具有显著的正向影响，但是儒家文化的传播的确可以对灾害冲击的负向效应具有一定的缓解作用。从中国儒家文化影响与社会冲突的案例可以看出，宗教信仰的确可以通过自身的价值观和伦理原则对人们的经济社会行为进行影响，进而对社会治理起到一定的稳定作用，这在一定程度上为经济社会发展提供了较好的社会基础。

（四）机制4：宗教与技术传播

宗教信仰影响经济发展的最后一个机制是通过技术传播与使用得以实现。技术进步是一个国家和社会发展的重要基石，也是经济增长的重要动力。人类社会的发展正是通过不断更新技术，从而实现最终的经济发展。然而，新技术的发明和创新，如果不能被社会接受与推广，那么该技术则不能成为经济增长的动力，反而变得毫无用处。究竟是什么因素决定了一个国家技术进步与创新的普及速度？或者说什么因素可以使该国更快地采用新技术呢？历史经验告诉我们，宗教信仰在这一过程中往往扮演了非常重要的角色。宗教与技术进步的重要案例是基督教与伊斯兰教在印刷技术进步方面的差异。

尽管活字印刷技术早在公元11世纪由中国宋代工匠毕昇发明，但是在其他国家活字印刷技术却发展很慢。直到公元1440年，德国人约翰内斯·古登堡（Johannes Gensfleisch zur Laden zum Gutenberg）才发明了铅字活字印刷技术。虽然欧洲活字印刷技术发生的较晚，与中国相比晚了将近300多年，但是其发明却带来了一场波澜壮阔的文化传媒革命，迅速推动了西方世

界科学文化的发展（见图 5.10）。然而，虽然活字印刷技术得以
发明，但在不同宗教世界人们对待它的态度是非常不一样的。

图 5.10　古登堡印刷机及由古登堡印刷机印制的《圣经》
资料来源：图片来自网络。

　　在基督教世界里，古登堡印刷机被迅速推广和使用，用来
印刷大量宗教手册以及《圣经》和其他书籍。图 5.11 中展示了
在古登堡印刷机发明之后印刷中心的分布情况。从中可见，虽
然印刷机在德国的美因茨被发明，但欧洲各地都开始出现印
刷中心。1440 年开始出现古登堡印刷机后，印刷中心不断扩
大。其中 1450—1469 年印刷中心只有 8 个城市，而在 1470—

1479 年扩大了 10 个城市，在 1480—1489 年印刷中心又增加了 10 个城市，在 15 世纪的最后 10 年，印刷中心又发展了 10 个城市。在印刷中心不断扩大的同时，印刷内容也发生了较大的变化，如表 5.3 所示。1530 年，印刷天主教内容的印刷中心，在宗教改革之后，开始印刷新教内容。宗教印刷品传播导致的一个直接结果是，印刷中心越集中的地方在宗教革命之后，该地新教也获得了较好的发展。由此可见，基督教世界恰好利用了这项新的技术创新与发明，进而推动了宗教改革和新教发展。[1]

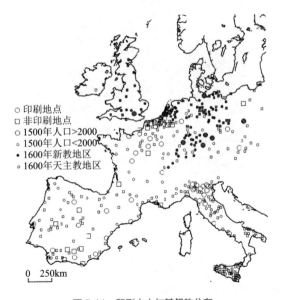

图 5.11　印刷中心与基督教分布

资料来源：Rubin, Jared, "Printing and Protestants: An Empirical Test of The Role of Printing in the Reformation", *Review of Economics and Statistics*, 96(2), 2014, 270-286。

---

[1]　Rubin, Jared, "Printing and Protestants: An Empirical Test of The Role of Printing in the Reformation", *Review of Economics and Statistics*, 96(2), 2014, 270-286.

表5.3　　　　　　　　　　出版内容及印刷中心变化

城市	书籍	P/C 1530	P/C 1600	城市	书籍	P/C 1530	P/C 1600
1450—1469年				1450—1469年			
美因茨	95	C	C	科隆	412	C	C
科隆	44	C	C	奥格斯堡	298	C	P
斯特拉斯堡	17	P	P	斯特拉斯堡	250	P	P
班贝格	9	C	C	纽伦堡	165	P	P
奥格斯堡	6	C	P	巴塞尔	154	P	P
埃尔维尔	3	P	P	乌尔姆	73	P	P
巴塞尔	1	P	P	美因茨	64	C	C
纽伦堡	1	P	P	施派尔	46	P	P
				吕贝克	42	P	P
				罗伊特林根	24	P	P
1480—1489年				1490—1500年			
科隆	441	C	C	莱比锡	1040	C	P
奥格斯堡	405	C	P	科隆	591	C	C
斯特拉斯堡	364	P	P	纽伦堡	492	P	P
纽伦堡	359	P	P	奥格斯堡	486	C	P
莱比锡	28	C	P	斯特拉斯堡	484	P	P
巴塞尔	266	P	P	巴塞尔	325	P	P
乌尔姆	144	P	P	乌尔姆	13	P	P
施派尔	126	P	P	施派尔	144	P	P
吕贝克	125	P	P	美因茨	126	C	C
美因茨	121	C	C	吕贝克	110	P	P

　　资 料 来 源：Rubin，Jared，"Printing and Protestants：An Empirical Test of The Role of Printing in the Reformation"，*Review of Economics and Statistics*，96(2)，2014，270-286。

　　与欧洲基督教世界形成对比的是伊斯兰世界。奥斯曼土耳其作为一个横跨欧亚的大帝国，在人类历史上占有特殊地位。古登堡印刷机很早就传入了土耳其，但土耳其的统治者对技术具有很强的偏好性。对于军事技术，他们很容易学习应用，这也是土耳其成为横跨欧亚大陆盛极一时的军事帝国的主要原因。但是对于其他技术，他们则缺乏兴趣。特别对于印刷技术而言，统治者是非常排斥的。因为奥斯曼土耳其作为一个政教合一的国家，采用沙里亚政体需要将《古兰经》的解释权牢牢地掌握在哈里发的手里，而不希望伊斯兰教像新教一样，普通百姓可以随意对其阅读解释，最终威胁自身的宗教和政治统治地位。因此，伊斯兰世界对于印刷术的态度较为谨慎和排斥，直到1728年才接受第一台印刷机，比欧洲晚了近300年。在希腊语世界，总人口约1200万，每年有1600余种图书翻译成希腊语，而在伊斯兰世界，总人口约2亿，但每年仅有330种图书被翻译成阿拉伯语。

三 结束语

自人类社会组织形态形成以来，宗教活动就一直伴随着我们。而宗教信仰作为制度因素中的非正式制度，对当前人们的经济社会行为起到较强的约束和引导作用。本章正是基于这一点，就宗教信仰与经济发展之间的关系进行考察。不仅对马克斯·韦伯在《新教伦理与资本主义精神》一书中提出的经典假说进行了论述，同时也从历史经验的角度出发，对宗教文化通过哪些机制影响经济发展进行考察。由于宗教信仰属于文化范畴，文化变迁也并非一朝一夕之事，因此，宗教信仰对经济社会发展的影响具有较强的持续性，而这种持续性至今依然影响着我们。如果要寻找内在答案，我们更需要从历史的视野出发，探寻宗教信仰影响经济发展背后的秘密。

第六章
逃离马尔萨斯陷阱：人口结构与变迁

在众多引起经济增长的因素中，人口是非常重要的决定因素。然而与其他生产要素不同的是，人口对经济增长而言是一把"双刃剑"。正如一个西方古老谚语所言，"上帝给了每一个人一张口和一双手"（With every mouth God sends a pair of hands.—An Old Saying）。这一古谚恰当而形象地对人口这一特征进行了诠释。一方面，庞大的人口数量对经济增长具有规模效应，可以提供更多的劳动力和人力资本，从而提高知识存量，增加最终产出和社会财富。另一方面，面对有限的资源，人口数量的持续增长也会过度消耗资源，进而影响人类整体的经济福利水平，呈现人均产出下降、生存环境恶化等问题。从第一章的相关内容可以看到一个基本事实：在众多贫困的发展中国家，尤其是非洲国家，贫困往往伴随着较高的人口增长率，因此较高的总和生育率使这些国家长期陷入贫困之中，时常面对生存危机。

那么当前世界人口情况如何？特别是在人类历史发展过程中，人口数量、人口质量以及人口结构又是怎样变化的？这些人口数量、人口质量和人口结构的变化对当前世界经济增长产生了怎样的影响？这些问题正是本章试图回答的重要内容。

　　本章主要内容结构如下：首先，第一部分主要从宏观视角出发，对世界人口长期变化情况进行一个基本介绍，概括其特征并总结规律。其次，第二部分主要对人口影响经济增长的相关理论进行简要介绍，包括马尔萨斯陷阱、人口红利等。最后则是通过对一系列历史相关案例的介绍，对人口的决定因素进行考察。

一　世界人口的长期变化：从公元元年至 2016 年

　　要了解人口的相关特征就必须将人口信息分解来看。一般人口学家关注人口问题往往将人口划分为人口数量、人口质量和人口结构三个方面。因此，我们对人口的分析就从这几个方面进行考察。

（一）人口数量

　　在距今 200 多万年前，由于生产力水平低下，食物得不到保障，人口规模在几亿人左右。但是在距今 1 万年前后，人类社会进入新石器时代，农业革命使人们生存能力大大提高，告别了采集渔猎的生存方式。农业技术的发明，使人们不仅可以储存一定食物，而且开始驯化动物，使生存有了　定保证，人口数量也逐渐稳定和增加起来。然而，直到 18 世纪工业革命开始之前，全球人口规模一直处于稳定状态，即处于马尔萨斯陷阱状态之中。[1] 由于马尔萨斯陷阱的存在，在工业革命之前，世界人口持续在一个稳定的位置，平均增长率约为 0.1%。但是进入工业革命之后，人口增长率发生了很大的变化，人口从 1800 年的不到 10 亿人，增加到目前的 74 亿人。1965 年世界人口已经是 1900 年世界人口的 2 倍。而从 1960 年至 2000 年，世界人口总量又翻了一番。世界人口演变情况如图 6.1 所示。

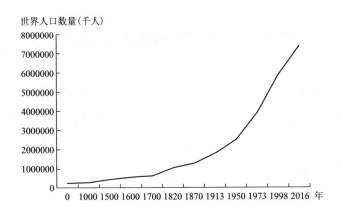

图 6.1　公元元年至 2016 年世界人口变化

资料来源：Angus Maddison, *The World Economy: A Millennial Perspective*, OECD, 2000。

　　另外，从各大洲人口数量分布来看，也出现了一些非常有趣的变化，各大洲人口增长与数量分布呈现出不平衡的趋势。

---

　　[1]　马尔萨斯陷阱是指技术革命会导致产出的增加，但是产出的增加又会促使人口数量的增长，进而随着人口数量的增长又会较快地将技术进步所带来的产出消耗掉的过程。

如图 6.2 所示，亚洲、非洲和拉丁美洲是当前人口最多的地区，这些国家在 1950 年至 2010 年的人口增量都要大大高于这些地区在 1950 年时的初始人口水平。但是，在世界的另一些地区，例如在欧洲、美洲和大洋洲，这些地区的人口规模增加量有限，欧洲人口增加量小于 1950 年的初始水平，而美洲和大洋洲仅仅与 1950 年的初始人口数量相当。由此可见，自 1950 年至 21 世纪的 60 年时间里，大量的人口增长都集中在发展中国家和地区。

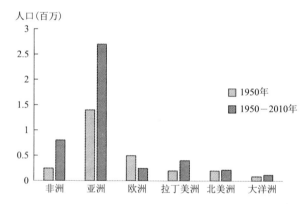

图 6.2　各大洲 1950 年人口和 1950—2010 年的人口增量

资料来源：United Nations（http://esa.un.org/wpp/Excel-Data/population.htm）。

此外，从人口增长来看，经济学家通常用人口增长率作为衡量人口变化的主要指标。这里人口增长率主要是指增加人口数量占总人口的比重。由图 6.3 可见，在工业革命之前，从公元元年至 1700 年，全世界人口增长率不足 0.2%，但在工业革命之后，1820 年前后人口增长率达到了 0.5%。20 世纪初，人口增长达到了峰值，平均每年 2%。但是在 20 世纪 60 年代，世界人口增长开始出现变化，呈现逐渐下降的趋势，从平均每年的 2% 下降到 1.5%。因此，人口学家断言，世界人口正在经历一个人口转型（Demographic Transition）的过程，人口增长将逐渐下降。这里人口转型主要是指人口由高出生率和高死亡率的状态，逐渐向低出生率和低死亡率为主要特征的人口增长状态转变。[1]

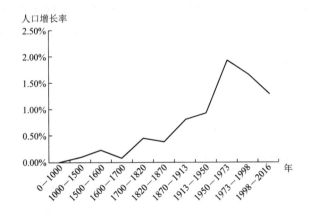

图 6.3　公元元年—2016 年世界人口增长趋势变化

资料来源：Angus Maddison, *The World Economy：A Millennial Perspective*, OECD, 2000；世界银行数据计算得出。

另外，从人口增长率的地域分布来看，自 1950 年以来，非洲、拉丁美洲、亚洲人口增长速度较快，平均增速分别为 2.5%、2% 和 1.75% 左右，而欧洲、美洲地区人口增长速度较慢，平均人口增长速度低于 1%。此外，从人口增长率的动态变化来看，

---

[1]　人口学家认为，人口转型在过去的 300 年的时间就已经发生，但他们认为，人口转型将在 21 世纪末之前结束。人口增长率应该稳定在 0 左右，世界人口在转型期结束时，应该稳定在 80 亿—120 亿。

世界各主要地区除非洲外，1980—2015 年的人口增长率远远低于 1950—1980 年的人口增长率。而且由图 6.4 可见，发展中国家的人口增长速度快于发达国家。

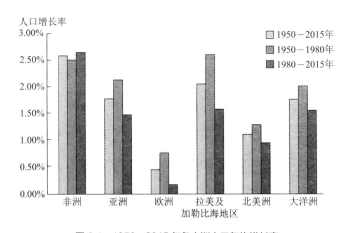

图 6.4　1950—2015 年各大洲人口年均增长率

资料来源：United Nations（http://esa.un.org/wpp/Excel-Data/population.htm）。

（二）人口质量

人们对人口问题关注的第二方面是人口质量问题。经济学家和政策制定者不仅需要关注人口数量的长期变化规律，而且也需要对人口质量的变化进行了解。人口质量主要包括两个方面：一是人口的健康程度，二是人口的教育程度。

1. 健康程度

健康程度主要是指人口的健康水平，即免受营养不良、食物匮乏以及疾病的困扰。通常人们对人口的健康质量通过平均预期寿命进行度量。图 6.5 给出了从 1930 年至 2016 年全世界人口的平均预期寿命。从中可见，20 世纪 30 年代以来，全世界人口的平均预期寿命呈现显著上升的趋势，人口的平均预期寿命从 1930 年的 39 岁逐渐上升到 2016 年的 72 岁。特别在第二次世界大战之后，平均预期寿命获得了显著的提升。此外，从不同经济体的平均预期寿命变化来看，尽管低收入、中等收入、高收入国家平均预期寿命差别较大，但总体均呈现逐渐上升的变化趋势，其中高收入国家平均预期寿命从 60 岁上升到 72 岁，中等收入国家平均预期寿命则从 49 岁上升到 66 岁，而低收入国家平均预期寿命也从 31 岁上升到近 60 岁。而且无论高收入国家、中等收入国家、低收入国家，平均预期寿命均呈现收敛的特征，如图 6.6 所示。

除了平均预期寿命之外，经济学家用来衡量人口健康水平的

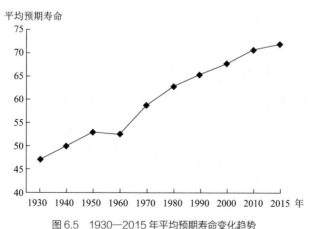

图 6.5　1930—2015 年平均预期寿命变化趋势

资料来源：世界银行（https://data.worldbank.org.cn/）。

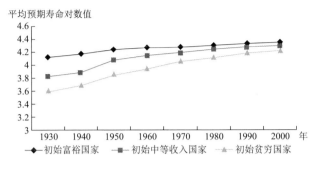

图 6.6 1930—2000 年各经济体平均预期寿命变化趋势

资料来源：Acemoglu, Daron, and Simon Johnson, "Disease and Development：The Effect of Life Expectancy on Economic Growth", *Journal of Political Economy*, 115(6), 2007, 925-985。

另一个指标则是人的身高。人体高度受到营养的主要影响。随着人们摄取营养的不断增加，人的身高也逐渐增加。因此，经济学家一般也利用身高作为衡量健康的一个非常重要的指标。图 6.7 给出了从 1810 年至 1980 年全世界主要地区的身高动态变化。

根据人类学相关理论，不同人种之间的身高本身存在较大差异。例如欧洲人种、高加索人种要比蒙古人种的身高要高。但是这些差异会随着营养摄入、饮食结构变化而发生改变。由图 6.7 可见，在 1810 年前后，欧洲地区人均身高为 166 厘米左右，但是在工业革命之后，平均身高得到普遍提高，截至 1980 年前后，欧洲地区平均身高达到 178 厘米。与此同时，世界其他国家人口的身高也在发生变化，例如在拉丁美洲和东亚，19 世纪的平均身高为 164 厘米，随着时间变化，截至 1980 年也达到了 170 厘米左右。但是我们也看到，在东南亚和南亚等发展中国家和地区，平均身高仍然没有显著变化。

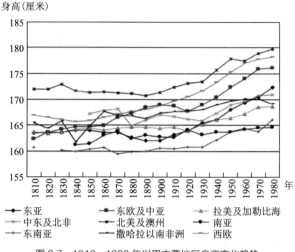

图 6.7　1810—1980 年世界主要地区身高变化趋势

资料来源：Joerg Baten, and Matthias Blum, "Growing Tall but Unequal：New Findings and New Background Evidence on Anthropometric Welfare in 156 Countries, 1810-1989", *Economic History of Developing Regions*, 27(1), 2012, 566-585。

2. 教育水平

人口质量的另一个重要体现是教育水平或者说人力资本的变化。在整个长期人口变化过程中，不仅人口数量呈现出人口转型的特征，而且除了人口健康水平逐渐提升外，人口受教育程度也在逐渐变化。人口受教育程度的变化主要体现在两个方面。

一是总体而言，虽然全世界人口增加数量较少，但是平均教育水平逐渐提升。在经济学中，经济学家通常使用识字率作为教育水平的代理变量进行考察。图 6.8 给出了 1970 年至 2016 年全世界 15 岁以上人口识字率的变化趋势。我们从中可以看到，1970 年全球 15 岁以上人口的识字率仅为 69%，但是随着时间的变化，识字率呈现显著上升的态势。到 2016 年，全球 15 岁以上人口的识字率已经达到 87%。

二是随着人口教育程度的提升，人口数量与质量呈现出相互替代 (Quantity and Quality Trade off) 的关系。特别是在工业革命之后，工业化国家的这一变化较为突出。很多家庭降低了自身总和

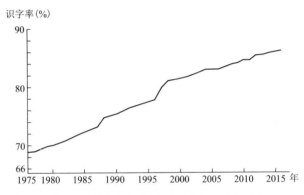

图 6.8　1975—2016 年识字率（15 岁以上人口百分比）总体变化

资料来源：世界银行（https://data.worldbank.org.cn/）。

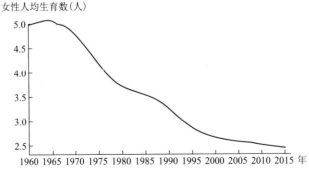

图 6.9　世界总体生育率（女性人均生育数）变化趋势

资料来源：世界银行（https://data.worldbank.org.cn/）。

生育率，但是会对已经出生的孩子增加教育方面的投资。因此，形成了人口数量与人口质量相互替代的现象。图 6.8 和图 6.9 恰恰是这一变化的较好反映。由图 6.9 可见，女性人均生育数从 1960 年的 5 个，下降到当前世界平均水平的 2.4 个。但是随着每个家庭总生育率的降低，全世界识字率水平却在显著上升，从 1970 年的 69% 上升到 2016 年的 87%。由此可见生育模式的显著变化。

（三）人口结构

人口特征的第三个方面是人口结构。一个国家或地区人口结构的差异往往会决定这个国家经济发展、社会稳定的绩效差异。虽然人口结构的内容很多，但经济学家总体上对两方面的人口结构特别关注，即人口的年龄结构以及性别结构。

1. 人口的年龄结构

人口的年龄结构主要是指一个国家或地区不同年龄组别人群的年龄分布情况。经济学家与人口学家通常采用人口分布金字塔图来展现人口年龄结构。如图 6.10 所示，人口金字塔横轴为人口数量，纵轴为年龄组别。在金字塔图中左侧为男性人口信息，右侧为女性人口信息，全图反映了一个国家或地区的人口基本情况。

另外，根据不同地区情况，人口金字塔一般呈现三种类型。第一种为增长型，主要特征是塔顶尖、塔底宽；第二种是稳定型，主要特征是塔顶与塔底宽度一样；第三种是缩减型，主要特征是

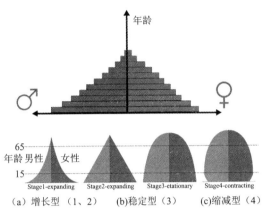

图 6.10　人口金字塔

资料来源：https://www.populationpyramid.net/。

塔顶宽，塔底窄。增长型意味着，人口会持续增加，而且会呈现较长时期的人口红利，即有大量年轻劳动力存在；稳定型是不同年龄段人口基本一致；缩减型为老年人口较多，而年轻人口较少，这意味着可能存在较长时期的老龄化问题。

　　图 6.11 分别给出了当前世界两个最大人口规模的国家印度与中国在 2010 年的人口金字塔分布情况。图 6.11（a）是 2010 年印度的人口金字塔，从中可见，50 岁以上人群较少，而大部分人口集中在 50 岁以下，人口增长呈现增长型，这不仅意味着印度人口依然会持续增长，同时也表明未来印度将有较大的人口红利。图 6.11（b）给出了中国 2010 年的人口情况，可以看到中国人口金字塔呈现出中间大两头小的特点，即缩减型。可以看到，中国当前正在享受人口红利，但未来中国人口会呈现缩减态势，而且将会面临严重的老龄化问题。

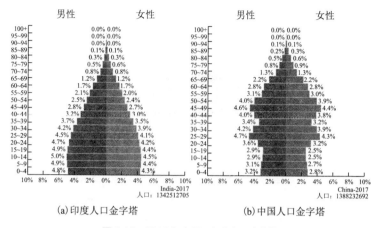

图6.11　2010年中国、印度人口金字塔

资料来源：https://www.populationpyramid.net/。

2. 人口的性别结构

在人口结构中，另一个非常重要的结构是性别结构。性别结构是指人口中男性与女性之间的比例。性别平衡对经济社会发展具有非常重要的意义。由图6.12可见，自1960年以来，全球性别比例中女性占人口的比重呈现持续下降的状态，从基本平衡的50%下降到近49.5%，男女性别比例接近1：1.02。从世界各国情况来看（见表6.1），世界女性比重较少的地区主要集中在南亚、北非、中东等地区。这些地区女性比例小于44.6%，即1：1.24。主要是经济贫困和文化传统的因素最终导致性别选择的结果。因此，1990年诺贝尔经济学奖得主阿玛蒂亚·森（Amartya Sen）提出了一个"消失女性"(Missing Women) 的故事。阿玛蒂亚·森认为，在南亚和北非地区，妇女社会地位与男子相比较低，所以得

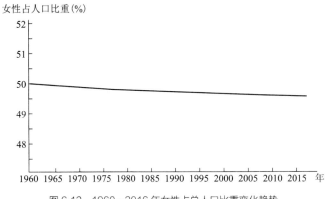

女性占人口比重(%)

图 6.12　1960—2016 年女性占总人口比重变化趋势

资料来源：世界银行（https://data.worldbank.org.cn/ ）。

到的卫生保健、食品和社会服务也要比男性少，从而女性的死亡
率偏高，导致这些地区女性与男性性别比率偏低。由于当前世界
女性不平等问题依然突出，因此联合国可持续发展目标将实现性
别平等作为重要目标之一来加以保障。

表6.1　　　　　　　　2016年世界各主要地区女性性别比

地区	女性性别比（%）
东亚及太平洋地区	49.2
欧洲与中亚地区	51.5
拉丁美洲及加勒比海地区	50.7
中东与北非地区	48.2
北美地区	50.5
南亚地区	48.3
撒哈拉以南非洲地区	50.1

数据来源：世界银行（https://data.worldbank.org ）。

二 人口与经济发展：相关基本理论

人口与经济发展之间的关系一直备受经济学家与政策制定者的关注。人口不仅可以为经济发展提供充足的劳动力与人力资本，同时也是经济资源消耗的重要力量。关于人口与经济发展之间关系的讨论主要有以下几个重要理论。

（一）人口悖论：马尔萨斯与波西亚普

自从马尔萨斯的《人口学原理》这本经典著作问世以来，人口与经济增长问题便成为人们思考的重要问题。就 1820 年以前的世界经济发展经验，马尔萨斯学派（the Malthusian School）认为，人类社会的资源是有限的，技术进步带来的短期收入增加不可避免地被人口增长所抵消，使人们生活水平降到仅能维持生存的状态。所以，人口规模越大，可能导致经济增长越缓慢，无法摆脱所谓的"马尔萨斯陷阱"（Malthusian Trap）。因此，马尔萨斯提出了应该采取人口控制手段，对人口规模加以干预。

然而另一些学者，如著名历史学家波西亚普（Boserup E.）则认为，人口规模对经济发展具有较强的促进作用。[1] 人口规模

---

[1] Boserup E., *Agricultural Growth and Population Change*, The World of Economics, London, 1981.

越大，越可以提供更多的劳动力。此外，较大的人口规模也可以增加人力资本的存量，科学技术进步的概率也比人口小的国家有更多的机会。

那么人口与经济增长的关系究竟如何呢？20世纪80年代，中国开始实行的计划生育政策恰好提供了一个识别人口与经济增长之间矛盾关系的自然实验机会。在改革开放之初，中国政府就着手开始实行计划生育政策。[1] 计划生育政策的主要内容是提倡晚婚晚育，少生优生，从而有计划地控制人口。计划生育主要通过两个方面来实现对人口的控制：一是未婚青年施行晚婚；二是已婚妇女采用科学避孕的方法有计划地生育子女。但在计划生育政策的实施过程中，并非没有例外，在有些情况允许生育"二胎"。例如，夫妻双方均为独生子女，且只生育一个子女；夫妻双方均为少数民族，且只生育一个子女；夫妻双方均为归国华侨，或者来本省定居不满6年的香港、澳门、台湾地区居民，只有一个子女在内地定居；再婚夫妻，再婚前生育子女合计不超过两个的，但不适用于复婚夫妻；第一个子女为残疾儿童，不能成长为正常劳动力，医学上认为可以再生育；夫妻一方为一级至六级的残疾军人，一级至五级因公（工）致残人员，且只生育一个子女；矿工井下作业连续5年以上，并继续从事井下工作，且只生育一个女孩；农村夫妻一方是独生子女，且只生

---

[1]　计划生育政策是指有计划的生育子女的政策，1982年3月13日开始实施，成为中国一项基本国策。

育一个子女；男方到女方家落户且女方没有兄弟的农村夫妻，且只生育一个子女；农村夫妻只生育一个女孩；大山区的乡，女方在农村，且只生育一个女孩。

来自香港中文大学的两位学者，张俊森与李宏彬，正是通过少数民族与汉族进行二胎生育的政策差异，利用不同省份少数民族人口占总人口比重来作为人口出生率的工具变量，采用带有工具变量的两阶段最小矩估计方法识别出生率与经济增长率之间的因果关系。[1] 两位学者首先利用少数民族人口占当地人口的比重作为出生率的工具变量，对滞后 1 期的人口出生率进行第一阶段的回归分析。由于计划生育政策影响大部分的汉族人口，而对少数民族人口影响较弱，因此如果当地少数民族人口比重越高，那么当地人口的出生率也相应越高；反之，如果当地少数民族人口比重越小，当地受计划生育政策的影响较强，出生率也会相应较低。第一阶段的分析结果与假说基本一致，少数民族人口越高的地区对出生率具有显著的正向相关影响，少数民族地区人口比重越高，出生率也相对较高。接下来，两位作者又给出了使用两个不同的系统性和差分性最小距估计（GMM）模型的第二阶段估计结果，实证结果最终表明出生率每增加 1 个百分点，经济增长率将会下降 2 个百分点左右。通过自 20 世纪末到 21 世纪初中国政府实行的计划生育政

---

[1]　Li, Hongbin, and Junsen Zhang, "Do High Birth Rates Hamper Economic Growth", *Review of Economics and Statistics*, 89(1), 2007, 110-117.

策所提供的自然实验证据，我们可以看到，人口出生率的增加的确会减缓经济增长速度。尽管马尔萨斯的观点是对19世纪之前世界经济增长情况的总结，但直到今天依然可能是有效的。

（二）人口红利与老龄化

除了人口规模与出生率对经济增长产生影响外，人口年龄结构也对经济增长产生较大的影响。在人口年龄结构中，较为重要的是人口红利和人口老龄化与经济增长之间的关系。

人口红利主要是指劳动力人口相对于被扶养人口更加充裕。而人口老龄化则与人口红利相反，即劳动力人口小于被扶养人口。在经济学中，人口红利的指标通常是劳动人口比，或者劳动人口比的倒数。其中，劳动人口主要是指大于15岁低于65岁的人口，被扶养人口则是指16岁以下和65岁以上的人口。劳动人口比即劳动人口与被扶养人口之间的比例。因此，这个比例越高，人口红利越多。反之人口红利越小。而人口老龄化的指标是指65岁以上被扶养人口占全部人口的比例或其倒数，该比例越高，人口老龄化问题越严重；反之老龄化问题越小。从中可见，人口红利和人口老龄化是同一个问题的两面。

人口红利和人口老龄化影响经济发展的内在机制主要有以下几个方面：

1．扶养负担与经济增长

当存在人口红利时，扶养负担相对较轻，这使更多的收入变为投资投入到生产过程中而不是消费。一般而言，未成年人较多，家庭消费支出较多，储蓄下降，投资减少，从而不利于经济增长。另外，当老年人增加的时候也有同样的效果。因为老年人退出劳动力市场，收入得不到保障，所以成为消费的主体。一个国家拥有更多的老年人，将会把更多的资源用于消费而非投资，从而阻碍资本的形成，影响长期经济增长。

2．劳动力供给

存在人口红利的国家，劳动力供给比较充沛。劳动力供给的增加使劳动力用工成本降低，在对外经济中，较低的劳动力成本有助于增加出口的优势。在改革开放40年中，中国快速的经济发展正是得益于此。一方面，中国人口基数庞大，劳动力人口持续上升，劳动力总量迅速增长。另一方面，通过农村移民人口流动，大量剩余劳动力涌入东部沿海城市，由此导致中国沿海地区出口企业获得竞争优势，进而促进经济增长。

3．人力资本与创造性

人力资本与技术进步是促进经济增长的重要决定因素。而人口红利，特别是青年群体庞大，将意味着在人力资本存量上具有显著的优势，如果在教育可以跟进的前提下，将会有更多的创造和发明。因此，具有人口红利的国家具备持续的人力资本供给和技术创新能力，从而实现持续的经济增长。

4. 储蓄

根据美国经济学家莫里迪亚尼提出的生命周期假说[1]，人们一般在青年时期增加储蓄，以防年老收入减少时生活受到影响。因此，如果一个国家年轻人口群体占比较高，那么居民的储蓄率较高，储蓄的增加会导致投资的不断增加，经济增长也会较为迅速。相反，如果一个国家处于老龄化状态，那么储蓄将会变得很低，消费较高，投资萎缩，经济增长也会受到持续影响。

（三）性别比例与储蓄

性别比例是人口结构的另外一个重要方面。性别比例失衡也可能会对经济增长产生影响。来自哥伦比亚大学大学的魏尚进与北京大学国家发展研究院的张晓波两位学者在其 2011 年的一份研究中，对性别比例与经济增长之间关系进行了考察。[2]

在过去的 40 年，中国经济获得了巨大的发展，经济增长速度在平均 9% 以上。之所以取得这样的成绩，这与中国较高的储蓄率密不可分。1990 年，中国储蓄率占收入比重仅有 16%，而到了 2007 年中国居民储蓄率达到了 30%。那么为什么中国会出现这样

---

[1]　Modigliani Franco, and Richard H. Brumberg, "Utility Analysis and the Consumption Function: An Interpretation of Cross-Section Data", Kenneth K. Kurihara (editor), *Post-Keynesian Economics*, New Brunswick: Rutgers University Press, 1954, 388-436.

[2]　Wei, Shangjin, and Xiaobo Zhang, "The Competitive Saving Motive: Evidence from Rising Sex Ratios and Savings Rates in China", *Journal of Political Economy*, 119(3), 2011, 511-564.

高的储蓄率呢？两位学者认为，如此高的储蓄率实际上可能与中国失衡的性别比例有着非常密切的关系。

图 6.13 给出了 1975—2007 年中国性别比例以及储蓄率变化的情况。由图 6.13 可见，1980 年以来，储蓄率与中国性别比例一直呈现同步增长的态势。因此，他们认为，中国在 20 世纪 80 年代初期开始实行计划生育政策，由于中国固有的传统观念，男孩与女孩相比往往受到更多的偏爱，因此部分家庭通过医疗技术干预导致更多男孩出生，这对中国的性别比例产生影响。自 20 世纪 80 年代以来，男女性别比例持续上升，呈现出男多女少的现象。而男多女少的现象产生的一个重要结果是婚恋市场男性婚配竞争更加激烈，女性变得更加具有竞争力。男性如果想在婚恋市场上获得优势，就必须具备一定物质条件，例如买房、买车。而买房买车增加了拥有男孩的家庭的储蓄倾向。

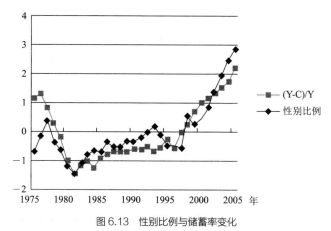

图 6.13　性别比例与储蓄率变化

资料来源：Wei, Shangjin, and Xiaobo Zhang, "The Competitive Saving Motive: Evidence from Rising Sex Ratios and Savings Rates in China", *Journal of Political Economy*, 119(3), 2011, 511-564。

　　在表 6.2 中作者给出了他们利用中国家庭收入（Chinese Household Income Project, 2002）得到的调查数据家庭结构储蓄动机的结果。从一个核心家庭三口之家来看，与子女相关的储蓄占有较大比例，超过了 80% 以上。拥有男孩的家庭要比拥有女孩的家庭在储蓄上多出 5.8%。此外，从储蓄动机的具体内容方面来看，教育与婚姻是主要储蓄的原因。而且在婚姻动机上面，拥有男孩的家庭要比拥有女孩的家庭多 11.5%。此外，拥有两个孩子的四口之家基本上与三口之家情况一致。由此可见，子女婚姻是父母储蓄的一个非常重要的动机，而且拥有男孩的家庭要比拥有女孩的家庭有更多的储蓄倾向。

表6.2　　　　　　　　　中国不同家庭储蓄原因

	三口之家		四口之家			所有家庭
	女孩	男孩	均为女孩	一男一女	均为男孩	
全样本						
直接与孩子相关的储蓄	86.4	92.2	86.4	94.0	96.1	78.2
孩子的婚礼	18.3	29.8	22.0	34.0	37.4	33.0
孩子的教育	75.9	79.2	75.7	82.1	80.4	52.0
留给孩子的遗产	12.5	11.9	10.2	8.9	6.8	13.8
与孩子无直接相关的储蓄	69.6	59.2	72.3	56.0	55.9	69.5
建房	19.7	20.2	20.3	24.3	26.7	18.3
退休	45.5	37.3	45.8	27.9	22.8	47
医疗花费	14.2	6.1	14.7	7.5	8.5	18.9
其他	8.9	7.1	2.3	8.2	11.7	9.5

　　资料来源：Wei, Shangjin, and Xiaobo Zhang, "The Competitive Saving Motive: Evidence from Rising Sex Ratios and Savings Rates in China", *Journal of Political Economy*, 119(3), 2011, 511-564。

在后续的实证研究中，作者发现，无论在 7—21 岁哪一个年龄组群，男女性别比例越高，储蓄率越会得到增加，而且这一实证结果具有相当强的稳健性。从这一研究可见，性别比例作为人口结构的一个重要方面，它的失衡在某些情况下对经济增长有较强的促进作用。这也成为理解某些存在"消失女性"国家或地区具有高储蓄率和持续经济增长的重要视角。

三　人口规模的决定因素

（一）死亡率与生育率

人口变化与生育率和死亡率密不可分，人口增长是人口死亡率与出生率共同作用的结果。当人口死亡率大于出生率，人口数量减少；当人口出生率大于死亡率，人口数量增加。

1. 死亡率变迁

死亡率是指每 1000 人中死亡人数的比例。而死亡率变迁是指在近 200 年里，死亡率呈现出逐渐递减的特征。这一变化已经成为人口转型的重要特征之一。死亡率变迁的一个重要表现就是人均预期寿命的持续上升。

（1）发达国家死亡率变迁。图 6.14 首先给出了发达国家死亡率变迁的特征。18 世纪中叶之前，发达国家人均寿命没有任何提高。但是，1800 年之后，工业化国家的平均预期寿命获得显著提高。平均预期寿命从 18 世纪中叶的 38 岁上升到 2000 年前后的 75 岁。此外，我们还发现，发达国家死亡率变迁所经历的时间大约为 200 年，时间持续较长。

平均预期寿命（年）

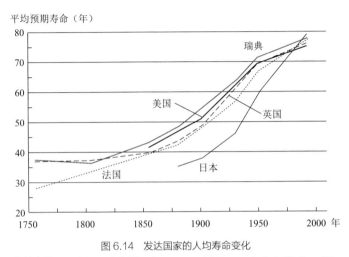

图 6.14　发达国家的人均寿命变化

资料来源：M Livi Bacci, "Abbondanza e scarsitá. Le popolazioni d'Italia e d'Europa al passaggio del millennio", *il Mulino*, 0027-3120, 1997, 993-1009。

（2）发展中国家死亡率变迁。而接下来的图 6.15 给出了发展中国家的死亡率变迁过程。首先，从图 6.15 可以看到，在 20 世纪中叶之前，平均人均寿命没有任何变化，广大发展中国家平均预期寿命大约 30 岁。然而，在 20 世纪中叶之后，发展中国家平均预期寿命获得显著提高，从世纪初的 30 岁左右，上升到世纪末的 60 岁。平均预期寿命增加了 1 倍。

此外，我们还发现这一变化是随着发展中国家收入不断提高而实现的，而且发展中国家发生死亡率变迁时所花费的时间要远远低于发达国家所花费的时间，至少要少 100 年左右。例

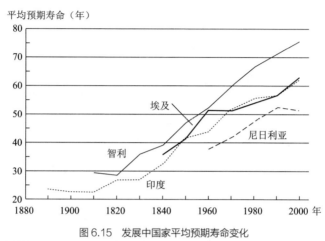

图 6.15　发展中国家平均预期寿命变化

资料来源：S Kalemli-Ozcan, "Does the Mortality Decline Promote Economic Growth?", *Journal of Economic Growth*, 7(4), 2002, 411-439。

如表 6.3 给出了法国与印度平均预期寿命变化的差异。平均预期寿命均达到 56 岁，我们发现印度发生在 1980 年，而法国则发生在 1930 年，印度比法国整整晚了 50 年。但同时可以看到，当印度实现平均预期寿命达到 56 岁时，人均 GDP 为 1239 美元，而法国实现该水平时，人均 GDP 为 4998 美元，是印度的 4 倍左右。由此可见，发展中国家实现死亡率变迁所花费的成本比发达国家要低。

表 6.3　　　　　　　　发达国家与发展中国家死亡率转换差异

国家	年份	预期寿命（岁）	收入水平（2000 年美元）
印度	1980	55.6	1239
法国	1930	56.7	4998

资料来源：世界银行（https://data.worldbank.org.cn/）。

为什么会出现死亡率转换呢？这里主要有三个重要因素：一是生活水平的持续提高，特别体现在食物数量和质量的改善。工业革命以前，人们长期营养不良，增加了死亡的概率。工业革命之后，收入不断增加，不仅营养得到改善，而且住房环境的改善也使人们的卫生习惯得以改变，勤换衣服勤洗澡，最终减少患病的概率。二是公共卫生条件的改善，人们可以获得干净的食物与生活环境。三是医疗水平的进步，包括保险制度的建立、医疗技术的提高等。特别是医疗知识的储备与医疗技术的发展，使人们可以对更多的疾病提供治疗方案，由此增加了患病者康复的概率，降低死亡率。

2. 生育率变迁

生育率是指到一定年龄的妇女生育孩子的数量。但对于国家而言，一般采用总和生育率作为生育率的度量指标。总和生育率（Total Fertility Rate）主要是指一个育龄妇女[1]生育孩子的平均数量。图 6.16 给出了美国 1860 年至 2010 年总和生育率的变化情况。从中可见，在最近的 140 年里，美国的总和生育率持续下降。从 20 世纪中叶平均 5 个孩子，一直下降到 21 世纪初的 2 个孩子左右。而且我们还发现，全世界的总和生育率变化基本与美国相同，均呈现显著下降的特征，如图 6.17 所示。但是，发达国家与发展中国家的特征有所不同。首先，发达国家总和生育率下降较早，20 世纪 30 年代发达国家总和生育率已

---

[1]　通常认为妇女的育龄期为 15—44 岁。

经降至 2 人左右。而发展中国家变化则较晚，从 20 世纪 60 年代总和生育率才开始下降，直至 21 世纪初下降到 2 人左右。此外，发达国家与发展中国家总和生育率发生变化的时间也存在差异。发达国家，如美国，总和生育率从 5 人降到 2 人大致经

总和生育率（人）

图 6.16　1860—2010 年美国的总和生育率

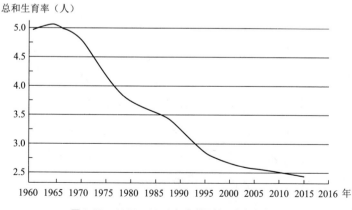

总和生育率（人）

图 6.17　1960—2016 年全世界总和生育率变化

资料来源：世界银行（https://data.worldbank.org.cn/）。

历了 63 年；而发展中国家，例如印度尼西亚用了 15 年。

（二）生育决策

1. 生育决策的基本模型

生育是由什么因素决定的呢？诺贝尔经济学奖得主加里·贝克尔（Gary S.Becker）在《家庭经济分析》[1] 中利用经济学的成本收益分析对家庭的生育决策行为进行分析。

在经济学的成本收益分析框架下，从收益的角度，父母养育子女有两种功效。一是将孩子看成耐用消费品，给父母带来快乐；二是将孩子看作投资品，将来可以养儿防老。从成本角度来看，生育孩子需要父母投入时间和金钱。由此可见，对于一个家庭而言，决定是否生育，生多少个孩子，可以利用标准的成本收益分析来进行分析。由于存在边际效用递减规律，随着孩子数量的增加，孩子所能带来的效用是下降的。与此同时，孩子的边际成本也在不断地递减。因此，当边际效用等于边际成本时，最佳生育孩子的数量得以确定，即两条曲线相交时的数据，如图 6.18 所示。

什么因素会导致边际成本和边际效用移动呢？贝克尔认为，边际成本和边际效用曲线主要受以下几个因素影响：一是父母的收入水平。当父母收入水平高时，养育孩子的机会成本也高。

---

[1]　Gary S. Becker, *A Treatise on the Family*, Harvard University Press, 1981.

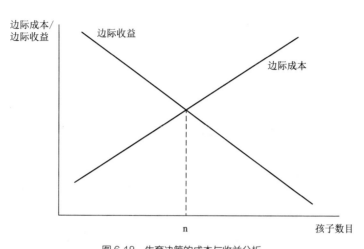

图 6.18 生育决策的成本与收益分析

资料来源：Gary S. Becker, *A Treatise on the Family*, Harvard University Press, 1981。

父母收入的增加可能使其更愿意消费其他消费品，最终导致生育意愿下降。二是社会的总收入水平以及与此相关的人力资本的回报。当社会总收入水平提高和人力资本增加时，社会更加倾向于采用人力资本较为密集的技术，由此导致人力资本回报的提高。家庭的一个理性选择则是少生孩子，但要提高孩子的教育投资，即数量与质量的替代权衡。三是父母的教育水平。较高的教育水平提高了妇女生育孩子的成本，同时降低了生孩子所带来的收益。由此可见，具有较高教育水平的父母会对生育子女数量进行权衡。四是母亲的劳动参与。如果母亲不参与劳动力市场，可以提高养育孩子的边际效用。与此同时，不参与劳动力市场养育孩子的机会成本也较低，此时选择多生育子女是较好的选择。但是，如果女性一旦参与劳动力市场，养育子女的机会成本得以增加，子女的边际效用降低，从而导致较低的生育。五是社会保障制度。在社会保障制度建立的前提下，人们处于老年化状态时，收入来源可以得到保障，养儿防老的意图减弱，生育孩子的边际回报会下降。六是一些社会习俗可能影响生育行为。例如在亚洲文化圈一些地区有传宗接代的文化传统，这有可能导致生育率偏高。又如，基督教中的哈特派（Hutterites）强调生育，初婚年龄早，而且夫妻从不采取节育措施，从而导致高出生率。

2. 生育选择的实证证据

（1）人力资本与生育率。美国科罗拉多大学的薛华 (Carol H. Shiue) 在《经济增长》杂志（*Journal of Economic Growth*）上发表了一篇名为"前工业社会人力资本与宗族生育"（*Human Capital and Fertility in Chinese Clans before Modern Growth*）的文章，这是体现社会总收入和人力资本总体上升对生育行为产生影响的一个典型代表。[1] 作者主要通过对中国明清时期安徽桐城族谱数据进行分析，研究发现，在 13 世纪至 19 世纪时期，中国人口生育也出现了类似西方工业革命后期人口数量与质量相互替代的人口转换现象。社会身份越高即收入越高的家庭，家庭规模越大，但是不同阶层的家庭也有所差别，随着家庭社会层级逐渐上升，家庭规模呈现逐渐缩小的特征。由此可见，社

---

[1] Carol H. Shiue, "Human Capital and Fertility in Chinese Clans before Modern Growth", *Journal of Economic Growth*, 22(4), 2017, 351-396.

会地位或者说收入与生育家庭规模之间呈现显著的负向影响。此外，17世纪中国的科举考试提高了人力资本的回报率，可以看出家庭规模越大，教育水平越低，而在家庭规模较小的家庭，则有更强的意愿让儿子参加科举考试。这一结果在较低社会等级的家庭中并不明显，但是在较高社会层级的家庭中，质量与数量之间的替代关系较为清晰。尽管中国处于近代化欧洲之外的前工业化社会，但是生育行为已经存在质量与数量之间的替代关系。

（2）分家制度与生育选择。关于如何有效控制人口，马尔萨斯在《人口学原理》这本经典著作中分别提出西方世界的"抑制性"生育模式与非西方世界的"现实性"生育模式。这两种生育模式的区分作为马尔萨斯理论遗产，对后世影响深远。然而，自20世纪90年代以来，中国是否也存在"抑制性"生育模式一直是历史人口学家广泛争论的问题。

自18世纪以来，中国人口从1700年初的1.6亿人迅速增加到1800年的3.5亿人，到1950年又增加到近6亿人，而在这一过程中，诸如太平天国战争、"丁戊"奇荒等天灾人祸的发生对人口进行"现实性"抑制，造成大量人口死亡。这些不争的事实似乎证实了马尔萨斯有关"现实性"生育模式的结论。然而，这一观点受到许多利用微观人口数据进行中国人口学研究的学者的质疑。其中，李中清、王丰等学者利用清皇室玉牒、辽宁省道义屯旗人户口册以及刘翠溶、彭希哲、侯杨方等学者利用族谱数据重新讨论了清代以来的中国人口变化，他们发现，来自家庭内部的抑制作用要远远大于外部的抑制作用，而且并未发现有显著的人口增长。特别是李中清与王丰在其著作《人类的四分之一：马尔萨斯的神话与中国的现实·1700—2000》[1] 中认为，在传统的集体主义文化支配下，中国家庭通过溺婴等其他避孕手段成功地降低了婚内生育率，从而在 18 世纪实现了人口转型。以上这些似乎形成了对传统马尔萨斯有关中国人口生育模式假说的一种挑战。

　　为何会出现近代中国家庭人口规模下降，从而对现有马尔萨斯人口生育模式假说形成挑战呢？现有研究主要从两个方面进行讨论：一是家庭内部生育控制的结果。例如，李中清与王丰的研究发现，中国传统社会不仅存在避孕和人工流产等这些人为控制生育的事实，也存在大量溺婴（特别是女婴）的证据。特别是溺女婴的行为也会通过改变社会年龄性别结构，对长期生育结果产生影响。二是宗族组织对家庭规模的影响。清代以来之所以有较低的人口生育率，宗族制度扮演了重要的角色。大宗族的家长不仅对所有家庭成员拥有绝对的权威，而且可以决定家族成员的婚姻、生育甚至死亡。尽管以上两方面可以为近代中国出现较低生育率提供解释，但这未必是全部。特别是在中国传统社会中，与生育行为、财产分割有密切关联的分家制度是否也会对生育行为本身产生影响呢？近期我们研究团队

---

[1]　李中清、王丰：《人类的四分之一：马尔萨斯的神话与中国的现实·1700—2000》，生活·读书·新知三联书店 2000 年版。

从中国传统社会财产继承制度出发，讨论了以"诸子均分"原则作为财产继承制度安排对家庭内部生育行为差异的影响。

从财产继承制度来说，东西方世界存在两种截然不同的财产继承方式。16—19世纪的欧洲（主要是英国）将长子继承家庭财产作为主要的财产继承制度，即长子继承制；而在东方，特别是中国传统乡村社会，则以诸子均分作为财产继承制度，即在父亲死后，家庭财产在所有儿子中平均分配。这种类似外生财富冲击的人为分家行为，可能对处于不同生育周期的儿子的生育行为产生不同的激励作用。对于分家前处于婚育周期的儿子来说，由于没有分家，大家庭的财富共同使用，家庭财富产权不清，容易产生经济学上所谓"搭便车"的行为。此时，生育行为受财富约束较少，因为养育子女的成本可以由大家庭负担，所以较低，进而有多生育的倾向。而对于那些分家前未进入婚育年龄的儿子来说，分家不仅使大家庭的财富产权明晰，而且使其初始经济条件被改变，严格的经济约束对其生育行为产生负向影响，抑制生育。然而令人遗憾的是，截至目前，仍未有相关研究对此问题进行理论分析和提供实证证据。为揭示传统社会分家析产继承制度对生育行为的影响，我们不仅以生育行为决策模型，以及"搭便车"理论为基础对分家与生育行为之间的关系进行理论刻画，同时采用浙江省松阳县石仓《阙氏族谱》，以及与之匹配的分家文书进行分析。

通过对1691—1925年的1624个家庭不同代际家庭儿子出生次序与其相应生育水平进行考察，研究发现，不同出生次序的儿子生育子女数量之间存在显著差异，随着出生次序的逐渐降低，生育子女的数量逐渐减少。出生次序每增加一个单位，生育水平减少 0.3 人。这意味着出生次序越靠后的儿子越享受不到大家庭所带来的公共福利，而分家析产造成的财富冲击对其生育行为产生负面影响。由于出生次序的结果还不足以完全揭示这一生育行为的差异，接下来我们对族谱与分家书内的时间信息进行了整理，将分家时年龄尚未进入生育周期的儿子与兄长的生育行为进一步对比，发现在其生育周期内，其生育水平比其兄长平均减少 0.8 人。这与之前采用族谱大样本分析的结果相一致。

此外，在分析的过程中，我们对为什么分家制度会对生育行为差异产生影响的内在机制进行分析。分家析产之所以对生育行为产生影响，除了分家本身造成财富冲击外，分家时初始的财富水平也很重要。只有当家庭财富减少到一定程度，导致分家后的财富不足以供养更多子女时，分家作为财富冲击对生育行为的影响才更为突出。这一研究不仅讨论了财富对生育行为的影响，更是为分家制度与生育行为之间的关系提供了理论分析与实证证据。

四 结束语

本章主要对当前与历史上世界人口数量、人口质量以及人口结构等特征的变化进行介绍，不仅对当前人口特征与问题进行了解和思考，而且也对人类过去 200 多年人口转型等问题的相关理论和内在决定机制进行了总结。

我们可以深刻感受到，人口在经济增长过程中扮演着非常重要的角色。人口不仅仅是促进经济发展的重要动力，同时也是阻碍经济发展的重要因素。人口不仅是生产的重要投入要素，也是消费的重要来源。因此，对世界各经济体而言，人口问题的思考与相关政策的制定，对其长期持续经济发展起着非常重要的作用。

第七章
撒旦的诅咒：瘟疫、疾病与经济发展

在第六章，我们介绍了人口与经济发展之间的关系，以及人口数量的变化趋势及其决定因素。从中可见，死亡率对人口存量具有十分重要的影响。而在众多影响死亡率的因素中，疾病、瘟疫与健康防治对世界各国之间死亡率的变化差异又扮演着非常重要的角色。特别是在非洲地区，由于地处热带，地理环境较为恶劣，很多致命性疾病如血吸虫病、疟疾等频发。这些高致命性传染病的暴发对当地人口造成了巨大冲击，影响当地的人力资本和劳动力投入，进而成为经济发展的重要障碍。因此，这些生态因素也成为非洲以及热带地区经济恶化的重要根源。

本章试图揭示瘟疫、疾病与经济发展之间的关系。然而，在讨论之前，仅仅通过当前疾病、瘟疫与经济发展的数据进行考察是有一定困难的。主要有以下两个原因：一是现代医疗技术的发展可能缓解疾病、瘟疫对经济发展的影响；二是现代国家治理也可能缓解疾病、瘟疫对经济发展的影响。因此，通过历史上重大疾病、瘟疫等事件对经济发展影响的考察以及历史经验的获得显得格外重要。

本章的主要结构安排如下：第一部分给出当前世界各国健康水平的基本情况；第二部分主要对疾病是否影响经济发展进行考察，提供相关的实证证据；最后结合历史经验对疾病影响经济发展的内在机制进行考察。

一　世界各国健康水平差异

在考察疾病、健康对经济发展影响之前，我们先对当前世界各国健康发展差异进行简单了解。经济学家通常采用平均预期寿命、5 岁以下儿童死亡率、营养摄入量、人体体征指标、残疾调整生命年以及医疗卫生总支出作为健康的度量指标。

（一）平均预期寿命

平均预期寿命是经济学家衡量一个国家和地区健康水平的重要指标。平均预期寿命主要是指如果健康条件和生活情况在其一生中均维持在出生时的水平，一个新生儿可以生存的平均年数。该指标反映了一个国家的健康状况以及人们可以得到的卫生保健的质量。由图 7.1 可见，从 20 世纪 30 年代至今，世界人口的总体平均预期寿命呈现逐渐上升的态势。特别在第二次世界大战之后，平均预期寿命显著增加，从 20 世纪 30 年代的

46 岁逐渐上升到 2016 年的 74 岁。

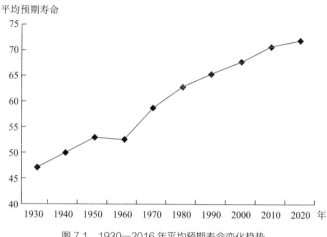

图 7.1　1930—2016 年平均预期寿命变化趋势

资料来源：世界银行（https://data.worldbank.org.cn/）。

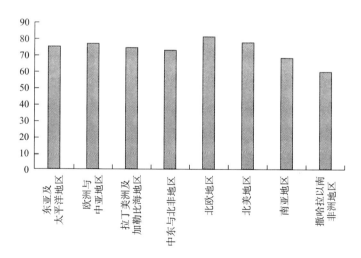

图 7.2　2016 年世界主要地区平均预期寿命（单位：岁）

数据来源：世界银行（https://data.worldbank.org）

虽然全世界整体平均预期寿命显著提高，然而在全世界范围内平均预期寿命分布极不平衡。图 7.2 展现了世界各地平均预期寿命的情况。我们发现，美洲、欧洲等发达国家和地区平均预期寿命较高，部分国家和地区平均预期寿命达到 83 岁。但在一些发展中国家和地区，平均预期寿命较低，尤其是非洲、南亚和东南亚地区。而在撒哈拉以南非洲地区，平均预期寿命仅有 45 岁左右。从这一分布可以清晰地看出，平均预期寿命与各个国家和地区的经济发展水平高度相关，高收入国家和地区平均预期寿命较高，低收入国家和地区平均预期寿命较低。

（二）5 岁以下儿童死亡率

衡量健康的第二个非常重要的指标是 5 岁以下儿童死亡率（Under-five Mortality Rate）。5 岁以下儿童死亡率主要是指每 1000 名儿童中 5 岁之前的死亡概率。由于 5 岁以下儿童身体免疫系统尚未建立，身体发育对外界营养摄入依靠较大，因此在这一阶段很容易感染疾病引发死亡，因此 5 岁以下儿童死亡率被用来作为一个衡量国家或地区健康水平的重要指标。图 7.3 给出了 1990—2015 年全世界 5 岁以下儿童死亡率变化趋势，从 20 世纪 90 年代到 2015 年，全世界 5 岁以下儿童死亡率整体呈持续下降趋势，从 9.2% 下降到 4.1% 左右。但是从地区分布来看，与平均预期寿命情况一致，撒哈拉以南非洲与南亚地区依旧是健康水平最差的地区（如图 7.4 所示）。

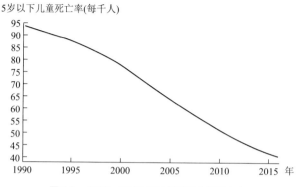

图 7.3　1990—2015 年 5 岁以下儿童死亡率

资料来源：世界银行（https://data.worldbank.org.cn/）。

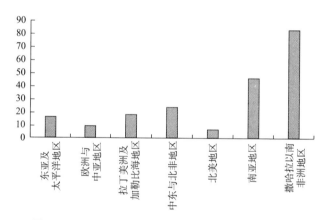

图 7.4　2016 年世界主要地区 5 岁以下婴儿死亡率（每千人）

数据来源：世界银行（https://data.worldbank.org）

（三）营养摄入量

营养不良是发展中国家主要的健康问题之一，营养不良的人时常旷课、旷工，对劳动力供给和人力资本积累产生影响。因此，营养摄入是一个更加直接的健康指标。虽然营养摄入非常重要，但是每个国家饮食结构和饮食习惯完全不同。例如，日本、朝鲜饮食以米饭为主，而在另一些国家，比如英国，薯条、面包成为主要食物。为了避免各个国家饮食结构和饮食习惯的差异，经济学家一般采用每日获取的能量进行度量。具体而言，就是将每日摄取的食物转换成卡路里。例如在发达国家，每个成年男子热量供应在3000—3500卡路里，而贫穷国家成年男子的日均热量供应少于2000卡路里。如果从人们每日热量供应的动态变化来看，我们将会发现，发达国家与发展中国家也存在显著的差异。英国在18世纪完成工业革命之前，一个成年男子日均摄取能量为2944卡路里，20世纪80年代日均摄取能量为3701卡路里。相应的亚洲国家如韩国，在成为高收入国家之前，1962年一个成年男子日均摄取能量为2214卡路里，而到了1995年成为高收入国家时，日均摄取能量为3183卡路里。

根据以上论述，我们发现发展中国家和发达国家在热量摄取方面的三个基本特征。一是日均能量摄取无论是发展中国家还是发达国家均呈现逐渐上升的趋势。二是发达国家实现营养摄取提升所需要的时间至少经过200年的时间，而发展中国家实现这一转变所花费的时间较短，以韩国为例仅为33年。三是营养摄取量与经济发展水平高度相关（如图7.5所示），随着人均GDP的增加，营养摄取量也呈现逐渐上升的趋势。例如美国

2002 年人均 GDP 达到 3.8 万美元，营养摄取量为 3600 卡路里，而刚果 2002 年人均 GDP 仅为 250 多美元，卡路里摄入量仅为 1600 卡路里。

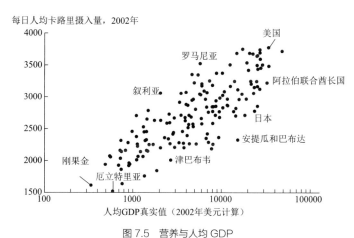

图 7.5　营养与人均 GDP

资料来源：FAOSTAT 数据库；Heston, Summers, and Aten（2006）。

（四）人体体征指标

除以上指标外，人体体征也是度量健康水平非常有效的指标，如身高、体重和身体质量等。因为这些指标与人体营养直接相关，它们代表了人体营养结果，例如，如果人们摄取营养越多，身高也可能越高；相反，人们摄取营养越少，营养不良，身高也就越矮。图 7.6 给出了 1810—1980 年全世界主要地区身高的动态变化。在 1810 年前后，欧洲地区人均身高为 166 厘米左右，但是随着工业革命的深入开展，人均身高得到普遍提高，到 1980 年前后，欧洲地区平均身高为 178 厘米。与此同时，世界其他地区平均身高也在发生变化。例如，在 19 世纪初期，拉丁美洲和东亚地区平均身高为 164 厘米，但随着时间变化，截至 1980 年，这两个地区的平均身高也达到了 170 厘米。由此可见，自工业革命以来人口质量在健康方面显著提升。

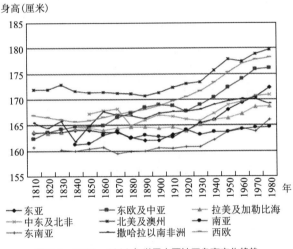

图 7.6　1810—1980 年世界主要地区身高变化趋势

资料来源：Joerg Baten, and Matthias Blum, "Growing Tall but Unequal: New Findings and New Background Evidence on Anthropometric Welfare in 156 Countries, 1810-1989", *Economic History of Developing Regions*, 27(1), 2012, 566-585。

（五）残疾调整生命年

残疾调整生命年 (Age-standardized Disability-adjusted Life Year，DALY) 是世界卫生组织用来衡量一个国家或地区健康水平的一个有效方法。其计算方法如下：

$$DALY=N \times L+I \times W \times D$$

其中，N 表示因某种疾病而死亡的人数；L 表示死亡年龄时的平均预期寿命；I 表示疾病的发病数；W 表示伤残权重，即疾病的致残率；D 表示疾病的平均持续时间。第一个因子 N×L 表示因疾病而死亡所失去的年数；第二个因子 I×W×D 表示因伤残而失去的年数。由此可见，DALY 度量的是从发病到死亡所损失的全部健康寿命年，包括因早死所致的寿命损失年和疾病所致伤残引起的健康寿命损失年两部分。DALY 是生命数量和生命质量以时间为单位的综合度量。

残疾调整生命年之所以重要，主要是因为它考虑了不同疾病的发生率，并且对年龄结果、性别结构等进行了综合考虑和度量。特别是可以解决以下难以解决的问题，例如，存在两种疾病，一种疾病经常发生，虽然不致命，但对人们的健康产生不利影响；另一种疾病不经常发生，但几乎是致命的。残疾调整生命年恰恰可以对两种疾病发病对健康寿命的影响进行综合考察。残疾调整生命年主要有以下几个重要的应用：首先，它可以对全球或者一个国家、地区疾病负担情况进行动态追踪与监测，与此同时，也可以对已有公共卫生计划进行评价，对医疗卫生资源干预进行评价；其次，通过对不同地区、不同年龄、不同性别、不同疾病进行 DALY 分析，可以明确重点防治疾病、重点人群、重点地区，进而为卫生医疗资源的投放提供依据和指导等。根据世界卫生组织最新提供的报告，残疾调整生命年最长的地区在非洲特别是撒哈拉以南非洲地区，而欧洲、北美等经济发达地区的残疾调整生命年较短。由此可见，通过残疾调整生命年这一指标，可以看到当前世界不仅存在健康差异，而且撒哈拉以南非洲地区受到的健康影响较大。

（六）医疗卫生总支出

以上五个指标均是从健康结果的角度来展现一个国家或地区的健康水平。但是，对于健康供给的情况我们一无所知，因此最后一个指标是医疗卫生支出占 GDP 的比重，作为世界健康水平差异的度量指标。图 7.7 给出了 1996—2014 年全世界医疗卫生总支出占 GDP 的比重变化。从医疗卫生支出占 GDP 的动态变化趋势可以看到，在 1996 年全世界医疗卫生总支出占 GDP 的比重平均仅为 8.5%，但在 2000 年左右呈现出较快上升的变化趋势，直到当前的 9.7% 左右，上升了 1.2 个百分点。由此可见，全球卫生医疗供给得到显著提高。另外从世界各国的支出水平来看，地区之间依然存在较大差异（如图 7.8 所示）。发达国家和地区，例如北美和欧洲，对卫生医疗支出较多，而且部分国家还配有医疗保险保障，而在发展中国家，特别是中下等收入国家，例如撒哈拉以南非洲地区，医疗总支出占 GDP 的比重较低，而且没有任何医疗制度保障。

从上述健康指标来看，无论是发展中国家还是发达国家，

医疗卫生支出占GDP比重(%)

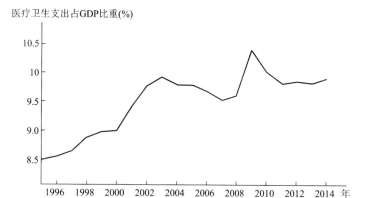

图 7.7　1996—2014 年全世界医疗卫生总支出占 GDP 的比重变化

资料来源：世界银行（https://data.worldbank.org.cn/）。

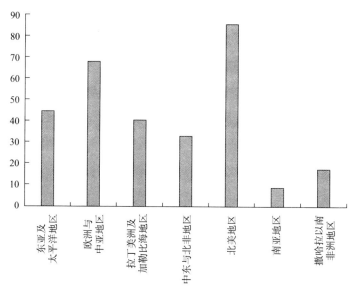

图 7.8　2016 年世界各主要地区医疗卫生支出占 GDP 比重（%）

数据来源：世界银行（https://data.worldbank.org）

在 20 世纪中叶均出现了健康水平普遍上升的趋势。那么全世界健康水平为什么会在这一时期发生这种变化呢？这一现象的出现主要得益于在 20 世纪上半叶重大医学突破对人们健康所产生的巨大影响，即流行病学转型（Epidemiological Transition）。

流行病学转型与 20 世纪早期几项重大医学突破密不可分。这些医学创新主要包括以下三个方面：一是抗生素的发明。青霉素是杀灭细菌的第一种有效抗生素药物。[1] 青霉素和其他抗生素在 20 世纪 50 年代先后得到了广泛的使用。因此，例如霍乱、痢疾、肺炎等流行性传染病得到有效治疗。二是第二次世界大战后滴滴涕的使用。[2] 滴滴涕的广泛使用使其在疟疾、痢疾、黄热病等疾病的治疗中大显身手，最终使许多发展中国家根除痢疾和黄热病。最后是医疗卫生制度的创新。主要表现是第二次世界大战之后，在 1948 年成立了世界卫生组织（World Health Organization，WHO）。世界卫生组织的成立为全球疾病防治以及公共卫生事件防控提供了良好的协调服务与指导。20 世纪末，

---

[1] 青霉素作为世界上第一种抗生素，于 1928 年由英国细菌学家亚历山大·弗莱明（Alexander Fleming）首先发现。但由于技术所限，弗莱明未能把青霉素分离出来，而且科研成果也未能受到学界重视。1941 年，英国病理学家霍华德·弗洛里（Howard Walter Florey）与生物化学家钱恩（Ernst Boris Chain），开始对青霉素进行分离与提纯化。1943 年，制药公司已经可以批量生产青霉素用于临床治疗。弗莱明、弗洛里和钱恩因"发现青霉素及其临床效用"于 1945 年共同荣获了诺贝尔医学奖。

[2] 滴滴涕（DDT）虽然在 19 世纪末被合成出来，但直到 1939 年才被瑞士化学家米勒（Paul Hermann Müller）作为杀虫剂所发掘。由于滴滴涕作为杀虫剂几乎对所有的昆虫都非常有效，因此在第二次世界大战期间，滴滴涕的使用范围得到扩大，不仅在防治通过昆虫传播的流行性传染疾病方面表现突出，而且也促进了农作物的增产。

某些烈性传染性疾病如天花和小儿麻痹等被完全消灭，世界卫生组织功不可没。

二 健康提升促进经济发展吗？

经济学家认为，健康水平与经济发展之间具有紧密的联系，疾病的减少和健康水平的提高不仅可以提高劳动力的有效供给，而且还可以让人更加勤奋，提高生产效率。但是健康水平与经济发展之间真的有显著的促进作用吗？

早在 20 世纪末，一些学者如戴维德·博鲁姆 (David E. Bloom) 和杰弗里·萨克斯（Jeffery Sachs）[1]，利用跨国卫生医疗与经济发展数据对健康与经济发展之间的关系进行考察。这些研究普遍发现，一个国家总体的健康水平与经济绩效之间具有显著的正向相关关系。特别是约翰·盖洛普 (John Luke Gallup) 和杰弗里·萨克斯（Jeffrey D. Sachs）的研究表明，在非洲疟疾滋生的地区，特别是撒哈拉以南非洲地区，如果将疟疾病根除，

---

[1] David E. Bloom, Jeffrey D. Sachs, Paul Collier, and Christopher Udry, "Geography, Demography, and Economic Growth in Africa", *Brookings Papers on Economic Activity* (2), 1998, 207-295. John Luke Gallup, Jeffrey D. Sachs, and Andrew D. Mellinger, "Geography and Economic Development", *International Regional Science Revtew*, 22(2), 1999, 179-232.

那么当地人均 GDP 年增长率将增加 2.6 个百分点左右。[1] 此外，邓肯·托马斯（Duncan Thomas）和约翰·斯特劳斯（John Strauss）利用巴西的健康与经济发展数据研究发现，作为健康状态重要指标的身高与人们收入之间存在显著的正向相关关系，当人们的身高增加时，工资差异也在逐渐缩小。[2] 由此可见，健康水平的提高，不仅可以增加一个国家总体的人均 GDP，而且也可以缩小一个国家内部的收入不平等。

然而，在现有的研究中，一个比较棘手的问题是健康与收入之间存在互为因果关系的内生性问题。具体表现为，虽然健康提升与经济发展之间呈现显著的正向相关关系，但是这一结果也可能是相反的，即收入水平越高的国家提供了更好的医疗服务和医疗资源，进而促进社会整体健康水平的提升。这一双向因果关系的出现，给先前一系列关于健康水平与经济发展之间关系的讨论带来了困扰。那么健康水平与经济发展之间的内在关系究竟是什么呢？

近期德隆·阿西莫格鲁（Daron Acemoglu）与西蒙·约翰逊（Simon Johnson）两位学者利用第二次世界大战后全世界流行病学转型提供的自然实验机会，对健康水平与收入之间的因

---

[1]　John Luke Gallup, and Jeffrey D. Sachs, "Agriculture, Climate, and Technology: Why Are the Tropics Falling Behind?", *American Journal of Agricultural Economics*, 82(3), 2000, 731-737.

[2]　Duncan Thomas, and John Strauss , "Health and Wages: Evidence on Men and Women in Urban Brazil", *Journal of Econometrics*, 77(1), 1997, 159-185.

果关系进行分析。[1] 首先，作者分别展示了低收入国家、中等收入国家和高收入国家三个组别的人均 GDP 与平均预期寿命之间的时间变化趋势，如图 7.9 所示。从图 7.9（a）可见，自 20 世纪 30 年代开始，无论低收入国家、中等收入国家还是高收入国家，平均预期寿命均呈现显著上升态势，而且各收入组别之间呈现出较为显著的收敛趋势，低收入经济体与高收入经济体之间，平均预期寿命的差异从 20 世纪 30 年代相差 30 多岁缩小到当前的 10 岁左右。然而，从人均 GDP 来看，低收入国家、中等收入国家、高收入国家三个组别，虽然人均 GDP 均呈现上升状态，但是各组别之间并未出现显著的收敛过程，而且还有扩散的趋势［如图 7.9（b）所示］。

　　为了进一步揭示健康提升与经济发展之间的因果关系，德隆·阿西莫格鲁（Daron Acemoglu）及其合作者利用 20 世纪 30 年代以来流行病学转型作为健康水平的工具变量进行考察。采用流行病学转型作为平均预期寿命的工具变量背后的逻辑是，流行病学转型对于第二次世界大战后各个国家经济绩效而言是完全独立于各国经济发展之外的，因此与各经济体经济绩效之间没有直接显著的影响，但是流行病学转型对人们的健康水平有显著的影响，新医疗药物的发明与医疗技术的发展有效地提升了人们的健康水平。两位作者正是利用流行病学转型、健康

---

[1]　Daron Acemoglu, and Simon Johnson, "Disease and Development: The Effect of Life Expectancy on Economic Growth", *Journal of Political Economy*, 115(6), 2007, 925-983.

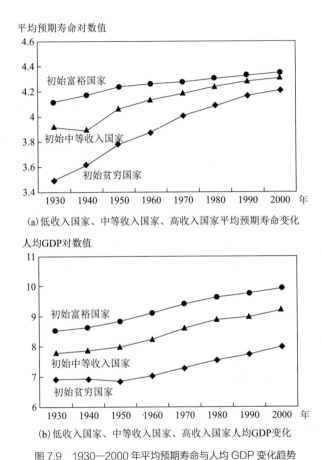

图 7.9　1930—2000 年平均预期寿命与人均 GDP 变化趋势

资 料 来 源：Daron Acemoglu, and Simon Johnson, "Disease and Development：The Effect of Life Expectancy on Economic Growth", *Journal of Political Economy*, 115(6), 2007, 925-983。

水平提升与经济发展三者之间微妙的关系来考察健康提升对经济发展的影响。实证研究结果表明，流行病学转型大大增加了各经济体的平均预期寿命，而且随着各经济体平均预期寿命的提升，各经济体中的人口数量与出生率得到了显著增加。但是令人非常惊讶的是作者在实证策略和方法上，无论是使用最小二乘法，还是使用带有工具变量的两阶段最小二乘法（2SLS），平均预期寿命的增加对人均 GDP 都没有显著的促进作用。

更为直接的结果如图 7.10 所示。图 7.10（a）给出了死亡率与平均预期寿命变化的散点图，我们从中发现，随着流行病学转型的发生，1940—1980 年的人口死亡率变化呈现出显著下降趋势。死亡率下降越多的国家平均预期寿命增加得越多。图 7.10（b）给出了 1940—1980 年死亡率的变化与人均 GDP 的变化。从中可见，死亡率变化与经济发展变化没有显著的负向关系。

那么，如何理解这一结果呢？平均预期寿命的延长相当于人口存量的增加。阿西莫格鲁与其合作者发现，平均预期寿命每增加 1%，人口数量增加 1.35%。然而，虽然按照经济增长理论，人口的增加可以提供更多劳动力投入，使产出得以增加，但随着劳动要素投入的增加也存在着劳动生产力的边际产出递减问题，更多的劳动力往往会降低平均劳动生产率。由于产出的增加幅度没有劳动力的增加幅度大，因此较低的平均劳动生产率反过来会降低人均收入水平。这意味着，预期寿命的延长对人均 GDP 的负面影响必定可以通过更好的健康水平对全要素生产率的正面影响得到补偿。然而，这种生产力的促进效应不足以抵消劳动边际产出递减效应所带来的负面影响。

此外，通过这一研究我们可以看到在疾病、健康影响经济

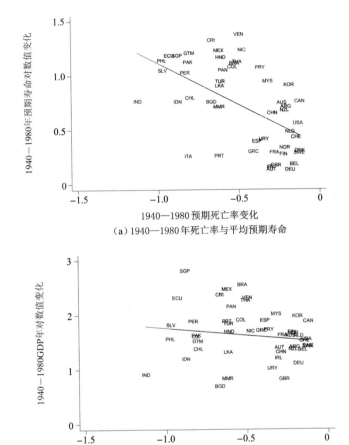

图 7.10　平均预期寿命、死亡率与人均 GDP

资料来源：Daron Acemoglu, and Simon Johnson, "Disease and Development: The Effect of Life Expectancy on Economic Growth", *Journal of Political Economy*, 115(6), 2007, 925-983。

发展背后更加复杂的机制和内容。而这正是我们将在本章第三
部分回答的内容。

三 疾病影响经济发展的内在机制

从以上分析可以看出，尽管人们相信健康水平的提高对经济发展起到非常重要的作用，但是现有的实证证据表明健康对于经济增长影响的内在机制却十分复杂，并不是可以直接识别。因此，这就需要大量的实证证据对健康、疾病、瘟疫对经济发展的影响进行识别。不过就当前研究而言，可使用的资源又是十分有限的。这不仅受制于当前疾病与瘟疫的案例，同时也受制于当前国家对卫生防疫的治理能力，以及医疗技术水平的提升等因素。因此，历史上的疾病、瘟疫的案例成为了解和识别疾病对经济发展影响的重要研究资源。

（一）血吸虫防治与人口增长

血吸虫病是我国南方地区典型的地方性传染病，具有历史悠久、覆盖范围广的特点。在 1972 年湖南长沙马王堆一号墓出土的西汉女尸内以及 1975 年湖北江陵出土的西汉男尸内均有大量典型血吸虫卵。这些考古证据进一步表明，血吸虫病在我国至少有 2100 年以上的历史。 而且在隋朝巢元方等所著的《诸病源候论·水候》中，也有关于血吸虫病的记载。血吸虫病主要是指血吸虫寄生于人体内门静脉系统所引起的疾病。该病主要是由皮肤接触含有血吸虫尾蚴的疫水，通过血液循环流经肺，最终进入肠道、肝脏并引起一系列病变。其临床表现主要为发热、腹泻、肝脾肿大、贫血、消瘦、内分泌紊乱等症状，如果及时治疗多可痊愈。但如果进入晚期，则会出现门静脉周围纤维化病变，发展成肝硬化、肝腹水、门脉高压，并有呼吸困难等临床并发症。如果患者进入肝硬化阶段，则难以恢复健康，有较高致命危险。[1] 血吸虫本身适宜在湖沼、水网、山丘等地理环境下繁殖，我国南方广大湖沼丘陵地区与之生存环境相吻合，这使血吸虫病广泛分布在江苏、浙江、安徽、江西、湖北、湖南、广东、广西、福建、四川、云南、上海等 12 个省、市、自治区内，如图 7.12 所示。特别是在中华人民共和国成立前，由于社会动荡、战争频发、农户无钱就医、公共卫生防疫资源薄弱等原因，血吸虫病疫区在南方各省大面积存在，这对当地人民的身体健康乃至生命安全构成了严重威胁。

　　血吸虫病对经济社会发展的危害主要体现在对劳动力的影响上。首先，感染者往往呈现心肌损害、腹水、神智迟钝等症状，进而出现脾脏肿大、脾功能亢进、消化道出血、全身性衰竭，直至死亡。以江西省为例，1975 年江西省重新对本省疫区感染情况进行调查，在中华人民共和国成立前的 30 年间，因感染血吸虫病而死亡的人数高达 32 万，5 万多户家庭消失，1315 个村

---

[1]　杨绍基、任红主编：《传染病学》（第七版），人民卫生出版社 2008 年版。

庄遭受了毁灭性影响。[1] 其中广丰县崩山底、塘狮坞、毛樟坞在1949 年以前的四年中，因感染血吸虫病死亡的人数是出生人口的近 27 倍。[2] 其次，血吸虫病也通过其他渠道间接影响人口的增长。主要表现为血吸虫对肺部和脑部的异位损害，对患者生殖系统产生影响进而使其无法生育；而且由于从事体力劳动的多为男性，因此在血吸虫病感染患者中，男性人数占据相当大的比例，由此导致疫区男女比例不协调，最终影响人口增长。因血吸虫病造成性别比例失衡的例子，如湖南省益阳县。在 1949年初期，该县较多男性因患血吸虫病死亡，造成了许多"寡妇村"的出现。又如湖南省湘阴县，在 1958 年的实地调查统计中，男性患病不能婚育的比例是女性的 9 倍。[3]

面对各地不断汇报的血吸虫病的严峻疫情，中央人民政府卫生部于 1950 年 4 月 20 日发出了《关于组织人员深入农村开展血吸虫病调查》的指示，并于同年 4 月在全国卫生科学研究工作会议上将防治血吸虫病作为工作重点。1951 年后，中央对血吸虫病防治更加重视，在当年的全国防疫专业会上制定了日本血吸虫病防治方案。这标志着中国血吸虫病防治工作进入了一个新的阶段。具体防治措施：首先，设立专门的血吸虫病防治机构，积极开展疫情调查与治疗活动。其次，开展大规模灭螺

---

[1]　江西省卫生志编纂委员会编：《江西省卫生志》，黄山书社 1997 年版。

[2]　同上。

[3]　《血吸虫病给湘阴县人民带来的危害》，湖南省档案馆，档案号 254-1-14。

运动。主要是结合农田基本建设改造钉螺孳生环境和土埋钉螺，通过垦荒围垦灭螺，使钉螺长时间浸泡在水中将其水淹，以及配合茶枯粉、洋花药、生石灰粉，甚至采用化学药品硫酸铜溶液、砒酸钙溶液来杀灭钉螺。最后，加强生活卫生条件的改善，如粪便、水源以及耕牛的管理，防治交叉传染。经过较长时间的血吸虫病防治后，血吸虫防治工作取得了较好的效果。20 世纪 80 年代初期，疫区宿主水螺面积明显减少，血吸虫病感染人数和因血吸虫病死亡人数均明显下降。

近期我们通过采用 1953 年、1964 年、1982 年以及 1990 年中国人口普查数据对血吸虫防治运动与中华人民共和国成立之初人口快速增长之间的因果关系加以识别。[1] 研究发现，中华人民共和国血吸虫病防治运动确实对人口增长率起到了显著的正向影响。血吸虫病防治率每增加 1%，疫区比非疫区人口平均增长率增加 0.7‰左右。

那么为什么防治血吸虫会引起人口的持续上升呢？内在机制为何？我们进而对中华人民共和国血吸虫防治运动对人口变动影响的内在机制进行考察。研究结果显示，尽管血吸虫病可以异位损害，通过影响生殖系统而影响人口的出生率，但在对血吸虫病防治过程中出生率并不受影响。然而，在血吸虫病防治对死亡率的分析结果表明，血吸虫防治对死亡率有显著影响，

---

[1] 李楠、卫辛：《新中国血吸虫病防治对人口增长影响的实证分析（1953—1990）》，《中国经济史研究》2007 年第 1 期。

随着血吸虫防治率的不断上升，疫区死亡率呈现显著下降的趋势。由此可见，血吸虫防治仅是通过降低死亡率来促进人口的快速增长。

从血吸虫防治与人口增长的案例可以得出，健康水平的提高对人口增长起到非常重要的作用，由此成为 20 世纪 50 年代爱国卫生运动开展之后，中国人口迅速增长的重要因素之一，也是中国当前经济增长所依靠"人口红利"的重要来源。

（二）1910—1911 年东北流行性鼠疫与移民福利

健康影响经济绩效的另一个重要机制在于健康冲击对劳动力市场的影响。一个典型案例是 13—14 世纪黑死病对欧洲经济社会的冲击。13—14 世纪黑死病横行欧洲大陆，英国由于受到黑死病的影响，高死亡率导致劳动力供给不足，实际人均工资水平上涨了 3 倍，从而使英国在 14—18 世纪的收入和城市化水平均得以提升。[1]

类似地，由于疾病冲击所导致的不同经济环境对参与劳动

---

[1]　Bailey Mark, "Peasant Welfare in England, 1290-1348", *Economic History Review*, L1(2), 1998, 223-251. Gregory Clark, "The Condition of the Working Class in England, 1209-2004", *Journal of Political Economy*, 113(6), 1307-1340, Nico Voigtländer, and Hans-Joachim Voth, "Malthusian Dynamism and the Rise of Europe：Make War, Not Love", *American Economic Review*, 99(2）, 2009, 248-254; Nico Voigtländer, and Hans-Joachim Voth, "The Three Horsemen of Riches：Plague, War, and Urbanization in Early Modern Europe", *Review of Economic Studies*, 80(2), 2013, 774-811.

力市场群体的经济福利有何影响呢？1910—1911 年东北地区流行性鼠疫的暴发与同时期东北大地上发生的移民潮，提供了考察疾病冲击要素市场与移民经济福利关系的历史自然实验的机会。[1]

　　1910—1911 年发生在中国东北地区的流行性鼠疫，作为历史上第三次世界鼠疫大流行的重要组成部分，以其传播范围广、死亡人数多、社会影响大的特征，备受学者的关注。[2] 鼠疫原本是一种流行于啮齿类动物之间的典型自然疫源性疾病，对人类健康并无直接影响，但是如果人与携带鼠疫杆菌的宿主接触时，可以实现动物与人和人与人之间的传播。[3] 这次大规模流行性鼠疫之所以会在当时的东北地区发生，正是由于一系列巧合所导致。首先，在 1907 年前后，东北地区蒙古旱獭毛皮价格飞速上涨，出口量也增加。巨大的商业利益驱使大量来自山东、直隶的贫苦农民深入蒙古草原加入捕獭者的行列。但这些农民缺少当地居民防范鼠疫的知识，成为最早的感染对象。其次，

---

[1]　Li, Dan, and Nan Li, "Moving to the Right Place at the Right Time: Economic Effects on Migrants of the Manchuria Plague of 1910-1911", *Explorations in Economic History*, 63, 2017, 91-106.

[2]　Gamsa M., "The Epidemic of Pneumonic Plague in Manchuria 1910-1911", *Past Present*, 190 (1), 2006, 147-183. William C. Summers, *The Great Manchurian Plague of 1910-1911: The Geopolitics of an Epidemic Disease*, Yale University Press, 2012. 曹树基、李玉尚：《鼠疫：战争与和平：中国的环境与社会变迁（1230—1960 年）》，山东画报出版社 2006 年版；焦润明：《1910—1911 年的东北大鼠疫及朝野应对措施》，《近代史研究》2006 年第 3 期。

[3]　方喜业：《中国鼠疫自然疫源地》，人民卫生出版社 1990 年版；苏德隆、何尚浦：《流行病学》，人民卫生出版社 1979 年版。

在此次鼠疫暴发之时，正是中国东北地区大移民的时期。自 19世纪中叶开始，随着中国东北地区的开禁，华北地区（特别是山东与河北两省）大批试图寻求更好生存机会的农民迁移到东北。据相关学者估计，1890—1942 年，东北地区平均年人口流动 50 万人，累计净流动人口超过 800 万，移民规模完全可以同美国西进运动以及 19 世纪欧洲爱尔兰大移民相比，如图 7.11 所示。[1] 再次，东北地区发达的铁路网络加速了鼠疫传播的范围。

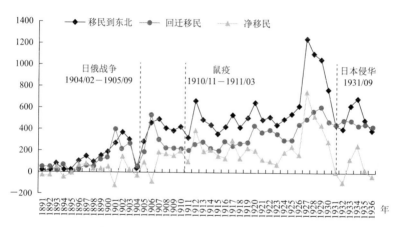

图 7.11　1891—1937 年华北到东北地区移民

资料来源：Thomas R. Gottschang, and Diana Lary, *Swallows And Settlers*：*The Great Migration From North China to Manchuria*, Ann Arbor: Center for Chinese Studies, University of Michigan, 2000, Table A1, p.169。

[1]　Thomas R. Gottschang, "Economic Change, Disasters, and Migration：The Historical Case of Manchuria", *Economic Development and Cultural Change*, 35 (3), 1987, 461-490. Thomas R. Gottschang, and Diana Lary, Swallows And Settlers：The Great Migration From North China to Manchuria, Ann Arbor: Center for Chinese Studies, University of Michigan, 2000.

东北地区虽然不是中国最早修建铁路的地区，但却是近代铁路网络最发达的地区。特别是东清铁路、南满铁路以及北宁铁路，作为贯穿东北地区东西和南北的交通动脉，使携带鼠疫病菌的感染者沿主要铁路沿线进行传播。最后，因为东北地区为边疆移民地区，移民众多，而且在年底很多关内移民都有回迁出地与家人团聚过年的习惯，这种大规模的人口流动大大增加了鼠疫传播的机会。以上这些因素综合在一起，最终导致这次大规模鼠疫疫情以交通枢纽及铁路沿线为中心，向四周辐射扩散。鼠疫影响的范围不仅波及东北三省，华北地区的河北、山东等省作为东北移民的主要迁出地也深受其害。

据统计，东北全境发生疫病的县超过 60 余处，其中辽宁省29 处、吉林省 24 处、黑龙江省 16 处。图 7.12 给出了根据日本人柴山五郎《1910 年东北肺鼠疫流行情况》一文绘制的 1910—1911 年东北流行性鼠疫发生地区的地理分布以及疫情程度。我们可以发现，沿铁路沿线和交通枢纽（如哈尔滨、长春、沈阳等地）附近地区均呈现出较重疫情。鼠疫的暴发带来了较为严重的社会经济危害，其中最严重的是对人口的影响。由于鼠疫具有易传染和高死亡率的特点，因此导致大规模的人口死亡。据部分学者和研究机构估计，此次因感染鼠疫死亡人数大约为 6万余人，其中仅东北三省境内死亡人数就达 4 万余人。[1]

---

[1] 曹树基、李玉尚：《鼠疫：战争与和平——中国的环境与社会变迁（1230—1960 年）》，山东画报出版社 2006 年版。

图 7.12 1910—1911 年东北流行性鼠疫地理分布以及疫情程度

资 料 来 源：Village Locations are Taken from *The Manchurian Village Surveys in the 1930s*, and Information on the Pneumonic Plague Epidemic in 1910-1911 is taken from *The Situation of the Manchurian Plague in 1910* by Shibayama Gorosaku（1957）。

人口的大量损失势必会对劳动力市场造成巨大冲击，导致劳动力供给相应短缺，使劳动力工资快速上升。在鼠疫暴发后，随着春季到来，农业生产即将开始，这一冲击更加突出。对于户均耕地 20 垧左右的东北地区而言，劳动力需求形成了较大的缺口。而随着鼠疫过后新一波移民潮的到来，对于那些敢于承担被感染鼠疫杆菌风险的移民来说，这恰恰给他们提供了比那些选择非疫区定居的移民，获得更好提升自身经济福利水平的机会。他们在疫区更容易获得土地和被雇佣的机会，同时获得较高的工资。

　　为了考察这一假说，作者研究团队利用20世纪30年代伪满洲国农业实态调查数据，采用了双重差分的实证策略，通过比较受到鼠疫冲击的村与没有受到鼠疫冲击的村，在鼠疫冲击前后不同时间移民农户的经济福利水平差异，来识别疾病对经济福利的影响。研究发现：1910—1911年东北流行性鼠疫的确对迁移到东北地区的农户产生了较为显著的影响。特别是在鼠疫暴发之后的两年，即1912—1913年，迁移到疫区的农户比迁移到非疫区的农户土地财产多出近1倍。

　　这一研究得到的结论不仅对现有疾病、瘟疫与经济发展的研究进一步提供了相关疾病、瘟疫对人均收入影响的微观实证证据。而且从中可见，疾病、瘟疫对经济发展不仅有负相影响，而且疾病冲击可以通过改变经济环境使部分社会群体改善自身福利。这些发现和结论也进一步表明疾病影响经济发展的复杂性。

（三）1918年流行性感冒的长期影响

　　健康对经济发展的影响，不仅体现在健康对当期经济发展的影响，也体现在对未来收入的影响。一个非常重要的案例是胎儿起源假说（The Fetal Origins Hypothesis）。胎儿起源假说是20世纪90年代，英国著名的临床流行病学教授戴维德·巴克（David Barker）在经历一系列流行病学研究证实后提出。该假说认为："胎儿因在怀孕中晚期营养不良，会引起其生长发育失调，从而导致晚年易患冠心病。即胎儿宫内不良反应会使其自身代谢和器官的组织结构发生适应性调节，如果营养不良得不到及时纠正，这种适应性调节将导致包括血管、胰腺、肝脏和肺脏等机体组织和器官在代谢结构上发生永久性改变，进而演变为成人期疾病。"[1] 换言之，人的生长发育在胎儿期就已经规划好了，该假说又称"胎儿编程"（Fetal Program）。2005 年，道格拉斯·阿芒德（Douglas Almond）及其合作者利用 1918 年流行性感冒对胎儿起源假说进行考察。[2] 主要考察在流行性感冒发生前后出生人群在其成年之后经济健康的差异。

　　1918 年流感大流行（1918 Flu Pandemic）是指于 1918 年 1 月至 1920 年 12 月暴发的全球性 H1N1 甲型流感疫情。该流行性感冒是由一种称为"西班牙型流行性感冒"（Spanish Flu）引起的传染病。这场席卷全球的流行性感冒造成全世界约 5 亿人感染，5000 万—1 亿人死亡，死亡人口占当时世界人口比重的 2.9%—5.8%（当时世界人口约 17 亿人），这和一般流感的 0.1% 比较起来极为致命。此外，从传播地域来看，从太平洋群岛到北极地区，全球都受到了普遍影响，表 7.1 展示了 1918 年流行性感冒对全球的影响。

---

[1] David Barker, "Fetal Origins of Coronary Heart Disease", *BMJ: British Medical Journal*, 311, 1995, 171-174.

[2] Douglas Almond, and Bhashkar Mazumder, "The 1918 Influenza Pandemic and Subsequent Health Outcomes: An Analysis of SIPP Data", *American Economic Review*, 95(2), 2005, 258-262.

表7.1 1918年流行性感冒的全球影响

北美洲	107.6万	亚洲	1575.7万
南美洲	32.7万	大洋洲	96.5万
欧洲	216.3万	非洲	135.3万
全世界	2164.2万		

资料来源：Jordan, E.O., Epidemic Influenza: A Survey, Chicago: American Medical Association, 1927。

在一般情况下，普通流感通常导致幼童、老年人或者是免疫功能低下的患者死亡。然而，1918年流行性感冒导致死亡最多的是青壮年。根据相关研究，人们发现1918年流行性感冒病毒致死的主要原因是，病毒引起免疫细胞过度分泌诱发细胞激素风暴，导致自体免疫系统过度反应。因此，免疫力最强的青壮年反而最容易引起强烈的免疫反应而死亡。

西班牙型流感于1918年3月4日在美国发生，最开始发生在堪萨斯州的一处军营，当时患者的症状包括头痛、高烧、肌肉酸痛和食欲不振等，但是反应较轻，未有剧烈反应。后来在1918年8月27日，流感开始在波士顿码头的工人间传播，9月通过港口开始在欧洲和美国各地传播，并在数星期内传到世界各地。然而，在接下来的一段时间，流感和过去流行性感冒的差异不断体现出来，出现了因流感而导致的死亡。特别在20—35岁的青壮年群体中死亡率特别高。症状除了高烧、头痛之外，还有脸色发青和咯血等。而且流感引发的并发症（如肺炎）不断出现，死亡率持续上升。1918年10月，在这一个月内约有20万美国人死去，这导致1918年美国的平均寿命比之前减少

了 12 年。图 7.13 分别给出了美国 1911—1920 年的年度和月度
死亡率的情况。我们可以看到，无论是年度数据还是月度数据，
1918 年人口死亡率均呈现出显著的跳跃变化，死亡人数差不多
是平时死亡率的 12 倍。

因为此次流感对青年人产生较大影响，所以对当时正处

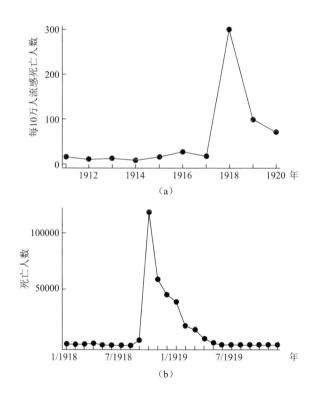

图 7.13　1918 年流行性感冒年度与月度变化情况

资料来源：Douglas Almond, and Bhashkar Mazumder, "The 1918 Influenza Pandemic and Subsequent Health Outcomes：An Analysis of SIPP Data", *American Economic Review*, 95(2), 2005, 258-262.

于孕期的女性而言影响较大。按照胎儿起源假说，如果母亲在怀孕时期受到疾病影响，那么胚胎发育可能也会受到影响，在胎儿日后生长发育时会出现营养不良的情况。这一健康情况的改变将会导致这些婴儿在成年时身高和收入方面处于劣势。图 7.14 给出了利用美国 1960—1980 年人口普查数据而绘制的 1918 年流行性感冒时出生人群的残疾率变化。我们发现，就时间维度变化而言，总体上美国残疾率逐渐降低，但是在 1918 年第三季度以后出生的人口，残疾率呈现跳跃性上升，从 16.5% 上升到 17.5%。而在经济福利方面，1918 年第三季度以后出生的人群，在教育年限、收入水平等方面要比其他时期出生人群分别低 0.2 年和 500 元左右。这一结果恰好证明了胎儿起源假说，同时也体现了疾病对经济发展长期影响的内在机制。

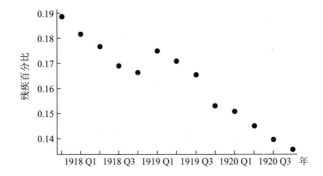

图 7.14　1980 年男性出生于 1918 年前后残疾率情况

资料来源：Douglas Almond, and Bhashkar Mazumder, "The 1918 Influenza Pandemic and Subsequent Health Outcomes: An Analysis of SIPP Data", *American Economic Review*, 95(2), 2005, 258-262.

四　结束语

本章主要就疾病、瘟疫对经济发展之间的关系进行讨论。这里不仅利用当前经济社会发展数据来对当前世界各国健康水平差异情况进行描述，而且利用典型历史案例对健康与经济发展之间的相关基本理论和实证证据进讨论。我们发现，尽管很多经济学家认为，健康水平的提升会增加劳动力供给和人力资本存量，提高劳动生产率，进而增加产出，但是在实证证据方面，两者之间关系较为复杂。健康水平的提高虽然有助于提高平均预期寿命，但是对人均 GDP 经济发展而言可能没有显著影响。此外，在健康影响经济发展方面，我们发现，在短期健康方面，不仅可以通过降低死亡率来增加预期寿命，从而改变人口结构以影响经济发展，而且疾病冲击也可以通过改变市场环境来影响人们福利水平。另外，在长期方面，疾病也通过如胎儿起源假说等机制对人们健康的长期福利产生影响。总而言之，疾病与经济发展之间的关系远比宏观提供的证据要复杂，仍需进一步在理论和实证方面进行考察，提供更多的理论和实证证据。

第八章
战争、暴力冲突与经济发展

在众多灾难中，除了地震、洪水、旱灾、瘟疫、疾病等自然灾害外，对人类社会人力和物质资本影响最大的灾难莫过于战争和暴力冲突。战争的爆发不仅导致大量青壮年劳动力退出劳动力市场进入军队，影响劳动力供给，而且会导致大规模人员死亡，使国家人口规模减小。此外，战争冲击也对固定资产等造成巨大影响，使大量的房屋、工厂被破坏。而且在战争时期，食物、生活日用品变得紧缺，需要按照配额制度进行供应。总之，除了军火制造商可以从军火贸易中牟利，以及一些政治野心家可以从战争中满足政治目标外，没有人喜欢战争和暴力冲突。

虽然自第二次世界大战 [1] 爆发至今，大规模的世界战争离我

---

[1]　最近一次大规模世界战争是发生于 1939—1945 年的第二次世界大战。这场战争的范围涉及全球绝大多数的国家。这次战争总共动员了 1 亿多名军人，所有参战国家几乎将自身国家的全部经济、工业和科学技术应用于战争之上。战争最终导致 6000 万—8500 万人死亡，这也让第二次世界大战成了人类历史上死亡人数最多的战争。

们较远，但在现实世界中，战争离我们并不遥远，甚至每天都有发生。根据相关机构 1990—2001 年统计，在世界上最贫穷的 50 个国家中，大约 60% 的国家经历过战争和内战。而且自第二次世界大战结束以来，59 次战争都发生在发展中国家。由此可见，发展中国家不仅经历了经济贫穷的痛苦，而且也饱受战争的创伤。因此，如何避免战争与冲突，获得稳定的经济社会发展环境，也是发展中国家实现经济发展的重要问题之一。因此，本章主要试图就战争与经济发展之间关系进行介绍。

本章的结构安排如下：首先，本章第一部分给出了战争的基本定义，以及明确战争爆发时对人口、基础设施等经济发展要素的破坏及影响；其次，本章第二部分主要通过一系列历史案例就战争产生的决定因素进行考察；再次，本章第三部分主要就战争对经济社会发展产生的影响进行介绍；最后是本章的总结。

一　战争的定义及危害

战争是国家内部或国家与国家之间的一种武装冲突状态。它的特点通常是使用正规或非正规的军事力量进行极端破坏并产生大量的死亡。没有战争的状态通常被称为"和平"。图 8.1 展示了 1500—2000 年欧洲国家参与世界战争的基本情况。尽管当前欧洲地区已经处于相对和平状态，但由图 8.1 可见，在长达 500 多年的历史进程中，尽管欧洲地区自第二次世界大战结束以来，战争总体数量呈现显著的下降趋势，但是依然几乎每年都处于战争状态之中。例如，在 1500—1700 年，欧洲国家平均每年爆发战争 9.25 次；在 1700—1950 年，欧洲地区平均每年爆发战争 5.67 次；第二次世界大战之后，虽然欧洲地区总体战争数量有所下降，但是依然平均每年爆发战争 1.48 次。

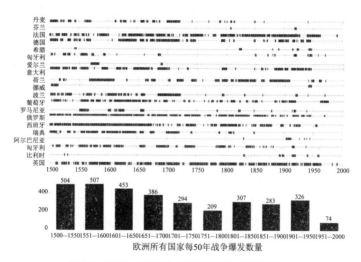

图 8.1　1500—2000 年欧洲国家参与世界战争情况

资料来源：These data are from the CLIO Infra Project。

战争给人类社会带来的破坏，除了导致基础设施和生态系统受到严重破坏、社会福利减少等情况以外，更为严重的莫过于大量的人口损失和伤残率的上升。特别是大规模的世界战争和全面战争[1]的爆发更加剧了这种破坏。截至目前，人

---

[1]　全面战争是指不限于纯粹合法的军事目标，并可造成平民或其他非战斗人员的大规模痛苦和伤亡的战争。

类历史上死亡人数最多的战争是第二次世界大战。从 1939—
1945 年，累计死亡人数为 6000 万—8500 万人。而世界人类
历史上死亡最多的内战则是发生在中国清代晚期的太平天国
战争。太平天国战争导致的直接与间接死亡人口总数至少超过
7500 万人。[1]

　　图 8.2、图 8.3 分别给出了 1400 年以来世界各地每 10 万人
的死亡人数战争的分布，以及 2004 年因战争导致的残疾调整
生命年。我们发现：从 15 世纪开始，人类战争呈现出逐渐密集
的态势，而且死亡人数不断增加。18 世纪工业革命前夕，战
争状态基本稳定，但在工业革命之后，特别是随着两次世界大
战的爆发，死亡人口逐渐上升，并且达到人类社会的峰值。但
是在第二次世界大战之后，这一变化开始逐渐呈现出下降的趋
势。当前战争死亡人数仅为 5‰。之所以出现这一变化，既是第
二次世界大战后，国际组织例如联合国等对于政治纠纷的协调
与和平的维护，同时也是战争模式变化的结果。虽然时有战争
爆发，但是较少爆发全面战争，而且多为局部战争。此外，从
考虑战争因素的残疾调整生命年的地区分布来看（见图 8.3），
当前战争对人口影响最大的地区依然是非洲地区，特别是撒
哈拉以南非洲地区成为当前世界战争与暴力冲突的主要发生
地区。

---

[1]　李楠、林矗：《太平天国战争对近代人口影响的再估计——基于历史自然
实验的实证分析》，《经济学》（季刊）2015 年第 14 期。

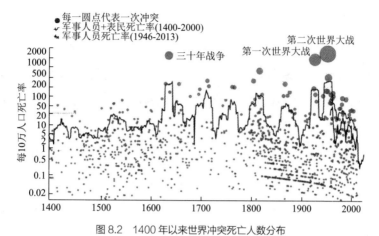

图 8.2　1400 年以来世界冲突死亡人数分布

资料来源：Roser Max, "War and Peace", *Our World in Data*, Retrieved 2017-11-15。

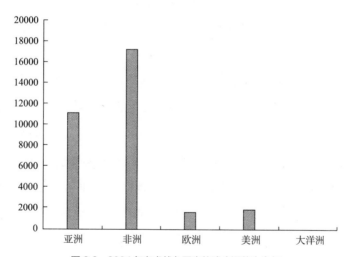

图 8.3　2004 年考虑战争因素的残疾调整生命年

资料来源："Mortality and Burden of Disease Estimates for WHO Member States in 2004", WHO。

正因为战争对经济社会发展，特别是生命和健康产生如此大的影响，因此众多学者及国际组织将和平和避免战争作为重要发展目标。例如，2003 年，理查德·斯莫利（Richard E. Smalley）将战争确定为人类在未来 50 年面临的第六大问题。[1] 世界银行也将和平作为世界可持续发展目标的第 16 个目标。此外，一些学者，如经济学家和政治学家，也为寻找战争的起源而一直不懈地努力。然而，现有研究表明，导致战争的原因是非常复杂的。一些学者认为战争是人类的本性，普遍而古老；另一些学者则认为战争是特定的社会文化或生态环境的结果。我们将在本章第二部分对这些潜在的原因进行简要分析。

二 为何发生战争与暴力冲突？战争、暴力冲突的决定因素

战争与暴力往往被认为是政治的极端形态，其产生的原因较为复杂。但是我们依然可以通过历史实证研究，揭示战争与暴力冲突的根源。

根据现有研究，我们可以将战争、暴力冲突的主要决定因素归纳为以下几点。一是政治利益集团为实现自身的政治目标而发动的战争与冲突。这类战争主要体现在消灭竞争对手而进行的统一战争，以及为了扩张领土而进行的侵略战争等。这类战争中具有代表性的战争主要有：秦始皇灭六国的统一战争、第

---

[1]   Richard E. Smalley, "Top Ten Problems of Humanity for Next 50 Years", Energy & Nano Technology Conference, Rice University, 2003.

二次世界大战日本、德国、意大利在世界其他国家地区实行的
侵略战争等。但是这类战争具有偶然性和特殊性，与一定时期
国家政治结构、政治领导人的主观意识高度相关。二是经济因
素引起的战争，主要体现在资源配置方面，不同经济社会集团
为了获得有限稀缺资源，当谈判不能解决问题的时候，被迫采
用战争手段加以解决。例如，南北苏丹的内战是围绕石油资源
的利益分配而展开。三是地理自然生态因素变化引起的战争与
暴力冲突。例如，自然灾害导致资源紧张，为了谋取生存被迫
采用暴力和战争方式加以解决。四是文化宗教差异也是引起的
战争。例如，在欧洲宗教改革之后所发生的胡格诺战争、英法
战争等都是由宗教信仰引发的。甚至当前，在一系列恐怖主义
袭击背后，也有较为深刻的伊斯兰激进主义的影子。最后，个
人的价值观与好战倾向也是导致战争冲突的重要因素。例如，
对于某些职业军人而言，只有战争才能体现个人价值。

在以上众多决定战争爆发的因素中，政治因素与个人价值
观不具备普遍规律性，受到特定政治、经济、社会环境的制约。
因此，在接下来的内容中，我们将重点考察经济因素、地理因
素以及文化因素对战争和暴力冲突的影响。

（一）战争与暴力冲突的经济起源

经济因素是战争与暴力冲突产生的重要决定因素。可以说
大部分的战争都是经济因素所导致的。如果存在经济资源分配

不均，或者大众群体经济利益受到严重侵害，那么大规模的战争和暴力冲突就有可能发生。中国历史上的"嘉靖倭患"[1]就是一个因经济利益而引发长时期战争冲突的典型案例。

明朝倭患最早始于 1369 年，即朱元璋洪武二年。倭患发生的原因主要有中日两个方面。首先，就日本而言，一是元世祖至元十八年（1281 年），元朝军队远征日本失败后，日本开始纵容浪人和商人侵扰中国沿海。二是在明朝初期，日本正处于南北朝分裂时期，室町幕府无法控制各地"大名"，沿海大名又经常派出武士出海抢劫以获得财富。其次，就中国而言，主要是在明朝初期的统一战争中，虽然张士诚战败，但是其残部主要集中在东南沿海岛屿之上，他们常与日本武士勾结，侵犯东南沿海，由此形成倭患。

面对日渐严重的倭患，明朝政府下令开始实施"海禁"。并且于洪武三年（1370 年）废除太仓黄渡市舶司，接下来又于洪武七年（1374 年）下令撤销自唐朝以来就存在的泉州、明州、广州三地市舶司。自此，中国对外贸易遂告断绝。此外，在洪武二十三年（1390 年），明朝又发布"禁外藩交通令"，禁止民间使用及买卖走私而来的外国商品，违反禁令的人必须受到严惩。而且在《大明律》中加入违反海禁政策的惩罚条文，即"若奸豪势要及军民人等，擅造三桅以上违式大船，将带违禁货物

---

[1] 嘉靖倭患主要是指"明朝嘉靖骚扰中国沿海一带的日本海盗"，活跃于 16 世纪中叶。以中国浙江、福建、广东诸省的沿岸地带为主要的活动舞台，进行走私贸易，其构成人员是中国人、日本人的混成部队。

下海，前往番国买卖，潜通海贼，同谋结聚，及为向导劫掠良民者，正犯比照已行律处斩，仍枭首示众，全家发边卫充军。其打造前项海船，卖与夷人图利者，比照将应禁军器下海者，因而走泄军情律，为首者处斩，为从者发边充军。"

明朝初期，朱元璋实施的严厉海禁政策虽然防止了倭寇侵袭，但在一定程度上却抑制了明朝海外贸易的发展。尽管这次严厉的海禁活动随着永乐皇帝的继位而有所缓和，禁令渐弛，但是在嘉靖皇帝在位时，一次偶然的历史事件[1]却导致了新一轮更加严厉的海禁政策的产生。

嘉靖时期，明朝经济已经从明初统一战争的无序状态中得以恢复，私人海外贸易不仅迅速发展，而且取得一定规模。特别是丝绸贸易在欧洲和日本均有庞大的市场。但是海禁的实施使丝绸贸易商品价格快速上涨。在中国市场买卖的生丝每百斤只有五六两，而在日本价格可以上涨近10倍。巨大的价格差异所形成的套利空间促使嘉靖年间东南沿海地区形成许多私人海上走私集团，如汪直、徐海、陈东、麻叶等。这些海上走私集团与日本浪人和海盗相互勾结，形成巨大的商业、军事集团网络，不时骚扰

---

[1]　据《明史》记载，嘉靖二年（公元1523年）日本左京兆大夫内艺兴遣使宗设，右京兆大夫高贡遣使瑞佐偕宁波人宋素卿分道对明朝入贡，双方互争真伪。此外，由于宋素卿贿赂当时宁波市舶司中官赖恩，因此获得优待，尽管其货船后至，但先于宗设货船受检。由此引发日本入贡两支队伍的武力冲突。其结果导致瑞佐被杀，船只被焚。宗设烧杀抢掠，不仅对当地百姓生命财产造成严重损失，而且负责追击的明朝备倭都指挥刘锦、千户张镗皆战死。事后，给事中夏言奏请朝廷倭祸起于市舶，结果导致福建、浙江两市舶司取消，仅存广东一处。从此，明代海外贸易再次陷入低谷。

中国东南沿海经济与丝绸纺织中心。由此产生了一个与明朝海禁政策制定意图完全相悖的现象。越海禁，倭患越凶。由此可见，明代嘉靖年间东南"倭患"内在的经济原因。

针对这一假说，有学者利用《明实录》等历史文献资料，构建 1371—1640 年明代沿海地区 33 个府唯一的面板数据，对明朝海禁与倭患之间的因果关系进行考察。[1] 图 8.4 展现了整个明朝倭患情况。由图 8.4 可见，尽管明朝的倭患早在明朝初期就已经开始，但在嘉靖海禁之后，倭寇对中国沿海地区的侵袭呈现直线上升的趋势。在最严重的时期，即 1550—1560 年，平均每年倭寇侵袭达到 50 次以上。

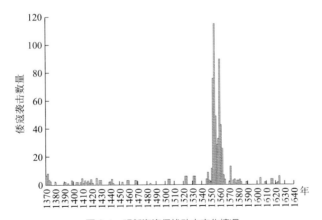

图 8.4 明朝海盗侵扰动态变化情况

资料来源：James Kai-sing Kung, and Chicheng Ma, "Autarky and the Rise and Fall of Piracy in Ming China", *Journal of Economic History*, 74(2), 2014, 509-534。

---

[1] James Kai-sing Kung, and Chicheng Ma, "Autarky and the Rise and Fall of Piracy in Ming China", *The Journal of Economic History*, 74(2)，2014, 509-534.

图 8.5 和表 8.1 分别给出了丝绸中心与非丝绸中心海盗侵扰的频次对比以及海盗侵扰超过 10 次的地区分布情况。可以发现，丝绸中心要比非丝绸中心受到更多的海盗袭扰，同时侵扰次数超过 10 次以上的地区均处于东南沿海，特别是江浙地区的丝织中心。在通过构造双重差分模型来区分丝绸中心与非丝绸中心在海禁前后受到倭寇的侵袭表现来看，实证证据表明，倭寇侵袭在 16 世纪中叶的迅速增加完全是明朝中叶的强制执行海禁的必然结果。事实上，1550 年以后，倭寇对丝织业中心的侵袭要比非丝织业中心高出 1.3 倍，而在嘉靖海禁之前和隆庆废除海禁之后，两者无显著差异。由此可见，明朝嘉靖年间之所以倭患严重，与明朝海禁政策执行强弱有千丝万缕的联系。如《漳州府志》相关记载，"闽地斥卤硗确，田不供食，以海为生，以洋舶为家者十而九也"，而海禁割断了他们的生命所系，故不惜以身

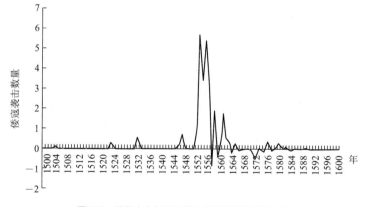

图 8.5   丝绸中心与非丝绸中心海盗侵扰差异变化

资料来源：James Kai-sing Kung, and Chicheng Ma, "Autarky and the Rise and Fall of Piracy in Ming China", *Journal of Economic History*, 74(2), 2014, 509-534。

犯险，走上海上走私劫掠的道路。这也充分揭示了战争背后深刻的经济根源。

表8.1   明代嘉靖倭患海盗侵扰超过10次的地区

海盗侵扰次数	地区
小于10次	北直隶（永平府、顺天府、宣府镇、保定府、河间府、大名府、广平府、真定府、顺德府、保定府）；山东（登州府、莱州府、济南府、东昌府、兖州府、青州府、辽东都司）；广东（廉州府、琼州府、雷州府、高州府、广州府、肇庆府、罗定府、韶州府、惠州府）；
10—30次	南直隶（徐州、淮安府、滁州、和州、太平府、广德州、太平府）；浙江（台州府、温州府）；福建（兴化府）
大于30次	南直隶（松江府、苏州府、扬州府、常州府、镇江府、应天府）；浙江（宁波府、嘉兴府、湖州府）；广东（潮州府）；福建（福宁府、福州府、泉州府、漳州府）

资料来源：根据 James Kung and Chicheng Ma, "Autarky and the Rise and Fall of Piracy in Ming China," *Journal of Economic History*, 74 (2), 2014, 509-534, Figure 2 统计。

（二）战争与暴力冲突的气候起源

自然生态与人类社会之间关系密切。一方面，自然为人类生存供给必需的营养、食物以及财富资源；另一方面，自然通过自然灾害、气候变化，特别是地震、台风、洪水、干旱等，无情地掠夺人类的生命与财产。当面对自然灾害和气候冲击时，人类生存往往受到严重影响，而此刻暴力冲突似乎成为人们获取生存权利与机会的选择。因此，除了经济因素外，气候冲击往往成为人类战争爆发的又一个重要决定因素。

在人类历史上与之相关的一个典型案例是发生在 13 世纪

至 19 世纪的"女巫大审判"。在此期间接近 100 万的妇女被作为女巫进行审判。特别在 16—17 世纪，女巫审判数量达到高峰。根据埃里克·梅德尔福特（H. C. Erik Midelfort）在其著作《德国西南部的女巫猎杀，1562—1684》（*Witch Hunting in Southwestern Germany，1562-1684*）中的记载，德国一个小镇，一天曾经创下审判 400 余人的纪录。[1] 令人好奇的是"女巫大审判"不仅发生在基督教地区，也发生在天主教地区；不仅发生在欧洲，而且也跨过大西洋蔓延至美洲大陆。例如，马萨诸塞州的塞尔姆小镇，就因为当年女巫审判而成为重要旅游地。那为什么会在世界不同地区同时发生"女巫大审判"呢？

针对这一问题，历史学家给出了不同的解释。一些学者认为，之所以产生女巫大审判是因为传统中世纪医疗行业中的男性想排除女性从业者；另一些学者则从宗教角度出发，认为是天主教教会道德感知的需要。但以上这些假说均不能完全解释为什么在 13 世纪至 19 世纪，这么多地区会同时爆发女巫审判。2004 年，布朗大学的学者艾米丽·奥斯特（Emily Oster）揭示了"女巫大审判"背后的气候变化原因。[2]

奥斯特发现，在 13—19 世纪，世界气候发生显著变化，气温突然下降，整个欧洲进入小冰期（Little Ice Age）。低温对农业

---

[1] H. C. Erik Midelfort, *Witch Hunting in Southwestern Germany, 1562-1684: The Social and Intellectual Foundations*, Stanford University Press, 1972.

[2] Emily Oster, "Witchcraft, Weather and Economic Growth in Renaissance Europe", *Journal of Economic Perspectives*, 18(1), 2004, 215-228.

生产造成了严重的影响，而这正是导致大规模猎杀女巫和女巫大审判的主要原因。图 8.6 给出了 1520—1770 年气温与女巫审判之间的时间序列变化情况，我们可以发现，两者之间呈现显著的反向变化趋势。随着气温的不断升高，女巫审判呈现显著的下降趋势，而当气温变得寒冷时，女巫审判又呈现上升趋势。此外，作者在图 8.7 展现了不同平均温度与女巫审判次数之间的关系。同样我们也发现，随着平均气温逐渐下降，女巫审判次数也逐渐增加。

　　接下来，在分别利用气温的标准差指数和以城市数量变化、人口增长率度量的经济增长与女巫审判进行的回归分析中，我们发现：在这一时期温度的标准差每增加一个单位，女巫审判发生的次数将减少 0.39 个标准差。这意味着气候变化与女巫审判之间有着极为紧密的负向关系。而作为经济发展的度量指标，城市化、人口增长也均与女巫审判之间存在显著的负向关系。这进一步表明，气候冲击导致的经济衰退是造成 13 世纪至 19 世纪世界范围内"女巫大审判"的重要原因，由此揭示了气候变化对人类社会暴力行为的影响。

　　除了"女巫大审判"作为揭示气候冲击对战争、暴力冲突的影响案例之外，在人类历史上另一个经典案例是发生在中国历史上游牧文明与农耕文明之间的长期军事冲突。

　　中国北方蒙古高原与黄河流域之间存在较大的地理特征差异，因此自古以来以两大自然地理区域为界，形成了北方以游牧为主要生产方式的游牧文明，以及黄河流域及华北地区以农耕为主要生产方式的农耕文明并存的局面，如图 8.8 所示。两种

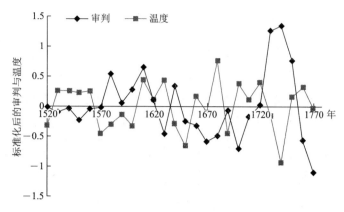

图 8.6　1520—1770 年气温与女巫审判时间变化趋势

资料来源：Emily Oster,"Witchcraft, Weather and Economic Growth in Renaissance Europe", *Journal of Economic Perspectives*, 18(1), 2004, 215-228。

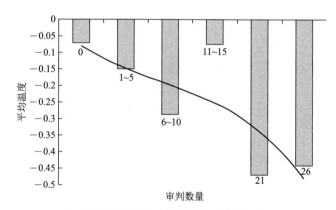

图 8.7　平均气温变化与女巫审判之间关系

资料来源：Emily Oster,"Witchcraft, Weather and Economic Growth in Renaissance Europe", *Journal of Economic Perspectives*, 18(1), 2004, 215-228。

生态地理环境的差异导致了两种完全不同的生产方式和生活习惯。然而，原本两个文明之间可以和平共处，但是在中国的历史长河中，从春秋战国时期到明清时期，两个文明之间的战争

图 8.8　中国地理地形

资料来源：中华人民共和国自然资源部（http://www.mnr.gov.cn/sj/）。

冲突不断，充斥着整个中国历史进程。

关于游牧文明与农耕文明为何会爆发长期的武装冲突，很多学者给出了不同的解释。一些西方学者认为，游牧文明之所以对农耕文明进行长期的武装冲突，这主要是由于草原游牧民族所特有的好战的天性所决定的。然而，事实上这一假说缺乏严谨的科学依据，毕竟我们无法对"好战基因"进行识别。而另一个具有较强解释力的假说则认为，草原游牧民族与农耕民族之间的冲突主要与天气变化有着很强的内在联系。当草原地区遭遇旱灾或者霜冻天气时，游牧经济将会受到巨大冲击，为了生存，游牧民族就会向南发动袭击，掠夺农耕民族的粮食物资。而当草原地区风调雨顺时，双方则会和平相处。

就此问题，香港科技大学的两位学者在收集了中国历史上约 2000 余年草原文明与农耕文明的战争数据，对冲突的原因进行了深入的讨论。[1] 他们给出了从公元前 2 世纪至 1910 年中国历代游牧民族与农耕民族冲突，以及灾害的分布情况（见图 8.9）。从中可见，当草原地区遭受旱灾时，游牧民族往往向农耕民族发动较大的军事进攻，就此可以推断，草原地区的干旱导致粮草匮乏，威胁到游牧民族的生存与政治统治，因此为了生存不得不向农耕地区扩张，以获得必要的生存资源。

接下来，为了进一步验证此假说的有效性，他们利用历史

---

[1]　Ying, Bai, and James Kai-sing Kung, "Climate Shocks and Sino-Nomadic Conflict", *Review of Economics and Statistics*, 93(3), 2011, 970-981.

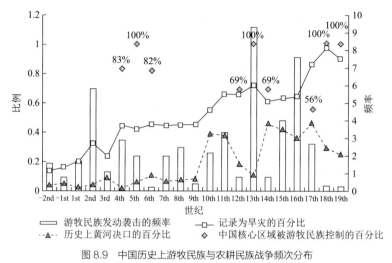

图 8.9　中国历史上游牧民族与农耕民族战争频次分布

资料来源: Ying, Bai, and James Kai-sing Kung, "Climate Shocks and Sino-Nomadic Conflict", *Review of Economics and Statistics*, 93(3), 2011, 970-981。

上战争与灾害数据进行考察。研究发现，较高的降雨量将减少农耕与游牧民族的战争，而较低的降水量则会增加两者之间的冲突。此外，由于战争并非只由一方发动，而另一方被动挨打。因此，两位学者又对游牧民族与农耕民族谁进攻谁的问题进行讨论。他们发现，降水变化仅对游牧民族产生影响，使游牧民族发动战争进攻农耕民族，对农耕民族发动战争没有显著影响。由此可知，中国历史上游牧文明与农耕文明之间的冲突也与气候变化之间有着非常密切的关系。

　　综上所述，在人类历史上，无论古代社会，还是黑暗的中世纪，在探究暴力冲突根源时，不能忽视自然环境变化特别是气候变化对人们暴力行为的影响。但是在人类社会发展的进程中，我们也应该认识到，人类对自然世界的改造以及自我的演化也在不断地进行。人类不仅可以通过技术进步改造自然，而且也可以通过伦理道德教化，在一定程度上摆脱自然对人类自身命运的束缚，进而从野蛮走向开化，从蒙昧走向文明。

（三）文化宗教对战争冲突的影响

文化是影响经济发展的重要因素之一。所谓文化，主要是指那些随着代际而继承和保留下来并不断传递的东西，[1] 主要包括信仰、宗教、意识形态等。战争往往与文化有着十分密切的关系，特别是在宗教信仰以及意识形态领域。在人类历史上，因为宗教信仰与意识形态差异而发生武装暴力冲突的案例屡见不鲜。例如，社会主义与资本主义意识形态的差异曾经是冷战的主要议题，也导致了很多地区的局部战争，如朝鲜半岛战争、越南战争等。此外，中世纪新教革命以后，传统天主教和新教关于信仰的冲突也导致一系列宗教战争的产生。这里主要介绍两个非常典型的宗教战争，一个是三十年战争，另一个则是十字军东征。我们希望通过这两个案例来理解文化宗教如何导致战争的产生。

1. 三十年战争

三十年战争是指从 1618—1648 年发生在欧洲的一次大规

---

[1]　文化定义较为复杂，根据相关学者统计，文化的定义目前超过一百多种。这里的文化的定义主要来自 Luigi Guiso, Paola Sapienza, and Luigi Zingaless, "Does Culture Affect Economic Outcomes?", *Journal of Economic Perspectives*, 20(2), 2006, 23-48。

模国际战争。这场战争以波西米亚人民反抗哈布斯堡王朝统治为开始，最终以哈布斯堡王朝战败并签订《威斯特伐利亚和约》而告终。虽然这场大规模的战争具有较强的政治因素，但是宗教对战争的爆发与扩大均扮演了非常重要的角色。

13 世纪以后，由哈布斯堡王朝[1]统治的神圣罗马帝国开始分裂。信奉不同宗教（主要是新教与天主教）的诸侯开始在宗教纠纷的掩护下争夺土地和反对皇权。他们分别组成了以信仰新教（主要是路德教和加尔文教）并于 1608 年成立的"新教联盟"和以信仰天主教并于 1609 年成立的"天主教联盟"来进行相互对抗。哈布斯堡王朝的统治者极力限制新教的活动，争取信仰天主教的诸侯对帝国皇权的支持，特别是罗马教皇、西班牙和波兰贵族的支持。但是此时，欧洲大陆其他国家也各有打算，其中法国的国家能力得到加强，力图称霸欧洲，并且试图使德意志保持分裂状态，因此支持信仰新教的诸侯反抗皇权；丹麦和瑞典早已觊觎北海和德意志在波罗的海的领土和港湾，伺机吞并；荷兰和英国则不希望看到哈布斯堡王朝的势力在北欧扩张。与此同时，英国企图削弱海上竞争对手西班牙的力量。因此，

---

[1] 哈布斯堡王朝是欧洲历史上最为重要的王室之一。家族成员曾出任神圣罗马帝国皇帝、奥地利帝国皇帝、匈牙利国王、波西米亚国王、西班牙国王、葡萄牙国王、墨西哥皇帝等。正因为家族成员成为诸多欧洲帝国的国王和皇帝，哈布斯堡王朝统治疆域广大，对欧洲历史影响较为深刻，也正因如此，使三十年战争成为一场规模巨大的国际战争。

这些国家都支持新教联盟。

三十年战争始自 1618 年捷克的"掷窗事件"。1617 年神圣罗马帝国皇帝马蒂亚斯派遣耶稣会教士进入波西米亚，企图在波西米亚恢复天主教，并且任命斐迪南二世为波西米亚国王。斐迪南二世上台后，立即下令禁止波西米亚新教徒进行宗教活动，拆毁教堂，同时宣布参加新教集会者为暴民。1618 年 5 月 23 日，波西米亚新教教徒在布拉格发动起义，武装群众冲进王宫，把皇帝的两名大臣及一名书记官从窗口抛出。这一事件成为三十年战争的导火索。

在三十年战争期间，哈布斯堡王朝同盟由西班牙哈布斯堡王朝和奥地利哈布斯堡王朝组成，同时得到罗马教皇、德意志天主教诸侯以及波兰、立陶宛王国的支持。而反哈布斯堡王朝的同盟由法国、瑞典、丹麦、联合省共和国（荷兰）、英国和俄国组成，同时得到德意志新教诸侯、波西米亚、特兰西瓦尼亚以及意大利反哈布斯堡王朝运动者的支持。三十年战争共分为四个阶段，分别是捷克阶段（1618—1624 年）、丹麦阶段（1625—1629 年）、瑞典阶段（1630—1635 年）及全欧混战阶段（1636—1648 年）[1]。战争最后以哈布斯堡王朝战败而告终，所有参战国于 1648 年签订《威斯特伐利亚和约》。

三十年战争不仅对欧洲而且对世界产生了巨大的影响。一是对世界而言，三十年战争推动了近代民族国家的形成。《威斯

---

[1] 各国参战时间与不同阶段战争情况如图 8.10 所示。

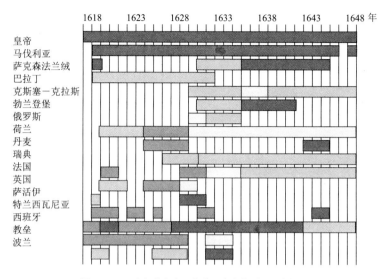

图 8.10　三十年战争主要参战国家参战时间分布情况
资料来源：图片来自网络。

特伐利亚和约》承认了神圣罗马帝国统治下的许多邦国是独立的主权国家，确立了国际关系中的国家领土、主权与独立等原则，这一切被认为是近代国际关系的开端，也标志着国际法正式产生。相关国际关系的理念，也随着后来欧洲对世界影响的加深，而对近代国际秩序构建影响深远。二是对欧洲各个参战国家而言，三十年战争改变了欧洲政治格局。首先，对德意志而言，在经济方面，由于德意志是三十年战争的主战场，战争导致经济遭到极大破坏，60% 的人口死亡，劳动力供给受到严重冲击。在政治方面，战争导致了德意志进一步分裂，诸侯的权力得到稳固。其次，对荷兰来说，这场战争使荷兰独立，成为新的海上霸主。再次，对西班牙而言，一系列战争的失利使其失去了欧洲强国的地位，一蹶不振。最后，法国和瑞典是这场战争的赢家。法国利用这场战争获取了阿尔萨斯的主权，成为欧洲霸主，这一局面一直维持到普法战争德意志统一。瑞典则取得了德意志在波罗的海沿岸的土地，成为北欧强国。

2. 十字军东征

在人类历史上，另一个与宗教有紧密关系的大规模战争是发生在中世纪的十字军东征。十字军东征是在罗马天主教教皇指示下，由欧洲封建领主和骑士对异教徒（不仅包括伊斯兰穆斯林，也包括一些基督教异端教派）建立的国家发动的一场旷日持久的宗教战争。

这场战争的爆发与基督教和伊斯兰教有关宗教扩张和圣地的问题密不可分。从公元 1 世纪开始，创始于罗马帝国境内犹太省（今以色列、巴勒斯坦地区）的基督教迅速传遍罗马帝国。到公元 4 世纪时，基督教已经是罗马帝国最大的宗教，并且在公元 380 年狄奥多西大帝时期成为国教。在随后的几个世纪，耶路撒冷、巴勒斯坦和叙利亚地区都位于罗马帝国以及后来的拜占庭帝国境内，基督徒人数在圣地占有绝对优势。然而，在公元 7 世纪，情况发生了变化。此时，伊斯兰教在阿拉伯半岛兴起，在穆罕默德之后的四大哈里发时期，穆斯林们迅速向阿拉伯半岛以外的地区扩张，中东地区的历史从此发生巨大变化。由于拜占庭帝国和波斯萨珊帝国连年战争，国力衰弱，穆斯林得以在中东地区发展。在 636 年穆斯林于约旦击败了拜占庭军队，并于 638 年占领了基督教圣地耶路撒冷。接下来，阿拉伯人向北和向西迅速推进。公元 8 世纪初，穆斯林击败了西哥特人并控制了伊比利亚半岛中部地区，甚至挺进到法兰克王国的心脏地带。与此同时，在东面，虽然君士坦丁堡抵挡住了阿拉伯人的进攻，但是到公元 9 世纪时，地中海许多岛屿已被阿拉伯人控制占领。公元 10 世纪至 11 世纪，穆斯林的扩张进入相对稳定期。但是在 1009 年，第六任埃及法蒂玛王朝哈里发哈基姆下令摧毁耶路撒冷基督教堂，并且对非穆斯林进行迫害。此外，1071 年，塞尔柱帝国战胜拜占庭帝国的军队，使拜占庭丧失了大量土地。君士坦丁堡不得不向西方寻求军事援助。

以上一系列伊斯兰世界的扩张、宗教迫害以及塞尔柱帝国的进攻加剧了基督教世界与伊斯兰世界的对立气氛。1074 年教皇格列高利七世发出圣战的呼吁，但响应有限。1095 年 11 月情况有所改变，教皇乌尔巴诺二世在意大利皮亚琴察召开宗教会议，在会议上教皇呼吁西欧应当收复圣地，解救基督教兄弟，对抗穆斯林。并且在同年 12 月，在法国克莱芒召开的更大的基督教会议，教皇发表演说号召更多响应者。与会者不仅有各地大主教、封建贵族、骑士，而且也有很多平民。最终确立以十字记号为军队徽帜开始东征。

十字军东征先后进行了十次。最初参加十字军东征的天主教徒相信，十字军东征的目的是收复被穆斯林占领的圣地耶路撒冷。然而事实上，虽然十字军东征以捍卫宗教、解放圣地为口号，但是参加东征的各个集团都有自己的政治、经济目的，而且伴随着一定程度上的劫掠行为。例如，1204 年，十字军东征队伍劫掠了拜占庭首都君士坦丁堡。所以，美国学者朱迪斯・M.本内特在他的著作《欧洲中世纪史》中写道："十字军远征聚合了当时的三大时代热潮：宗教、战争和贪欲。"[1] 1291 年，十字军东征随着基督教世界在叙利亚海岸最后一个桥头堡——阿卡被攻陷而结束。

十字军东征对地中海地区以及西方基督教世界都造成了较为深远的社会、经济和政治影响，甚至有些影响至今。首先是十字军东征对地中海沿岸国家人民，无论犹太人、基督教徒还是伊斯兰教徒等，都带来了深重的灾难。伊斯兰世界不复阿拉伯帝国时期的强大，直到奥斯曼土耳其的崛起才又创辉煌。其次，西欧各国则在数次大规模军事冲突中损失惨重，几十万十字军战死，精壮劳动力受到损失，但是教廷和封建主从战争中取得了大量的财富。此外，战争使此后东方伊斯兰世界与西方基督教世界互相对立，矛盾冲突升级。最后，十字军东征带动了东西方贸易的发展，使不少商人从中获利，并且推动了欧洲艺术发展，间接影响了欧洲文艺复兴发生。

三 战争冲突对经济发展的影响

以上分析了导致战争冲突的决定因素。从中可见，经济因

---

[1] Judith M. Bennett, C. Warren Hollister, *Medieval Europe: A Short History*, 7th *Edition*, New York：McGraw-Hil, 1994.

素、政治因素、文化因素以及气候地理冲击都对战争冲突的产生起到非常重要的影响。那么,战争冲突又是如何影响经济发展呢? 这恰恰是本节内容。

这里我们分别从战争与空间地理影响、战争与人力资本、战争与制度三个方面进行分析。不仅考察战争冲突对经济发展的影响,更加考察战争冲突对经济发展影响的内在机制。

(一) 战争对空间经济地理的影响

战争对经济社会具有很强的破坏力,不仅导致大量人口死亡,而且也导致城市毁坏等。因此,战争冲击可能对一个地区的空间经济地理结构产生至关重要的影响,从而改变一个地区的长期经济发展路径,影响当地经济发展。关于战争冲突对空间经济地理改变的一个典型的案例是太平天国战争与中国近代化发展。

太平天国战争是人类历史上死亡人数最多的内战冲突。战争爆发于 1851 年年初的广西,是一场以拜上帝教为主要形式反抗清朝统治的武装起义,至 1864 年太平天国都城天京 (今南京) 被清军攻陷,共历时 14 年。其间,战火先后波及全国 18 个省。因此,太平天国战争成为近代中国历史上持续时间最长,波及范围最广的国内武装冲突。

这场战争对近代社会最直接的影响莫过于战争直接或间接导致的人口死亡。例如,根据早期美国传教士哈珀 (Happer)

估算，太平天国战争至少导致约 5000 万的人口损失。而另一些学者，如葛剑雄等，则给出了更高的人口损失估计，认为应该至少为 1 亿。尽管这些人口损失估计结果存在高估或低估的可能，但是总体来看，在主要战争区域的人口损失至少也在 7000 万以上。[1] 因此，著名人口史学家何炳棣先生曾认为，爆发于19 世纪中叶的中国太平天国战争无疑是人类史上一场最大的杀戮。这也注定太平天国战争对近代中国社会发展有着特殊的意义和影响。

太平天国战争对经济发展的冲击，主要体现在这场战争对战前作为中国经济中心的江南地区造成了巨大的破坏，不仅破坏了原有的丝织、纺织中心的地理经济分布，使其迁移到他处，而且也对当地商业组织行会造成破坏。这场战争尽管是暂时性的，但是对战争爆发地区的经济发展产生了巨大的影响。从人口密度来看，在太平天国战争结束后的 65 年左右，爆发战争区域的人口密度才基本恢复到战前水平。[2] 这意味着太平天国战争虽然发生于 1851 年年初，以 1864 年天京（今南京）陷落为标志结束，但是对战争地区的影响，却并未随着清军收复南京而结束。在此后的半个世纪中，太平天国战争对战争爆发地区的影响依然持续，直到 20 世纪 30 年代后这种影响才悄然消失。

---

[1] 李楠、林矗：《太平天国战争对近代人口影响的再估计——基于历史自然实验的实证分析》，《经济学》（季刊）2015 年第 14 期。

[2] Nan Li. "Legacy of Civil: The Long-term Effect of Taiping Rebellion on Economic Development in Modern China", Working Paper, 2017.

我们将其与第二次世界大战战后各国，以及越南战争战后越南的经济恢复对比来看，太平天国战争对近代中国的影响无疑是长期而深刻的。根据欧根斯基（A. F. K. Organski）与亚采克·库格勒（Jacek Kugler）等的研究，在"二战"结束后的 15—20 年，战争的影响就趋于消退，无论是资本主义世界还是社会主义经济体都开始恢复到战前水平。[1] 而根据爱德华·米盖尔（Edward Miguel）和热拉尔·罗兰（Gérard Roland）对越战的研究发现，越战过后 25 年，越南部分地区的贫困率、消费水平、基础设施等就不再受战争的负面影响。[2]

那么为什么太平天国战争造成的冲击使战争爆发地区经济恢复长达半个世纪之久呢？主要原因有以下两个方面：一是战争导致大量人口死亡，土地大量荒芜。人口在战后数十年里依然呈现出"真空"或"半真空"的状态。虽然战后江南地区出现了移民潮，但是人口回填过程比较缓慢。其次，原有传统手工支柱产业受到严重冲击，发生衰落，空间经济地理结构发生变化。仅以南京为例，战前南京的丝织业超过苏州、杭州，成为江南地区丝织业最发达的城市，织机超过 5 万张，织工约 17 万人；然而，1888 年，织机仅 5000 张，织工 1.7 万人。从此南京丝织业一蹶不振。而且大量外逃机户不愿再回南京，因此很多

---

[1]　A. F. K. Organski, and Jacek Kugler, *The War Ledger*, University of Chicago Press, 1981.

[2]　Edward Miguel, and Gérard Roland, "The Long-run Impact of Bombing Vietnam", *Journal of Development Economics*, 96(1), 2011, 1-15.

原有传统产业中心难以恢复。

此外，这场战争也促进了近代中国城市化与工业化的发展。相关研究发现，太平天国战争虽然在短期内对战争爆发地区的经济发展造成了严重的冲击，但是长期来看却对当地近代城市化与工业化起到了正向的促进作用。[1] 其中，在太平天国战争激烈的地区，20 世纪 20 年代用城市人口规模度量的城市化水平显著高于未发生战争的地区。具体来看，如果当地战争持续时间每增加 1%，城市人口则增加 1.6% 左右。此外，在对 20 世纪 30 年代工业化指标所做的分析中发现，太平天国战争激烈的地区工业化进程也显著高于非战争区域。其中，战争持续时间每增加 1%，30 年代符合工厂法设定的工厂数和工人就业人数分别增加 5.8% 和 3.5%。由此可见，那些在太平天国战争中饱受战争影响的地区，在 20 世纪初的近代化发展过程中，城市化与工业化都得到了较快发展。

为什么会出现这一结果呢？这一过程主要通过以下三个内在机制得以实现。首先，太平天国战争造成大量人口损失，这无疑改变了发生战争地区的劳动力和资本要素禀赋结构。要素禀赋相对价格比例的改变使以资本密集为主要特征的近代工业化推行更加容易。此外，随着近代工业化的发展，大规模的移民也逐渐产生，而在移民的过程中，由于近代工业所带来的产业工人收入相对于传统农业收入更高，城市成为移民首选定居

---

[1]　Nan Li, and Debin Ma, "Legacy of Civil：The Long-term Effect of Taiping Rebellion on Economic Development in Modern China", Working Paper, 2017.

和寻求就业的地方。这导致江南地区劳动力在城乡之间持续流动，从而进一步加快了城市化和工业化的形成。其次，太平天国战争间接引起了近代清朝政治结构的变化，汉族地主地方势力扩大，进而导致了洋务运动的产生。特别是太平天国战争使那些具有革新倾向的湘军、淮军将领（如曾国藩、李鸿章等），在镇压太平天国政权之后，获得了战争爆发地区总督或巡抚的重要职位，这为这些省份开展洋务运动提供了政治条件。19 世纪 60 年代后，一系列以安庆内军械所、江南制造总局等为代表的近代军事、民用工业，以及上海广方言馆、译书局等文教事业，在长江中下游地区发展起来。这些近代工业厂矿的发展推动近代中国开始走上近代化发展道路。最后，太平天国战争引起的人力资本地理分布的改变也是导致战后战争爆发区经济发展的关键因素。这主要是因为在太平天国战争爆发时，清政府采用捐纳增加各地学额的方法来解决军费问题。这导致了 19 世纪后半叶学额总数大大增加，"士绅的人数从 19 世纪上半叶的 74 万增加至下半叶的 91 万，增加了 23%"，而且超过 2/3 的永广学额分布在太平天国战争爆发地区。这些传统人力资本的代表成为近代社会人力资本的主要来源，进而为近代城市化、工业化发展奠定了人才基础。

总之，从太平天国战争的案例中可见，战争的影响绝非仅仅表现为大量的人口损失和对物质资本基础设施的直接破坏。在某种程度上，战争可以通过改变空间经济地理结构来影响要素之间相对比例价格，最终对长期的经济发展产生影响。

（二）战争对人力资本的影响

战争影响经济发展的另外一条非常重要的机制则是通过人力资本、社会结构来实现的。当战争带有较强民族性或种族性时，可能导致某一特殊阶层在短时期内突然消失，由此对整个社会发展路径产生较大影响。一个典型的案例是第二次世界大战中德国对犹太人种族的大屠杀。

对犹太人的迫害最初开始于德国政府出台的一系列排犹法案，如《1935 年纽伦堡法案》等，这些法案的目的在于将犹太人从德国社会中排除出去。从 1933 年开始，德国纳粹开始建立一系列集中营，并且在 1939 年第二次世界大战爆发后又开始建立犹太区。在第二次世界大战初期，德国纳粹在东欧地区快速扩张，一方面广泛获取新领土，另一方面在这些区域开始屠杀犹太人。到 1942 年年底，占领区内的犹太人及其他少数族裔普遍通过火车被送往灭绝营，即使在前往过程中可以避免虐待、饥饿等幸存下来，最终也在灭亡营的毒气室中遭到杀害。这一状况一直持续至德国战败。

大屠杀主要发生在纳粹德国、德国占领区以及纳粹德国盟国控制地区。据估计，在整个战争期间，纳粹德国直接或间接控制占领区内犹太人为 800 万—1000 万，而被屠杀的犹太人受害者为 600 万，占 60%—75%，如表 8.2 所示。其中，在波兰拥有的 330 万犹太人中，有 90% 被杀；拉脱维亚和立陶宛的犹

太人遇害比例也为 90% 左右；德国和奥地利的 75 万犹太人约有
25% 幸存；捷克斯洛伐克、希腊、荷兰和南斯拉夫的犹太人约
有 70% 被杀。罗马尼亚、比利时、匈牙利等国家的犹太人遇害
比例为 50%—70%；白俄罗斯和乌克兰犹太人损失比重与罗马尼
亚、比利时相当。总体而言，在整个欧洲，仅有保加利亚、丹麦、
法国、意大利和挪威等国犹太人遇害比例较低。

表8.2 欧洲犹太人在大屠杀前后的死亡率

国家地区	犹太人在大屠杀前后的死亡率
德国、波兰、立陶宛、拉脱维亚、捷克斯洛伐克	80%—90%
奥地利、南斯拉夫、乌克兰、白俄罗斯、荷兰	60%—79%
挪威、比利时、罗马尼亚、保加利亚、匈牙利、爱沙尼亚	35%—59%
法国、意大利	2%—34%
欧洲其他地区	0%—1%

资料来源：Benz, Wolfgang, *The Holocaust: A German Historian Examines the Genocide*,
New York: Columbia University Press, 1999, 152-153。

由于犹太人在欧洲各个国家的社会阶层地位比较特殊，他
们一般主要从事具有较高人力资本的工作，如大学老师、音乐
家、企业主等。因此，犹太人大规模屠杀导致的结果是，那些
战前拥有较多犹太人的国家社会结构（特别是人力资本）产生
较大损失，这对这些国家战后经济恢复与发展造成不利影响。

关于这一问题，德隆·阿西莫格鲁（Daron Acemoglu）与其
合作者展开了讨论。[1] 他们利用苏联东欧地区人口结构数据对战

---

[1] Daron Acemoglu, Tarek A. Hassan, and James A. Robinson, "Social Structure
and Development. A Legacy of the Holocaust in Russia", *Quarterly Journal of
Economics*, 126(2), 2011, 895-946.

争中犹太人大屠杀导致的社会结构变化对经济发展的影响进行考察。首先，图 8.11 给出了战前犹太人和全部人口的社会结构对比情况。可以看出，在全国 15% 的白领阶层中犹太人占 67%，在 50% 的农民中犹太人仅占 3%。由此可见，犹太人在社会阶层中处于较高地位，而且具有较高的人力资本。然而，在第二次世界大战后，这些犹太人在战争中遇害，导致社会阶层出现真空。

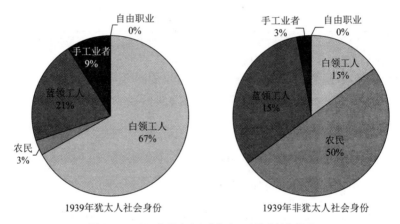

图 8.11　1939 年犹太人和全部人口中社会结构情况

资料来源：Daron Acemoglu, Tarek A. Hassan, and James A. Robinson, "Social Structure and Development: A Legacy of the Holocaust in Russia", *Quarterly Journal of Economics*, 126(2), 2011, 895-946。

　　在后续的实证研究中，他们发现，在第二次世界大战爆发前的 1939 年年初，犹太人人口比例对战前城市人口数量不具有显著影响，但是在第二次世界大战后，战前犹太人比重较高的地方，战后城市人口越少。具体表现为，1939 年犹太人口比重每增加 1 个百分点，1989 年城市人口下降 6.7%。由此可见，在战争中，社会阶层的冲击导致了人力资本相对减少，而这对战后的经济增长产生了不利的影响。图 8.12 利用散点图对这一结果进行了更加直接的刻画，我们发现战前犹太人人口比例与战后城市化之间呈现显著的负向相关关系。

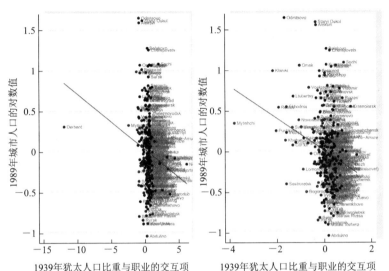

1939年犹太人口比重与职业的交互项　　　　1939年犹太人口比重与职业的交互项
coot-.06786082.(rooust)10.02730685.1=-2.49　coot-.19946235.(rooust)so=.05507338.t=-3.62

图8.12 犹太人人口比例对城市人口的影响的散点图

资料来源：Daron Acemoglu, Tarek A. Hassan, and James A. Robinson, "Social Structure and Development：A Legacy of the Holocaust in Russia", *Quarterly Journal of Economics*, 126(2), 2011, 895-946。

（三）战争对制度变迁的影响

除人力资本外，战争对制度形成与变迁也有较大影响。战争，特别是侵略战争，随着侵略者将其制度在被占领国家推行，这些制度也会随着路径依赖效应对占领地区以后的经济发展产生影响。在众多历史事件中，最典型的案例莫过于法国大革命。

法国大革命（French Revolution）主要是指 18 世纪末法国社会各阶层广泛参与推翻法国君主专制政体的一系列革命运动。历史学家托克维尔曾指出，法国革命是最伟大、最激烈的革命。这场革命不仅动摇和废除了欧洲封建制度，而且对欧洲近代化发展扮演了非常重要的角色。

在法国大革命中，一位非常杰出的人物就是拿破仑·波拿巴（Napoléon Bonaparte）。拿破仑于 1769 年出生于科西嘉岛，是杰出的军事家、政治家、法学家，也是法兰西第一帝国的缔造者。拿破仑在其统治期间，通过发动一系列对外战争，使法国得以在欧洲建立霸权。尽管由拿破仑建立的帝国最终战败，波旁王朝得以复辟，但是在战争期间，拿破仑也将法国大革命的理念和革命成果推行到了欧洲各地，使之发扬光大，而这些革命遗产也对被占领的欧洲国家后来经济发展产生了非常重要的影响。

法国大革命最重要的贡献莫过于一系列大革命理念与制度的推行。因此，近期美国麻省理工学院的德隆·阿西莫格鲁（Daron Acemoglu）教授及其团队利用法国对德国不同地区占领的时间，以及推行拿破仑法典和推行各项改革的时间作为制度影响的代理变量，考察拿破仑战争对占领国家制度形成与经济绩效的影响。[1] 表 8.3 分别给出了法国领土扩张以及改革的时间。可以看出，在德国不同地区，法国占领的时间完全不同，其中占领时间最长的是普鲁士的莱茵半岛和巴伐利亚的巴拉迪内，长达十九年。而在其他地区，如乌特姆博格等则没有被占领。图 8.13 将表 8.3 的信息更直接地展现出来。其中，将法国占领的地区设定为实验组，而将没有占领的地区设置为对照组。从图 8.13 可见，在 1800 年之后，被法国占领的地区改革指数普遍高于没有被占领的地区。接下来，在对经济绩效进行考察的实证结果讨论时发现，正如之前假说所言，法国大革命对当时被

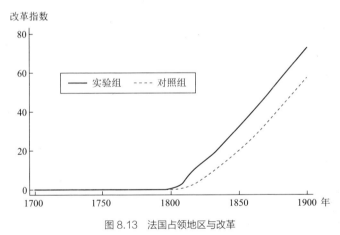

图 8.13　法国占领地区与改革

资料来源：Daron Acemoglu, Davide Cantoni, Simon Johnson, and James A. Robinson, "The Consequences of Radical Reform: the French Revolution", *American Economic Review*, 101(7), 2011, 3286-3307。

---

[1]　Daron Acemoglu, Davide Cantoni, Simon Johnson, and James A. Robinson, "The Consequences of Radical Reform: The French Revolution", *American Economic Review*, 101(7), 2011, 3286-3307.

表8.3

法国领土扩张和改革

领土	法国侵占的时间 (1)	民法典 (2)	废除农奴制 (3)	土地改革 (4)	废除公会 (5)	1850年改革指数 (6)	1900年改革指数 (7)	人口权重 (1750) (8)
面板A: 对照组								
莱茵兰（普鲁士）	19	1802	1798	1804	1795	50.25	100.25	1439
普法尔茨（巴伐利亚）	19	1802	1798	1804	1795	50.25	100.25	239
马克/鲁尔（普鲁士）	6	1810-15,1900	1808	1825	1809	28.25	65.75	150
威斯特伐（普鲁士）	6	1810-15,1900	1808	1825	1809	28.25	65.75	529
布伦瑞克	6	1808-14,1900	1808-18,1834	1809-18,1834	1808-15,1864	16	50	155
萨克森州（普鲁士）	6	1808-15,1900	1808	1809	1809	32.75	70.25	763
黑森-卡塞尔	6	1808-14,1900	1808-14,1833	1809-14,1832	1808-16,1869	15.25	48	294
汉诺威	3	1808-13,1900	1808-14,1833	1809-14,1833	1808-15,1869	14.25	47	1090
平均	9.98					32.41	72.88	1439
面板B: 控制组								
巴登	0	1810	1783	1820	1862	34.25	81.25	609
巴伐利亚: 南部	0	1900	1808	1826	1868	16.5	49.5	1163
黑森-达姆施塔特	0	1900	1811	1816	1866	18.25	51.75	264
萨克森	0	1865	1832	1832	1862	9	52.25	1020

续表

领土	法国侵占的时间(1)	民法典(2)	废除农奴制(3)	土地改革(4)	废除公会(5)	1850年改革指数(6)	1900年改革指数(7)	人口权重(1750)(8)
哥腾堡州	0	1900	1817	1836	1862	11.75	46.25	925
平均	0					16.31	54.46	
面板C：控制组（易北河以东）								
勃兰登堡（普鲁士）	0	1900	1811	1821	1810	27	64.5	797
东普鲁士（普鲁士）	0	1900	1811	1821	1810	27	64.5	554
波美拉尼亚（普鲁士）	0	1900	1811	1821	1810	27	64.5	342
西里西亚（普鲁士）	0	1900	1811	1821	1810	27	64.5	1053
梅克伦堡—什未林	0	1900	1820	1862	1869	7.5	37.25	217
石勒苏益格—荷尔斯泰因	0	1900	1805	1805	1867	22.5	55.75	541
平均	0					25.1	61.46	

资料来源：Daron Acemoglu, Davide Cantoni, Simon Johnson, and James A. Robinson, "The Consequences of Radical Reform: the French Revolution", *American Economic Review*, 101(7), 2011, 3286-3307。

占领地区资本主义改革具有较强的影响。其中，被占领时间越久的地区比那些占领较晚的地区拥有更高城市化率水平，经济也更为发达。这种影响具有较强的滞后性，特别是在 1875 年以后，才逐渐显现出来。由此可见，战争虽然对经济发展造成不利影响，但是也可以通过一些机制，例如制度等渠道，对战后的经济发展与恢复起到重要的促进作用。

四　结束语

尽管自第二次世界大战以来，世界总体相对战前较为和平，但每年仍有战争不断发生。特别在发展中国家或地区，战争冲突不断，而战争与冲突成为这些国家经济发展较缓的重要根源之一。

在本章，我们不仅给出了战争冲突的基本定义，明确了战争冲突产生的原因，而且通过一系列历史典型案例，对战争与经济发展之间的关系进行了考察，从而不仅讨论了战争对经济社会的影响，也对战争影响经济发展的内在机制进行了介绍。我们可以看到，战争的起因具有多元性，文化、经济、政治、自然环境冲击是战争爆发的主要原因。与此同时，就战争对经济发展影响的内在机制来看，尽管战争对人口和基础设施等具有很大的直接破坏作用，但是战争作为暂时性历史冲击，也可以通过改变人力资本结构、影响制度形成与变迁等对经济发展产生长期影响。

第九章
新航路开辟、哥伦布交换与全球贸易

自亚当·斯密《国富论》问世以来,自由贸易便成为促进经济增长的重要因素。当一个国家或地区积极参与自由贸易时,分工才得以促进,经济才能获得发展,国家财富的积累才能增加。人类社会进行跨洲际的贸易并非自古就有,当前广泛开展的全球化与国际化贸易得益于1500年前后的地理大发现与新航路开辟。新航路的开辟不仅将旧大陆与新大陆连接在一起,而且促进了新旧大陆之间物种、人口、技术等所谓"哥伦布交换"的出现,这也为殖民主义的出现创造了条件。本章主要从15世纪末欧洲历史经验出发,围绕什么是地理大发现,地理大发现产生的原因及其影响,什么是哥伦布交换,以及哥伦布交换对近代欧洲和世界经济发展有哪些重要影响等问题进行考察。希望通过本章的介绍,我们可以对全球化问题进一步深入思考,从而探讨全球化、国际化对近代人类社会发展带来哪些福祉和遗憾。

本章的结构安排如下:本章第一部分主要就新航路开辟的历史背景、过程进行介绍;第二部分主要对新航路开辟的影响以及之后所产生的哥伦布交换进行考察，不仅讨论"哥伦布交换"的具体内容，而且讨论"哥伦布交换"的影响；最后是本章的总结，针对全球化产生以后对经济社会所产生的福祉和遗憾进行思考。

一 新航路开辟与地理大发现

地理大发现又称为"大航海时代"，主要是指从 15 世纪至 17 世纪欧洲的船队在世界各大海洋上，寻找新的贸易路线和贸易伙伴的一系列海洋探索活动。在这些远洋探索中，欧洲人发现了许多当时不为人知的国家与地区，拓展了人们对世界地理版图的认识。与此同时，通过一系列远洋探险活动，欧洲涌现出了一大批优秀的著名航海家，例如克里斯托弗·哥伦布（Christopher Columbus）、瓦斯科·达伽马（Ponte Vasco da Gama）、胡安·德·拉·科萨（Juan de la Cosa）、巴尔托洛梅乌·迪亚士（Bartolomeu Dias）、乔瓦尼·卡波托（Giovanni Caboto）、胡安·庞塞·德莱昂（Juan Ponce de León）、斐迪南·麦哲伦（Ferdinand Magellan）等。更重要的是，随着地理大发现，在新大陆上一系列殖民地不断产生，这也为西欧工业革命开展以及资本主义发展起到了资本原始积累的作用。

（一）新航路开辟之前的欧洲贸易

在地理大发现之前，中世纪的欧洲社会正处于相对封闭的自然经济状态。虽然在一些地区也存在一定的为封建经济服务的商品生产与交换，但是商业活动空间有限，商业贸易活动的形式主要是贩运贸易和集市贸易，而且贸易的空间分布依然集中在欧洲区域范围内。

在公元 5 世纪至 11 世纪长达 600 多年的时间，欧洲商业模式依然是贩运贸易。商人通常通过长途贩运来供应封建庄园相对缺乏的物质资源，例如盐、铁、粮食以及从阿拉伯商人手中购买的香料、丝绸等奢侈品。直到公元 11 世纪，欧洲生产力水平获得提高，社会分工得到发展，此时商业活动才获得了一定的发展。一方面，城市手工业产品种类不断丰富，数量不断增加；另一方面，庄园的农产品供给也日益增加。此外，波西米亚、西里西亚及萨克森等地大量开采银矿，改变了区域之间的要素禀赋结构。与此同时，十字军东征也促进了西欧商业的发展。上述事件最终导致公元 12—13 世纪西欧商业模式的改变。此时，欧洲各地陆续出现了定期举行的集市，商人在集市上进行大宗商品的批发贸易。而且一大批国际性的集市不断涌现，例如法国的香槟集市 [1]。

---

[1]　香槟集市是中世纪时期欧洲地区著名的国际贸易集市。香槟集市所在的香槟地区，地理位置特殊，位于意大利与佛兰德斯之间，同时又有德意志通往西班牙的商路，因而该地逐渐发展成为欧洲商业中心。集市每年定期举行，并且在 13 世纪后半期达到全盛。后来因为新航路的开辟以及英法百年战争的爆发，逐渐衰落。

在 13 世纪以后，欧洲特别是西欧商业获得较大发展，分别形成两大商业贸易区域。一是地中海贸易圈，主要包括意大利北部的威尼斯、热那亚、比萨、佛罗伦萨等城市，与近东地区进行贸易。在这些贸易中，胡椒、肉桂、丁香等香料是主要商品。而且自 13 世纪后，输入欧洲的商品除香料外，还有米、橘、杏、无花果、葡萄干、香粉、药剂和苏木、洋红、明矾等食物和染料，以及棉花和生丝。二是环绕北海和波罗的海诸国的贸易区。该贸易区主要被汉萨同盟[1]长期控制。其贸易区范围主要包括尼德兰、英格兰、德意志北部、丹麦、斯堪的纳维亚以及罗斯托克西北部地区。主要的贸易货物包括布、盐、鲱鱼、咸肉、粮食、啤酒、葡萄酒、呢绒、羊毛、皮革、兽皮、牲畜、草木灰、鲸油、木材、大麻、树脂、蜂蜡、弓料、砖、香料、桶板、铁、铜、锡和金属制品等。地中海贸易圈与北海、波罗的海贸易圈之间也保持着密切的联系。陆路的商旅是从意大利北部威尼斯等城市翻越阿尔卑斯山到达佛兰德；海路则是从威尼斯或热那亚经直布罗陀到布吕赫或英格兰各港口。通过这两条陆路与海路的商业路线，南北欧之间的区域贸易得以打通。

尽管欧洲存在两个规模较大的跨区域商业市场，但是这两个市场依然没有摆脱欧洲的地理范围。然而，除了这两个区域市场外，还有一条重要的跨洲际国际贸易路线，这就是欧洲与

---

[1] 汉萨同盟是神圣罗马帝国与条顿骑士团诸城市之间形成的商业与政治联盟。汉萨同盟形成于 12 世纪中期，14—15 世纪早期达到鼎盛，加盟城市最多时达 160 个。后来，随着英、俄、尼德兰等国工商业的发展和新航路的开辟，逐渐转衰。

亚洲相连接的香料贸易路线。

在中世纪的欧洲，香料是一种具有极其特殊地位的商品。香料不仅可以用于烹饪、食物贮存和调味，而且也可用于巫术、防腐、香水、治疗等。然而，尽管欧洲对香料有着巨大的使用需求，但是香料本身并不产自欧洲，而是亚洲。例如，可用于化妆、医疗、香氛的肉桂仅生长于斯里兰卡地区，而与肉桂近似的桂皮则产自中国和缅甸地区；豆蔻产自印度尼西亚的班达海诸岛；丁香仅产自马鲁古群岛（印度尼西亚南部，又称香料群岛）；广泛用于烹饪的胡椒产自印度。主要贸易香料如图9.1所示。

由于香料均产自亚洲地区，极为稀缺，故在欧洲价格非常昂贵，成为有钱人享用的奢侈品。为了牟利，许多商人开始往返于欧洲与亚洲之间，贩运香料，"香料之路"由此形成。

"香料之路"分为陆路和海路两条路线。陆路主要是从地中

丁香　　　　　　　　肉桂

胡椒　　　　　　　　肉蔻

图9.1　欧洲香料贸易的主要香料

资料来源：图片来自网络。

海东岸（亚历山大、大马士革）经过里海穿过巴格达到达咸海；从布哈拉进入印度德里、阿拉格，以及经过阿拉木图经过天山到达西安，即后来的"丝绸之路"。海上路线主要是从苏伊士或巴士拉，经红海或波斯湾进入阿拉伯海，到达印度、东南亚和中国。然而，在1200—1500年，传统的陆路运输被蒙古人和奥斯曼土耳其阻断。尽管西方世界依然可以获得宝贵的香料，但是却不得不遭受沿途关卡的层层盘剥，以及中东地区多变的政治局势和盗匪的骚扰，陆路贸易受到了严重影响。而海上路线则被威尼斯和热那亚等地的意大利商人所垄断。因此，在15世纪，如何寻找一条通往东方获取香料的新航路，冲破威尼斯和热那亚的垄断，成为欧洲地理大发现最重要的经济根源。

（二）新航路开辟的其他原因及条件

地理大发现之所以在15世纪发生，除了寻求新贸易航线获得东方香料这一经济动机外，也与其他一些经济社会、科学技术的发展密不可分。

首先，大航海离不开欧洲一些国家政府的支持，而这些国家支持远洋航海的行为也有较强的经济动机，例如最开始支持远洋探险的葡萄牙。相对于其他西欧国家而言，葡萄牙王国较为贫穷、土地贫瘠，因此来自葡萄牙的航海者热衷于寻找新资源和肥沃土地。早在13世纪，葡萄牙水手已经远离海岸来到大西洋深海。14世纪初，他们发现了亚速尔群岛和马德拉群岛，并随着欧洲人对蔗糖需求的不断增加，开始在大西洋的群岛上开垦甘蔗种植园。

其次，为了探求西非的黄金。12 世纪欧洲与非洲就有了贸易往来，获得黄金和象牙。特别是黄金，因为这一来自非洲的贵金属是购买亚洲奢侈品的主要支付手段。但是在 12 世纪以后，穆斯林商人控制了贸易。因此，避开穆斯林商人找到通往非洲市场的直接途径也成为大航海时代的一个重要动因。

再次，宗教因素也是导致大航海时代出现的一个重要因素。同佛教、伊斯兰教一样，基督教也具有传教性质。特别是《圣经·新约》明确基督教徒应该将他们的信仰传播到世界各地。因此，扩大基督教的影响也是推动欧洲人探索更为广阔的世界的动机，而且大航海时代也给西欧人传播信仰带来了新的契机。

此外，航海技术的发展与地理知识的积累也是导致地理大发现的重要条件。要想实现远洋航行，两个基础条件是必不可少的。一是需要有坚固且适用于海上航行的船只，二是需要导航仪器在波涛汹涌、变化多端的大海上寻找航向。12 世纪以来，这些技术都有所突破。其一，欧洲水手学会了在船尾增加船舵，使船更加灵活。其二，两种帆船的发明，即卡拉维帆船与卡拉克帆船。它们的特点在于使用了三角帆，三角帆非常灵活，既可以利用侧风也可以利用后风。传统方帆与三角帆的混合使用可以使帆船利用来自任何方向的风，特别是在海上航行时，抢风前进，逆风航行是大航海的关键。其三，航海导航仪、工具罗盘和星盘得到发展。罗盘是中国人在唐宋时期的重要发明，自 11 世纪传入印度洋，到 12 世纪欧洲水手开始使用。星盘是希腊和波斯天文学家通过测算太阳或北极星与地平线的夹角来确定纬度的仪器。在 15 世纪，葡萄牙水手又根据阿拉伯人的技术制作出十字标尺和反向标尺。[1] 这些导航工具的使用使海上航行成为可能。

最后，大航海时代的到来也与当时一些国家的制度安排密不可分。首先是航海学校的建立。例如，葡萄牙王子恩里克创办了人类历史上第一所航海学校。与此同时，一些国家开始资助海上探险活动。例如，1487 年葡萄牙国王若昂二世资助迪亚士，1492 年卡斯蒂利亚王国伊萨贝拉女王资助哥伦布等。另外，西方社会普遍实行的长子继承制度也为大航海时代提供了较为充裕的劳动力保障。长子继承制度规定，只有长子才可以继承父母的财产，其他儿子则进入城市成为无产者，而大航海时代的来临给这些无产者提供了就业和冒险致富的机会，他们希望可以通过冒险获得财富。

（三）新航路开辟的典型事例

自 13 世纪以来，西欧人开始海上冒险活动。13 世纪末，维瓦尔第兄弟从热那亚出发，组织了一支由两条船组成的船队试图绕过非洲抵达印度，但是未能成功。1415 年葡萄牙王子亨利

---

[1] 但对于经度的准确测量直到 18 世纪使用航海钟之后，人们才有这样的能力。

占领摩洛哥港口休达，赞助了一系列在非洲西海岸的探险活动。1488 年巴托罗缪·迪亚士绕过好望角进入印度洋，打通了通往印度、中国和生产香料的东南亚地区的航路，带来了不用借助穆斯林中间商就能购买丝绸、香料和胡椒的机会。1497 年瓦斯科·达伽马率领 4 艘商船前往印度。与上述航海事件相比，对后来世界产生巨大影响的是热那亚人克里斯托弗·哥伦布的环球航行。1492 年，哥伦布在西班牙国王费迪南和女王伊莎贝拉的资助下进行探险活动，他相信向西航行也能达到印度。后来尽管哥伦布没有到达印度，但却发现了美洲大陆，建立了东西半球之间的联系，为后来欧洲人征服美洲铺平了道路。

除了早期一些探险家在大西洋进行探险活动外，其他大洋的探险活动也在同时进行。例如，1513 年西班牙人瓦斯科·努奈茨·德·巴尔博亚在巴拿马探险时发现了太平洋。接着葡萄牙探险家费迪南德·麦哲伦对太平洋进行了探险，并且用了 3 年时间进行了环球航行。16 世纪，法兰西斯·德瑞克爵士勘探了北至温哥华岛的北美西海岸。18 世纪以后，俄国和法国也加入探索太平洋以及西北通道的队伍中。18 世纪，俄国政府委托丹麦航海家维塔斯·白令进行两次航海探险，寻找到达亚洲的西北通道。1800 年，俄国水手对太平洋的探索已经到达夏威夷群岛。此外，詹姆斯·库克对太平洋进行了探险，并且绘制了澳大利亚东部和新西兰以及夏威夷、北冰洋、汤加和夏威夷等地的地图。以上这些探险活动使人们对世界地理有了更加全新的认识，丰富了人们对所生存的地球人文、地理、生物等方面的知识。早期主要的海外探险活动如表 9.1 所示。

表 9.1　　　　　　　　　　大航海时代主要探险活动

时间（年）	主要事件
1488	迪亚士发现好望角，为葡萄牙开辟通往印度的新航线奠定基础
1492—1502	哥伦布发现美洲新大陆
1497	卡波特到达北美洲纽芬兰，为英格兰建立北美殖民地开拓了道路
1497—1498	达伽马从好望角到达印度，开辟欧亚商业关系
1519—1522	麦哲伦进行环球航行
1500	卡布拉尔最早到达巴西
1596	巴伦支致力于开拓通过北冰洋建立欧亚东北航道
1644	塔斯曼发现塔斯马尼亚岛、新西兰、汤加、斐济
1768—1779	库克首次登陆澳洲、夏威夷群岛

二　地理大发现的影响

　　新航路开辟对近代人类社会发展产生了非常重要的影响。新航路开辟以及地理大发现的第一个重要影响在于一系列探险活动大大拓展了人们对世界地理的认识范围，促进了地理学的发展。在 15 世纪中叶，人类已知的陆地面积只占地球全部陆地的 2/5，航海区域也仅有地球全部海域面积的 1/10。人们对世界地理的认识，如弗拉毛罗地图（见图 9.2）所展示的那样，整个世界仅由亚洲、欧洲和非洲所组成。但是到了 17 世纪末 18 世纪初期，人类地理知识中已知的陆地和海域面积已经达到了地

球全部陆地和海域面积的 9/10。其次，新航路开辟和地理大发
现对全世界的经济、政治、社会，尤其是欧洲，产生了前所未
有的巨大影响。大航海时代的到来，让地中海沿岸国家和城市
的经济活动进入了有史以来最活跃的时期。早先，地中海地区
的政治权力和经济财富基本掌握在意大利人与希腊人手中；后
来，随着拜占庭帝国君士坦丁堡的陷落，阿拉伯人开始在地中
海区域内占有绝对主导地位；但是大航海时代的到来使葡萄牙
与西班牙通过开辟新航路逐渐将地中海甚至欧洲的权利和经济
的重心转移到伊利比亚半岛上来，意大利城邦以及穆斯林失去了
对东方贸易的垄断。到 19 世纪，西欧的优势更加突出，法、英、
荷三国开始活跃，主导了大西洋的经济活动，不仅促进了西方国

图 9.2　威尼斯制图师弗拉·毛罗绘制的弗拉·毛罗地图（1459 年）
资料来源：图片来自网络。

家海外贸易的发展，也促进了殖民主义活动在亚非拉地区的扩
张。在经济方面更值得提及的是，西欧国家在大航海时代积累
的大量财富也为近代资本主义发展与工业革命的产生创造了物
质基础。此外，在政治方面，大航海时代削弱了欧洲传统封建
势力的经济基础，直接或间接地激发了近代资产阶级的形成，
促进了资产阶级革命的爆发。最后，大航海时代随着新旧大陆
的交流，也促进了物种、文化以及人口在新旧大陆之间的流动，
即哥伦布交换的产生。在本节接下来的部分，我们主要就新航
路开辟对近代欧洲的经济政治影响，以及其所导致的哥伦布交
换进行介绍。

（一）大西洋贸易与欧洲经济发展

大航海时代开始于 13 世纪，此后欧洲沿海国家纷纷加入对
海外未知世界的探索之中。这一探索过程对欧洲近代的经济社
会影响一直是历史学家与经济史学家关心的重要问题。新航路
开辟究竟对欧洲地区经济发展产生什么影响呢？

最新关于大西洋贸易对欧洲崛起影响的研究表明 [1]，在
1300—1850 年，参与大西洋贸易的西欧国家城市化率在 1500 年

---

[1]   Acemoglu, D.S. Johnson, and J.A. Robinson, "The Rise of Europe：Atlantic Trade, Institutional Change, and Economic Growth", *American Economic Review*, 95 (3), 2005, 546-579.

之后显著上升，从 9% 上升到 20%，而亚洲国家则从 12% 下降
到 7% 左右。此外，从不同区域贸易来看，从事大西洋贸易的国
家，城市化水平获得显著提升，从 1300 年的 7% 上升到 25%，
而参与其他区域贸易的国家城市化水平则呈现缓慢增长的趋势，
如图 9.3 所示。

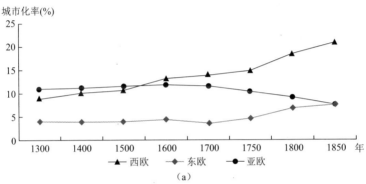

（a）

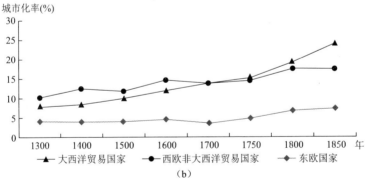

（b）

图 9.3　1300—1850 年西欧、东欧和亚洲城市化变化情况

资料来源：Acemoglu, D.S. Johnson, and J.A. Robinson, "The Rise of Europe：Atlantic Trade, Institutional Change, and Economic Growth", *American Economic Review*, 95(3), 2005, 546-579。

另外，从图 9.4 可见，人均 GDP，也有类似的变化特征。1500 年以来，西欧地区人均 GDP 持续上升，而亚洲地区人均 GDP 从 1500 年的 600 元逐渐下降到 1870 年的 480 元左右。另外，从不同贸易区域来看，也可以看到 1500 年以后，大西洋贸易区域国家的人均 GDP 上升了 1 倍左右。而且在 1600 年以后，大西洋贸易地区人均 GDP 比那些不参加大西洋贸易地区高出 15% 左右。这一变化最终导致在 19 世纪初期东西方世界"大分流"的产生，西欧国家已经将世界其他国家远远落在后面。

为什么大西洋贸易地区会获得较快的经济增长呢？关于大西洋贸易如何促进经济发展的内在机制，不同学者有不同的观点。比如，大西洋贸易相关国家具有较好的地理区位优势，可以更好地进行贸易。但是这一假说虽然可以强调大西洋贸易区域为何崛起，但是解释不了葡萄牙、西班牙与英国、荷兰同样处于大西洋贸易区，为何英国与荷兰经济绩效会更好的问题。阿西莫格鲁及其合作者认为，大西洋贸易诱发的制度变革是引起大西洋贸易区域后期经济发展的重要决定因素。这主要是因为大西洋贸易的深入开展促进了参与大西洋贸易各国的商人社会地位的上升，而这些商人集团希望可以从那些封建领主手中获取更多的经济政治权利。因此，那些参与大西洋贸易国家的地区产权得以保护，制度得到变迁，进而为后续经济发展创造较好的制度基础。从阿西莫格鲁等进行的实证研究可以看出，在 18 世纪以后，参与

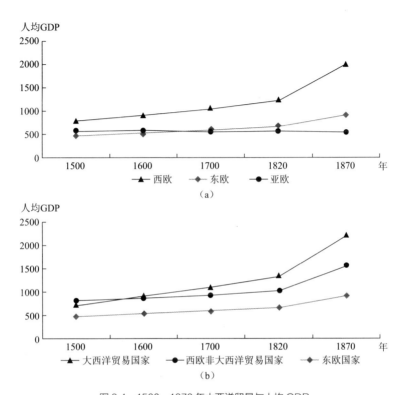

图 9.4 1500—1870 年大西洋贸易与人均 GDP

资料来源：Acemoglu, D.S. Johnson, and J.A. Robinson, "The Rise of Europe：Atlantic Trade, Institutional Change, and Economic Growth", *American Economic Review*, 95 (3), 2005, 546-579。

大西洋贸易的国家比那些没有参与大西洋贸易的国家对财产的汲取约束会更强。这一实证结果也进一步说明了为什么参与大西洋贸易的国家最终会相继掀起近代资产阶级革命的浪潮。

（二）"哥伦布交换"及其影响

新航路开辟的另一个非常重要的影响则是被称为"哥伦布交换"现象的出现。"哥伦布交换"主要是指原属于新旧大陆没有联系的疾病、农作物、人口以及技术观念等，在哥伦布发现美洲大陆之后发生了空间地理上的区域转移。例如，在农作物方面，原产于美洲的土豆、番茄、甘薯、辣椒等作物在哥伦布发现美洲之后，被传播到了欧亚旧大陆；而作为地广人稀的新大陆也为旧大陆提供了更多的土地，促进了旧大陆诸如棉花、大豆等作物在美洲迅速发展。在疾病方面，旧大陆的天花、麻疹等疾病被殖民者传播到了新大陆，导致了 1500 多万印第安人的死亡，在 1492 年之后的 100—150 年，人口下降了 80%—95%。与此同时，新大陆的梅毒病毒也随着欧洲船员传染到欧洲，导致梅毒在欧洲快速传播。在新旧世界中"哥伦布交换"的主要物种、疾病、动物如表 9.2 所示。

哥伦布交换对新旧大陆的经济社会产生了巨大的影响。首先，美洲作物促进了新旧大陆农作物之间的传播，改变了农作物分布的世界格局和区域种植结构。例如，2000 年，在世界上人们最喜欢的食物按照提供能量高低排名的前十种食物中，有四种食物是美洲作物，如玉米、土豆、木薯、甘薯等，他们是当前生活在新旧大陆上的人们的主要食物组成部分。而从国家分布来看，我们惊奇地发现，这些原本产自美洲的新大陆作物

表9.2 哥伦布交换的主要内容

生态类型	旧世界到新世界	新世界到旧世界
已被驯养的动物	西方蜜蜂、猫、骆驼、鸡、牛、山羊、鹅、蜜蜂、马、家兔、猪、原鸽、羊、蚕、水牛	羊驼、荷兰猪、美洲驼、火鸡、克氏原螯虾
种植蔬果	杏仁、苹果、杏、洋蓟、芦笋、香蕉、大麦、甜菜、黑椒、卷心菜、哈密瓜、萝卜、咖啡、柑橘（橙子、柠檬等）、黄瓜、茄子、亚麻、大蒜、大麻、奇异果、可乐果、莴苣、芒果、小米、燕麦、秋葵、橄榄、洋葱、鸦片、桃子、豌豆、梨、阿月浑子、大黄、米、黑麦、大豆、甘蔗、芋头、茶、小麦、胡桃（英格兰）、西瓜	苋菜、鳄梨、四季豆、黑莓、柿子椒、蓝莓、腰果、药用鼠尾草、树胶（采自热带美洲产的人心果树上的树胶，为制口香糖的原料）、番荔枝、辣椒、酸果蔓、古柯、可可豆、棉花、粟米、番石榴、越橘莓、豆薯根、玉蜀黍、木薯、木瓜、花生、菠萝、马铃薯、灰米、橡胶、南瓜、草莓、向日葵、番薯、烟草、番茄、香草、夏南瓜
疾病	腺鼠疫、水痘、霍乱、流感、麻风病、疟疾、麻疹、猩红热、天花、伤寒、斑疹伤寒、黄热病、雅司病	梅毒、松材线虫、美国白蛾、湿地松粉蚧、查加斯病、美洲幼虫病、黄热病

目前已经成为旧大陆很多国家的主要食物，例如，玉米消费量最大的国家马拉维、赞比亚等，而木薯主要消费国家如刚果、安哥拉等，土豆主要消费地区为拉脱维亚、乌克兰、波兰等。旧大陆不仅是这些美洲作物的主要消费地区，同时也已经成为其主要生产地区，如作为美洲作物的土豆，目前产量最大的十个地区中除了美国地处新大陆外，其他国家如中国、俄罗斯、印度等均位于旧大陆上；又如天然橡胶，目前除巴西外，主要生产国家或地区均位于旧大陆上。

除植物和粮食作物之外，"哥伦布交换"也导致了新旧大陆之间人口结构的变化。表 9.3 给出了位于新大陆国家或地区当前

人口中拥有旧大陆人口的比例。由此可见，在作为新大陆的美
洲国家中，平均 60% 以上的人口来自旧大陆，特别是非洲地区。
主要原因有：一是早期奴隶贸易导致大量旧大陆人口及其后裔定
居新大陆。特别是大航海时代的黑人奴隶贸易使大量黑人被迫
移民到美洲，其后代继续在新大陆繁衍。二是欧洲地区因为战
争、灾害等因素进行的移民及其后裔。例如，19 世纪中叶的爱
尔兰大移民等。由此可见，哥伦布交换对人口结构的影响。

表9.3　　　　　　　　　　　新大陆人口的来源

国家	2000 年人口比重		
	迁出地为旧大陆	迁出地为非洲	迁出地为欧洲
海地	1	0.98	0.02
牙买加	1	0.89	0.08
多巴格	1	0.46	0.07
古巴	0.98	0.34	0.63
加拿大	0.97	0.02	0.76
多米尼加	0.96	0.44	0.52
乌拉圭	0.96	0.04	0.91
圭亚那	0.95	0.39	0.00
阿根廷	0.95	0.02	0.84
巴西	0.91	0.16	0.19
美国	0.90	0.10	0.68
波多黎各	0.82	0.16	0.66
加斯达黎加	0.70	0.09	0.60
委内瑞拉	0.69	0.14	0.55
巴拿马	0.64	0.13	0.45
哥伦比亚	0.63	0.17	0.46

续表

国家	2000 年人口比重		
	迁出地为旧大陆	迁出地为非洲	迁出地为欧洲
智利	0.63	0.01	0.59
伯利兹	0.61	0.17	0.40
尼加拉瓜	0.60	0.09	0.51
巴拉圭	0.54	0.01	0.52
萨尔瓦多	0.50	0.00	0.50
洪都拉斯	0.48	0.02	0.46
厄瓜多尔	0.39	0.07	0.32
墨西哥	0.38	0.07	0.30
秘鲁	0.36	0.06	0.28
玻利维亚	0.28	0.01	0.27
危地马拉	0.26	0.04	0.22

资料来源：Nathan Nunn, and Nancy Qian, "The Columbian Exchange：A History of Disease, Food, and Ideas", *Journal of Economic Perspectives*, 24(2), 2010, 163-188。

此外，"哥伦布交换"的出现也对新旧大陆疾病的空间地理分布产生了非常重要的影响。例如，梅毒这种慢性、系统性性传播疾病，原本是新大陆特有的性传染病，但却通过哥伦布船队的船员从美洲大陆带回到欧洲，就此开始在亚欧大陆上肆虐传播。表 9.4 给出了世界卫生组织提供的 2010 年世界主要地区接受产前护理孕妇血清检验梅毒阳性的调查报告。从表 9.4 可以看到，虽然梅毒最早出现在美洲地区，但是截至目前，主要爆发地区主要分布在在撒哈拉以南非洲、亚洲（东亚、南亚、东南亚）等这些旧大陆地区，而其发源地美洲却病例报告相对较少，仅拉丁美洲及加勒比海地区较为严重。

表9.4　2010年世界各主要地区接受产前护理孕妇血清检验梅毒阳性情况

地区	报告国家数量	接受产前护理孕妇理血清检验梅毒阳性的比例的中位数（％）
东亚、南亚、东南亚地区	16	0.5
东欧及中亚地区	2	-
拉丁美洲与加勒比海地区	20	1.3
北非与中东地区	3	-
撒哈拉以南非洲地区	34	1.6

资料来源：世界卫生组织（WHO, https://www.who.int/reproductivehealth/topics/rtis/GlobalData_cs_pregnancy2011.pdf）。

　　"哥伦布交换"最重要的影响莫过于对新旧大陆经济社会发展的影响。具体而言，是美洲作物的引入所引起的一系列连锁反应，例如对欧洲的人口和城市化的发展所起到的作用。关于这一问题，美国哈佛大学的内森·内恩（Nathan Nunn）与耶鲁大学的钱楠筠（Nancy Qian）利用美洲作物土豆在旧大陆的传播作为案例，考察了美洲作物传播对旧大陆人口和城市化的影响。[1] 首先在图9.5中，他们给出了公元1000年至公元1900年欧洲的城市人口比例和总人口的基本变化情况。从中可见，在1500年大航海时代之后，人口数量获得了显著的上升，从之前公元1000年的3亿人上升到1900年的近15亿人。而相应的城市化水平也有所提高，从最初公元1000年的2%左右上升到

---

[1] Nunn, Nathan, "The Potato's Contribution to Population and Urbanization: Evidence from a Historical Experiment", *Quarterly Journal of Economics*, 136, 2011, 593-650.

1900 年的 8% 左右。这一突出变化应该与大航海时代后出现的
美洲作物传入有着千丝万缕的联系。

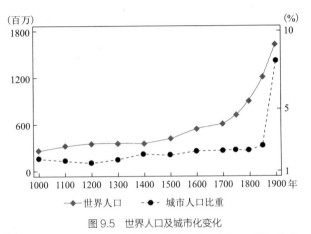

图 9.5　世界人口及城市化变化

资料来源: Nunn, Natha, "The Potato's Contribution to Population and Urbanization: Evidence from a Historical Experiment", *Quarterly Journal of Economics*, 136, 2011, 593-650。

　　作为美洲作物的土豆与其他旧大陆的农作物相比，在提供人
们食物热量以及单位产量等方面具有绝对优势。在热量方面，土
豆是小麦热量的 3.6 倍。在单位产量方面，土豆每公顷平均产出
10900 公斤，而传统作物如小麦每公顷平均产量仅有 650 公斤，
土豆是小麦单位面积产量的 16 倍。因此，在近代工业革命之前，
对于处于马尔萨斯陷阱生存边缘的旧大陆农民来说，美洲作物土
豆的引入无疑是上帝赐予的礼物，单产多且热量高。而且值得关
注的是，在整个旧大陆上，欧洲恰恰是最适合种植土豆的地区，
无论西欧、东欧还是南欧都大量分布着适合土豆生产的区域。因
此，当美洲作物土豆传入欧洲时，在欧洲适合种植土豆的地区，

当地农民开始选择土豆作为主要的农业作物进行种植。

正是基于以上事实，内森及其合作者开始进一步对土豆引入欧洲后所产生的经济影响进行考察。通过分析实证研究结果表明，在 1500 年以后，旧大陆上适合土豆种植的地区人口数量要比不适合土豆种植的地区人口数量多 4% 左右，而从城市化率即城市人口比例来看，在 1700 年以后，适合种植土豆地区的城市化水平要比不适合种植土豆地区高出 0.2% 左右。这一发现进一步揭示了美洲作物引入对旧世界经济社会发展的深刻影响。

作为旧大陆的重要组成部分，美洲作物的引入对中国经济社会也产生了非常重要的影响。据历史学家考证，新航路开辟后，引入中国的美洲作物主要有玉米、番薯、马铃薯、南瓜、花生、向日葵、辣椒、番茄、菠萝、烟草等近 30 种。而在这些广泛引入的美洲作物中，与中国自然生态地理环境更相适应，并且对中国社会影响最为深远的当属明代后期传入中国的玉米与甘薯。

玉米又名苞谷或苞米，在植物学中属于禾本科一年生植物，最早起源于南美洲地区。尽管历史上生活在南美洲的印第安人早在距今 7000 年前进入农业文明时就开始种植玉米，但是玉米进入中国却是在 16 世纪中期，随着美洲大陆的发现以及大航海时代远洋贸易的发展逐渐传入中国。

关于玉米如何引入中国，历史学家与农业史专家经过考证认为 [1]，美洲作物玉米主要从西北、西南、东南三个方向进入

---

[1]　韩茂莉：《中国历史农业地理》，北京大学出版社 2012 年版。

中国。关于玉米在中国种植的最早记录见于编纂于明朝嘉靖三十九年（1560 年）的《平凉县志》，当时人们称玉米为"番麦"或"西天麦"。这不仅成为玉米从西北地区传入我国的重要证据，也是中国最早关于玉米的记录。西南路线假说的证据则是从嘉靖四十二年（1563 年）《大理府志》、万历四年（1576 年）《云南通志》中获得的相关记录。在《云南通志》中显示在云南府、姚安府、顺宁府、北胜州、鹤庆府、蒙化府、景东府均有"玉麦"的记载。这些历史证据不仅证明了西南路线假说的成立，而且进一步说明玉米引入的时间大约在 16 世纪 70 年代前后。关于东南路线的假说，主要历史证据是万历七年（1579 年）《龙川县志》、万历四十年（1612 年）《泉州府志》中的历史记载。

这里需要指出的是，虽然历史学家考证了玉米进入中国的三条基本路线，但是他们认为这三条路线相互独立、互不关联、各成体系，不同地域引入的玉米品种也有所差异。而且他们认为，玉米之所以最终实现全国性的传播与扩散，主要得益于东南地区的引入。造成这一结果的原因，一是玉米本身与中国传统旱地作物如粟、黍、小麦等相比具有热量多、产量高、环境适应性强的优势；二是我国东南地区人口密集，人多地少，人口与土地之间矛盾较为尖锐，特别是明代后期东南地区成为移民的主要人口输出地区。因此，随着人口的不断迁移，玉米也随之扩散到全国。中国玉米传播的动态变化如图 9.6 所示。

接下来，我们看一下另一种对中国影响巨大的美洲作物——甘薯。在植物学中，甘薯为旋花科一年生或多年生蔓生草本植

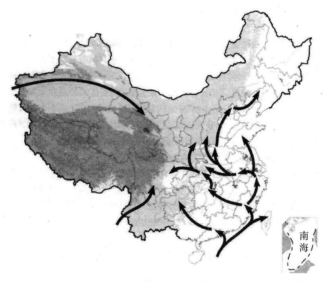

图 9.6 玉米在中国的传播路径

资料来源：韩茂莉：《中国历史农业地理》，北京大学出版社 2010 年版，第 528 页。

物，最早起源于墨西哥以及哥伦比亚、厄瓜多尔、秘鲁等美洲
地区。关于甘薯传入中国的路线主要有两个假说。首先，以何
炳棣教授为代表，根据明代《大理府志》与万历《云南通志》
中有关红薯的记载，他强调甘薯从西南地区引入中国。但是，
这一假说受到了以上海交通大学曹树基教授为代表的一部分学
者的挑战。在一篇发表于 20 世纪末名为《玉米、番薯传入中国
路线新探》的文章中，曹树基教授首先承认明代《大理府志》《云
南通志》中的确有红薯、山药、紫芋等记载，但是他认为这些
作物属于薯芋类作物，与从美洲大陆传入的甘薯完全不同。其
次，经过考证他发现云南地区甘薯的真正种植时间发生在清代

中期。因此，如果在云南境内早期不存在甘薯的种植，那么西南传入假说也自然不成立，而且这一判断也得到了其他学者的研究支持，如北京大学韩茂莉教授。故关于甘薯的传入，东南海路传入假说获得了最有力的支持。甘薯大约在16世纪后期从东南海路传入中国，并且从东南沿海随着后续移民流动向中国内地进行传播与扩散，如图9.7所示。

那么玉米与甘薯的引进对中国经济社会又产生了怎样的影响呢？是否也会出现类似土豆对欧洲大陆的影响呢？的确，美洲作物特别是土豆、甘薯、玉米等凭借其产量高、热量高、生态环境适应性强的特点，对旧世界传统的旱作作物形成了巨大的冲击。这种冲击不仅改变了旧大陆传统社会的种植结构和农业生产轮作方式，同时也改变了人们的饮食结构。特别在自然条件比较恶劣的地区和当自然灾害发生时，这些新传播的美洲作物与传统作物相比显示出更多优势，大大提高了人口的生存概率，降低了死亡率，进而使人口得以迅速增长。就中国而言，在明初洪武二十六年（1393年）全国人口大约有6000多万人，但是到明末万历二十八年（1395年）全国人口增加到约1.5亿人。这样快速的人口增长是否可以利用美洲作物的扩散种植加以解释呢？

龚启圣与陈硕两位学者主要就明代美洲作物玉米在中国广泛传播及其对明清时期人口增长之间的关系进行考察。[1] 他们利

---

[1] Chen, Shuo, and James Kai-sing Kung, "A Malthusian Quagmire? Maize, Population Growth, and Economic Development in China", *Journal of Economic Growth*, 2012.

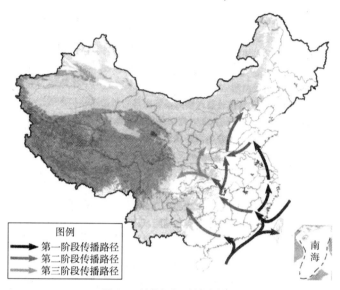

图 9.7 甘薯在中国的传播路径

资料来源：韩茂莉：《中国历史农业地理》，北京大学出版社 2010 年版，第 562 页。

用 1600—1910 年横跨约 300 年的府级面板数据，结合不同地区引入玉米种植时间上的差异，考察了玉米种植对人口增长的因果影响。他们发现，美洲作物的引进可以解释中国 1776—1910 年近 19% 的人口增长。但非常遗憾的是，玉米在中国的传播与扩散并没有产生与欧洲一样的经济发展结果，虽然推动了人口的快速上升，却没有推动中国城市化水平的提高，这一变化反而重新将中国带入了马尔萨斯陷阱之中。

除了对人口增长产生直接影响外，美洲作物的另一个重要影响在于社会稳定。以中国为例，中国传统社会灾害频发且以农业为主，使生存在这方土地上的人们形成了靠天吃饭的传统。

一旦遇到较大的自然灾害，特别是旱灾带来粮食绝产，百姓生存便受到威胁。为了获得必要的维持生存的粮食，社会冲突、农民起义由此而生。而美洲作物的引进，特别是玉米、甘薯这类高热量食物的增加，是否可以为历史上这类自然灾害与社会稳定之间的因果循环提供一些改变呢？特别是美洲作物增加了人们生存的概率，进而是否降低了人们揭竿而起或者作为盗匪的概率呢？

关于这一问题，一篇名为《天气冲击、甘薯与中国历史上的农民起义》（*Weather Shocks, Sweet Potatoes and Peasant Revolts in Historical China*）的文章进行了讨论。[1] 该文主要讨论了以下两个问题：一是天气冲击是否可以导致农民起义；二是美洲作物甘薯的引入是否可以降低农民起义的概率。最终实证研究结果表明，当发生自然灾害时，自然灾害对农业生产产生冲击，因此无论旱灾还是水灾都会增加农民起义和社会冲突的可能。但是在美洲作物甘薯引入中国之后，自然灾害引发农民起义和社会冲突的概率从原来的 70% 下降至 20%。由此可见，美洲作物甘薯的引入不仅对人口存量有显著的影响，而且对维护社会稳定也扮演着非常重要的角色。

---

[1]　Jia, Ruixu, "Weather Shocks, Sweet Potatoes and Peasant Revolts in Historical China", *Economic Journal*, 124(575), 2014, 92-118.

三 结束语

始于 13 世纪的地理大发现和新航路开辟是人类社会发展的重大历史事件，而且对当前经济社会发展也起到了非常重要的影响。不仅让人们重新认识了自身生活的世界，丰富了人们的地理知识，而且通过航海贸易，促进了工业革命以及后来资产阶级革命的发生。

与此同时，新航路的开辟也带来了哥伦布交换的出现，新旧大陆之间在植物、动物、人口、技术等方面实现了交换，从而改变了植物、动物以及人口的空间地理分布。既促进了殖民主义的发展，还促进了人口的增加和城市化的发展，也对一些国家的社会稳定产生了非常重要的影响。

然而，地理大发现虽然给人类社会带来了一些福祉，给全球化和国家化开了一个原点，但是一些对世界的负面影响也逐渐显现出来。首先，新航路的开辟导致殖民主义的产生，使西欧殖民者疯狂地掠夺非洲和美洲，对当地经济社会、人口造成了重大冲击，成为这些国家当前经济不发达的重要原因。其次，全球化也对西方各个国家争夺殖民地带来了重要影响，也成为后来各西方列强武装冲突的重要因素。这些也是我们理解地理大发现长期影响的重要内容。

第十章
移民改变历史：从走出非洲到移民新大陆

自人类诞生以来，人口在不同地理空间上的流动就成为其生存与繁衍的重要特征。早期人类祖先为了寻找赖以生存的食物和自然环境，通过不断的流动与恶劣的自然环境进行斗争。与此同时，技术、文化也随着人口的流动而传播到世界各地。特别是在1492年哥伦布发现新大陆之后，这种人口流动更加突出。随着殖民主义的发展，西欧殖民者从非洲掠夺大量黑人奴隶贩卖到美洲。此外，自然灾害与社会不稳定等因素也是驱使人口大规模流动的重要动因，例如19世纪中叶爱尔兰大饥荒导致大量爱尔兰人为了生存被迫离开故土，迁移到美洲，成为新大陆当前人口的重要组成部分。

本章正是从长时期历史视野出发，通过对人类历史上大规模人口流动事件的考察，揭示人口流动的决定因素，分析人口流动的经济社会影响，以及揭示人口流动影响经济发展的内在机制。

本章主要结构安排如下：首先，本章第一部分主要对人类历史上几次大规模的人口流动进行介绍，了解人类社会人口流动对长期经济发展的决定作用。其次，本章第二部分侧重考察人口流动对经济社会影响的内在机制，即人口流动通过哪些内在渠道影响经济发展。最后，本章第三部分主要对人口流动的决定因素进行介绍。

一　移民改变历史：人类历史上的几次重要移民活动

在人类社会的发展进程中，人口流动扮演了非常重要的角色，而且人类的很多历史进程也因为人口流动而改变。人口流动不仅对当时的政治经济社会产生影响，而且一些大规模人口流动的影响一直持续至今。

（一）走出非洲的长期影响

人类社会最早的大规模人口迁移活动，要属人类祖先的早期迁徙活动，而这就不得不提到现代人类非洲起源说，即"走出非洲假说"。

关于人类起源一直是一个有趣而充满争议的问题。早在19世纪早期，人类学家关于人类的起源提出了不同的假说。例如，约翰·布卢门巴赫（Johann Friedrich Blumenbach）、詹姆士·普里查德（James Cowles Pritchard）等坚持人类起源单一假说。他们认为，尽管人类存在不同种族和民族之间的差异，但就总体而言人类应该来自同一个祖先。而另一些学者，如路易斯·阿格西（Louis Agassiz）、乔赛亚·诺特（Josiah C. Nott）等支持人类多重起源说。他们认为，人类的不同种族是猿类的不同物种进化而来，不同地域的人类体征具有不同的特点，因此不同地区的人类并不具有共同的祖先。

尽管很早以前查尔斯·达尔文（Charles Robert Darwin）[1]在其著作《人类的由来及性选择》（*The Descent of Man, and Selection in Relation to Sex*）中，推断人类是从猿类发展而来，而且这种猿类栖息在非洲大陆[2]，但是一直缺乏足够的考古证据以及科学手段加以证明。因此，关于人类起源假说的争论异常激烈。然而，随着科学技术的发展，特别是 20 世纪 80 年代以来遗传生物技术的发展，通过线粒体 DNA 的研究结合体征人类学的古代标本证据，人们越来越接受"人类非洲起源假说"。

从解剖学证据来看，在距今大约 25 万年前，现代人类起源于非洲。然而，随着自然生态环境变化，加上早期人类抵御自然的能力较低，非洲地区一部分早期原始人群开始向外迁徙。根据人类迁移多次扩散模型（Multiple Dispersal Model），早期人类有两

---

[1] 查尔斯·达尔文（Charles Robert Darwin），生于 1809 年 2 月 12 日，卒于 1882 年 4 月 19 日，英国博物学家、生物学家。早期进行地质学研究，后来提出生物进化理论而名噪一时。达尔文是现代演化思想的基础，现代生物学的奠基人。其进化理论思想也对近代以来政治、经济等社会科学产生了较大影响。

[2] Charles Robert Darwin, *The Descent of Man, and Selection in Relation to Sex*, John Murray, 1871.

次从非洲出去的迁徙。第一次是跨越红海沿着印度海岸迁移，即海岸路线；而第二次则是在另一次冰河期，从东非出发沿着尼罗河口向北迁移，并且通过西奈半岛进入中东。第二次迁徙群体随后分支，迁往不同方向。这些迁移群体，有的进入欧洲，有的迁往中亚和东亚等地区。早期原始人群的迁移路线如图10.1所示。

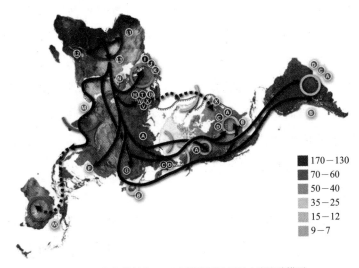

图 10.1　根据线粒体 DNA 测算得到的原始人类迁移模型
资料来源：图片来自网络。

人类原始祖先从非洲出发后，迁移到世界各地，促进了当地人口的繁衍，那么这种早期的人类迁移活动是否会对当前世界各国的经济社会发展产生影响呢？关于这一问题，最近一篇名为"走出非洲假说、人类基因多样性与比较经济发展"的研究[1]，在前人研究的基础上，探讨了早期人类迁移所导致的不同地区人类基因的多样性对经济长期发展的影响。该文不仅考察了国家与地区之间经济发展差异的更深层次的决定因素，而且在生物学与经济学的交叉研究方面指引了新的方向。该文的两位作者艾什勒弗（Ashraf）和盖罗尔（Oded Galor）认为，在智人走出非洲的那一刻，世界各地的经济发展差异就早已被注定。史前智人从东非地区人类发源地到全球不同定居点的迁移地理距离深刻地影响了不同地区之间遗传基因的多样性程度。这种遗传基因多样性的差异对世界各国经济发展产生了持续性的影响。主要体现在遗传基因多样性对生产率有利影响和不利影响之间的互动。例如，美洲土著人口的低度多样性和非洲人口的高度多样性损害了自身发展，而欧洲和亚洲地区的发展则得益于其中等水平的遗传多样性。从其结论来看，该文重点比较了各国经济发展最深刻的影响路径——遗传基因的多样性问题，并且进一步阐明决定当前经济发展的不是杰拉德·戴蒙德（Jared Diamond）在《枪炮、病菌与钢铁：人类社会的命运》[2]中所提出的复杂农业社会的竞争优势，而是人类自身内在的相关条件。

---

[1]　Ashraf,, and Galor, "The'Out of Africa'Hypothesis, Human Genetic Diversity, and Comparative Economic Development", *American Economic Review*, 103(1), 2013, 1-46.

[2]　Diamond, Jared, *Guns, Germs, and Steel：The Fates of Human Societies*, W. W. Norton & Company, 1997.

为什么遗传的多样性可以影响经济发展？主要有两个潜在机制：首先，基因多样性可能会提高不信任的可能，进而降低社会合作并扰乱社会经济秩序。所以较高的基因多样性可能导致较低的生产效率。其次，基因多样性的有利影响在于基因多样性可能对创新、技术进步产生正面影响，进而将社会的生产可能性边界向外扩展。因此，基因多样性在对生产率的影响过程中会有一个"驼峰效应"，这使每个经济体都可能存在一个最优的遗传多样性水平来促进经济发展。

通过运用民族层面的遗传基因多样性数据，以及经济发展指标进行考察发现，1500 年的各地区的遗传基因多样性与人口密度之间，存在显著的驼峰形关系。遗传基因多样性每增加 1 个百分点，人口密度将增加 58%，而在遗传多样性最高的样本中，遗传基因多样性每增加 1 个百分点，人口密度将增加 23%。此外，为了克服数据的局限性和潜在的内生性问题，两位作者利用从东非到不同地区的地理距离来解释族群内的遗传多样性，然后再利用预测出来的遗传多样性与人口密度进行分析。作者在控制了土地生产力、新石器革命时间以及所处大陆的固定效应之后，依然得到了与之前类似的实证结果。遗传基因多样性每增加 1 个百分点，1500 年人口密度将增加 36%。此外，在遗传多样性最优水平上，遗传基因多样性无论增加还是减少 1 个百分点，人口密度都将降低 1.5%（如图 10.2 所示）。

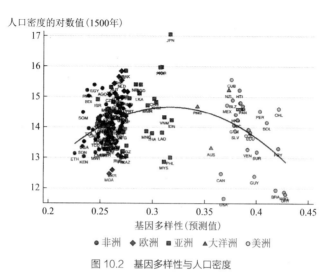

图 10.2　基因多样性与人口密度

资料来源：Ashraf, and Galor, "The'Out of Africa'Hypothesis, Human Genetic Diversity, and Comparative Economic Development", *American Economic Review*, 103(1), 2013, 1-46。

接下来，两位作者又考察了遗传基因多样性对当前经济发展指标的影响。分析结果表明，即使在当代，一个国家人口的遗传基因多样性对人均收入依然存在显著的驼峰效应（如图 10.3 所示）。在作者控制了一系列影响经济发展的潜在控制变量［如所处大陆的固定效应、民族分化度、多种制度指标（社会基础设施、民主指数、权力制约）、法律起源、主要宗教构成、欧洲人后裔比例、受教育年限、疾病环境和文献认为有影响的地理因素］之后，该结果依然稳健。实证结果显示，在样本中遗传基因同质化最强的国家（如玻利维亚），遗传基因多样性每提高 1 个百分点，2000 年的人均收入将提高 41%；在样本中遗传基因多样性最高的国家（如埃塞俄比亚），遗传基因多样性每降低 1 个百分点，2000 年的人均收入将提高 21%；在遗传基因多样性最优水平上的国家（如美国），无论遗传基因多样性增加还是减少 1%，人均收入都会降低 1.9%。

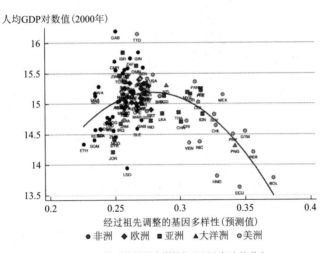

图 10.3 调整后的基因多样性与 2000 年人均收入

资料来源：Ashraf, and Galor, "The 'Out of Africa' Hypothesis, Human Genetic Diversity, and Comparative Economic Development", *American Economic Review*, 103(1), 2013, 1-46。

通过以上研究，我们不仅可以看到"遗传基因多样性"这个被我们忽略的决定经济发展的重要因素，而且通过对"走出非洲"这一问题的考察，我们也看到了大规模移民活动对经济发展与历史的影响。

（二）匈奴西迁与罗马帝国灭亡

第二个移民改变历史的案例是匈奴西迁与罗马帝国灭亡及

欧洲国家格局的形成。

　　亚欧民族大迁徙发端于中国汉武帝对匈奴人侵扰的反击。公元前133年至公元前119年，中国汉朝军队在卫青、霍去病两位能征善战的将军带领下，打败匈奴，不仅解除了中国汉朝北部的边疆危机，使匈奴不敢再南下来犯，更重要的是导致匈奴内部分裂。此时，匈奴一部分向南迁入汉地，另一部分迁往西方。然而，正是匈奴的向西迁徙对欧洲历史的发展产生了较大的影响，最终改写了欧洲的历史进程。

　　公元91年北单于战败后，率残部西逃至伊犁河流域的乌孙国，在其立足后，常出没于天山南北实施掠夺。公元119年，北匈奴攻陷了伊吾（今新疆哈密），杀死了汉将索班。因此，为了对付西域的北匈奴，东汉王朝任命班勇为西域长史，屯兵柳中（今新疆吐鲁番一带）。班勇分别于公元124年、公元126年两次击败北匈奴，西域局势开始稳定。此后，汉将斐岑于公元137年率军在今巴里坤湖位置击毙北匈奴呼衍王，汉将司马达又在公元151年率领汉军出击蒲类海（今新疆巴里坤湖），击败北匈奴新的呼衍王，使其率领北匈奴开始向西撤退，拉开了第一次西逃的序幕。大约在公元160年，北匈奴一部又开始西迁，来到了锡尔河流域的康居国。然而，由于缺乏历史记载，在康居活动的具体细节不得而知。在此后的100年，大约在公元290年，北匈奴出现在顿河以东、里海以北的阿兰国。北匈奴杀死了阿兰国国王，征服了阿兰国，并在此休整和补给，彻底恢复了元气，并且开始向顿河以西的草原发动侵袭。公元374年，匈奴在大单于巴兰姆伯尔的率领下，渡过顿河向东哥特人发动了进攻。经过奋战，东哥特人战败，一部分东哥特人迁入西哥特人领地。匈奴尾随其后，开始进攻西哥特人。随后，西哥特人在德涅斯特河被打败，只能逃往多瑙河。面对欧洲蛮族的不断涌入，罗马皇帝被迫允许蛮族进入罗马帝国境内。自此，东、西哥特人得以渡过多瑙河，进入罗马帝国避难。

在打败哥特人后，匈奴人得以发展，人口开始增加，同时匈奴骑兵骚扰临国。一部分匈奴骑兵渡过了多瑙河，与哥特人一起袭扰罗马帝国；另一部分匈奴骑兵于公元384年进攻美索不达米亚，攻占了爱德沙城；此外，还有一部分匈奴人于396年占领萨珊波斯帝国。总体而言，匈奴人在此期间均处于休养生息阶段，仅仅袭扰，这为下一步的大规模入侵积蓄了力量。

公元395年，罗马帝国内部分裂，开始分裂成为东、西罗马帝国，即东部的拜占庭帝国和西部的西罗马帝国。而此时的匈奴正处于乌尔丁大单于的统治下。乌尔丁是一个非常有野心的人，开始大规模西征。公元400年，匈奴在乌尔丁大单于领导下，开始向西大规模入侵，一举夺得了整个多瑙河盆地，并攻入了意大利。作为这一事件的连锁反应，匈奴人的进攻使多瑙河流域的各部族为躲避匈奴人和获得自身发展生存的空间，不得不向西罗马帝国的腹地进军。公元410年，西哥特人攻陷了西罗马帝国的首都罗马，使其遭受了前所未有的打击。此后，因深受匈奴摧残以及蛮族西迁的影响，西罗马帝国彻底走向了灭亡。公元476年，日耳曼雇佣军占领了罗马城，末代皇帝罗慕洛被俘虏，西罗马帝国自此灭亡。

罗马帝国的灭亡虽然有其自身因素，但是匈奴西迁所导致的一系列连锁反应无疑了已经满目疮痍的罗马帝国最后一击。在匈奴和蛮族的长期骚扰攻击下，罗马帝国最终走向灭亡。

（三）大航海时代的人口流动与不平等

最后一个案例是大航海时代之后的人口流动与当代的经济发展不平等。在 1492 年哥伦布发现新大陆以后，物种、动物、人口、货物、技术、制度等先后在新旧大陆之间频繁交换，形成了所谓的"哥伦布交换"局面。哥伦布交换不仅改变了世界上不同地区之间物种的地理分布，促进了技术传播，更重要的是改变了世界上人口的空间地理分布。表 10.1 给出了 1500—2000 年世界人口的空间地理分布情况。1500 年，美国、加拿大这些新大陆地区人口近 120 万人，墨西哥以及中美洲人口总数近 580 万人，而南美洲人口为 765 万人。此时，旧大陆上北非以及西亚人口为 3550 万人，欧洲为 7770 万人，东亚与南亚人口合计约为 23500 万人。然而，截至 2000 年，美洲大陆地区人口为 80000 万人，欧洲为 68000 万人，非洲人口为 53000 万人，而亚洲人口最多为 320000 万人。虽然各个地区人口均有所增长，但是其增长幅度有所差异。其中，美洲地区人口增长最多，上升 100 多倍，美国、加拿大人口增加 281 倍，加勒比海地区人口增加 185 倍，而墨西哥地区也增加 23.6 倍。值得关注的是，传统旧大陆地区人口增加幅度较

表10.1   世界主要地区当前人口与祖先人口分布

地区	1500年人口（百万）	2000人口（百万）	人口增长倍数	1500年人均后裔的数量	当前人口来自该地1500年祖先的比例	1500人口生活在同一地区后裔的比例	生活在区域外后裔的数量（百万）
美国、加拿大	1.12	315	281	9.14	0.03	1.00	0.00
墨西哥、中美洲	5.80	137	23.6	16.8	0.60	0.85	15.0
加勒比地区	0.19	34.4	185	17.8	0.04	0.38	2.05
南美洲	7.65	349	45.6	10.5	0.23	0.99	0.93
欧洲	77.7	680	8.76	16.0	0.98	0.54	578
北非、中亚西亚	35.5	530	14.9	14.6	0.94	0.96	22.0
南亚	103	1320	12.8	12.9	0.99	0.99	13.2
东亚	132	1490	11.3	11.6	1.00	0.98	36.7
东南亚	18.7	555	29.7	28.5	0.95	0.99	6.50
澳大利亚、新西兰	0.20	22.9	114	3.68	0.03	1.00	0.00
撒哈拉以南非洲	38.3	656	17.1	19.5	0.98	0.86	103

资料来源：Louis Putterman, and David N. Weil, "Post-1500 Population Flows and the Long-run Determinants of Economic Growth and Inequality", Quarterly Journal of Economic, 125(4), 2010, 1627-1682。

小，其中亚洲地区仅增加 12 倍左右，欧洲增加 8 倍。此外，从表 10.1 最后三列可以看出，新大陆地区原住民所占当前比重较小，而且流出人口数量也较低。但是对于旧大陆而言，人口流出数量较多，特别是非洲和亚洲地区成为主要人口流出地区。由此可见，从 1500—2000 年，新大陆不仅是世界人口的主要增长地区，而且也是世界人口主要的流入地区。

此外，从人口多样性角度来看，新旧大陆之间存在一些相应的特殊变化，如表 10.2 所示。在美洲新大陆地区，例如美国、加拿大、巴西等，祖先来自欧洲地区国家的人口占有较大比例。而在旧大陆地区，祖先是本地人口占有较大比重。由此可见，从 1500 年世界开启大航海时代以来，世界人口种族之间的空间地理结构分布发生了巨大的变化，新旧大陆之间发生了频繁而又密切的联系。因此，接下来一个非常重要的问题是，既然在 1500 年以后，人类社会出现了大规模的人口空间地理转换，那么这种大规模的人口流动，特别是从旧大陆到新大陆的人口流动对当前世界经济发展有何影响呢？

表10.2 主要国家和地区的人口来源分布举例

国家、地区	从非邻国移入人口比例
美国、加拿大、巴西、阿根廷、澳大利亚	0.8—1.01
亚洲、欧洲、非洲、墨西哥	0.4—0.8
智利、哥伦比亚、委内瑞拉、中美洲	0.0—0.4

资料来源: Louis Putterman, and David N. Weil, "Post-1500 Population Flows and the Long-run Determinants of Economic Growth and Inequality", *Quarterly Journal of Economic*, 125(4), 2010, 1627-1682。

为了回答这一问题，布朗大学的路易斯·普特曼（Louis. Putterman）与其同事大卫·韦尔（David N. Weil）两位学者一起合作的论文《1500年之后的人口流动及其经济增长与不平等的长期决定》（*Post-1500 Population Flows And The Long-Run Determinants Of Economic Growth And Inequality*）重点讨论了这一大规模人口流动对经济增长和不平等的长期影响。[1] 他们发现，一个国家历史的长短虽然对其经济发展水平扮演着十分重要的作用，但是在这个国家生活的人口祖先历史对经济发展的影响更大。而且该研究还发现，一个国家原住民早期的经济发展历史也是决定当前经济发展水平差异和收入分配的一个重要因素。

二　人口流动对经济发展影响的机制

从第一节的内容中可见，人口流动对人类历史发展进程有着非常重要的影响。无论是人类祖先智人走出非洲，还是1500年以后哥伦布交换，人口流动对经济发展都至关重要。那么为什么人口流动会对经济发展产生如此深刻的影响呢？人口流动

---

[1]　Louis Putterman, and David N. Weil, "Post-1500 Population Flows and the Long-run Determinants of Economic Growth and Inequality", *Quarterly Journal of Economic*, 125(4), 2010, 1627-1682.

如何影响经济发展的内在机制？

关于人口流动影响经济发展的内在机制，经济学家一般认为存在以下几个路径。首先是劳动力机制，这是人口流动影响经济发展最直接的因素。经济学家认为，人口流动可以改变迁出地与迁入地的人口结构，从而改变两地之间的要素禀赋结构。这不仅可以缓解迁出地的人口压力，也可以为迁入地带来源源不断的劳动力。因此，人口流动可以对经济发展产生重要影响。其次是物质资本机制，即人口流动可以影响物质资本积累。人口流动不仅仅是人口空间地理位置的变化，往往还伴随资本的空间流动。一方面，一部分流动者从一个地方到另一个地方定居，将会带去较多在迁出地获得的财产，增加迁入地的资本存量和投资，例如在战争时期，人们为了躲避战火，战争爆发地区的富人往往在移民过程中转移财产。另一方面，流动人口，特别是在迁入地的打工者，在获得收入后会从迁入地源源不断地将收入寄回迁出地，由此实现资本从迁入地流向迁出地。因此，资本流动蕴含在人口流动之中。再次是人口流动可以促进知识与技术的扩散，进而使迁入地生产可能性边界得以扩张，最终实现经济发展。人作为特殊的生产要素，除提供劳动能力外，还具备一定的人力资本，比如教育、技能等。因此，人口流动除了劳动力在不同空间迁移外，附在劳动力之上的人力资本也得以在广大迁移空间地理范围内扩散与传播。知识、技术的传播为迁入地带来了新的技术与知识，扩展了当地的生产可能性边界，进而对迁入地的经济发展产生影响。最后一个机制是人口流动与文化传播。人口流动对文化传播扩散的影响在传统社会中特别突出。由于传统社会文化传播手段非常有限，文化传播只能依靠人口流动得以实现。因此，人口流动可以改变迁入地与迁出地之间的文化距离。由于文化距离的差异可以影响两地贸易等交易成本，因此文化距离的变化进而可以缩小两地之间的经济差异。接下来，我们主要针对以上机制，给出几个移民引起经济发展内在机制的重要案例。

（一）靖康之难与中国南方开发

中国是一个安土重迁的国家，对于中国历史来讲，移民活动具有十分重要的意义。正如学者葛剑雄等中国移民史专家所说，中国的历史就是一部典型的移民史。[1] 然而，在中国这样一个历经漫长岁月且有多次大规模人口流动的国家，历史上的大规模人口流动对中国社会发展与变迁又产生了哪些影响呢？

按照中国历史上移民方向和决定因素来看，移民趋势大致可以划分为以下几个阶段，分别为先秦（公元前 220 年前）、秦朝至元末（公元前 221—公元 1368 年）、明初至太平天国革命（1368—1850 年）和太平天国革命至 20 世纪上半叶（1851—1950 年）四个阶段。

先秦时期，中国人口总量较少，最多不超过 3000 万，而且

---

[1] 葛剑雄：《中国移民史》，福州人民出版社 1997 年版。

大部分人口居住在黄河流域，人口密度较低，因此此时基于人口压力而进行的人口迁移活动基本不存在。在为数不多的人口迁移活动中，政治因素是移民的主要动因，如殷商时期的一系列迁都活动、西周迁徙商朝的移民活动、分封诸侯国时形成的移民等。但是，由于当时生产力水平较低，特别是农业生产落后和粮食储备条件较差，移民规模和迁徙的空间距离受到诸多限制。在接下来的几十个世纪，中国历史上几乎所有最重要的移民事件均发生在最后三个历史阶段中。

继先秦以后，在秦朝至元末 1500 多年的时间，北方人口压力、持续不断的统一分裂战争，以及农耕与游牧两大文明之间的冲突成为这一时期人口迁移的主要动因。首先，随着秦汉时期北方农业经济与政治中心地位的确立，北方人口得到快速增长，北方地区成为中国的人口中心。根据《汉书·地理志》中的汉代人口记录估算，全国超过 4/5 的人口生活在秦岭淮河以北的地区，其余 1/5 的人口则分布在广袤的南方地区。而在隋朝，北方人口的优势依然十分突出，北方地区人口约占全国总人口的 75%。人口的不断增加和土地数量的相对稳定必然导致北方人口密度增加，人口压力较大。例如，在宋代，北方地区人口密度为每平方千米 69 人，比汉代每平方千米 46 人增加了50%。人多地少的生存压力迫使部分北方农民开始向南方迁移。其次，从秦代以后，统一与分裂的政权斗争以及农耕文明与游牧民族之间的冲突构成了这一时期主要的历史旋律。"分久必合，合久必分"的铁律与因天气冲击而导致的民族冲突和社会动荡使北方居民的生存受到较大威胁，大规模人口开始向南方迁移。具有较大影响的人口流动，如晋代"八王之乱"、唐代"安史之乱"、宋代"靖康之难"等大规模移民活动。作为该时期大规模移民的结果，人口重心也从北方转移到了南方。到 14 世纪时，仅约 20% 的人口生活在中国北方地区，其余 80% 的人口生活在南方，这与秦汉乃至隋唐时期的人口分布形成了鲜明的对比。

在明代之后的两个阶段，人口流动又呈现出新的变化。此时，南方人口变得稠密，原来由北向南的移民过程不复存在。而且即使太平天国战争造成至少 7000 万以上的人口损失，由北向南的大规模移民也未再次发生。此时，由统治者主导的边疆移民成为大规模移民活动的主要内容。例如，明代边疆地区屯田活动、近代东北移民"闯关东"等均属此类。此外，晚清以后，随着近代工业化的发展，大量城市移民不断涌现，从乡村到城市的移民也成为这一时期人口流动的重要特征。

历史上大规模移民的一个结果是导致"文化扩散"的产生，即文化随着人口的迁移在不同地区或人群之间相互传播，比如宗教、技术、语言的扩散等。就中国历史而言，作为中国文化最典型代表的儒教，虽然在春秋时期源于山东、河南地区，并且在秦汉以后进一步在北方地区发展，但是到了宋代"靖康之难"之后，随着北方移民（特别是北方知识分子）向南方不断涌入，儒教中心从北方迁移到了南方，形成了新儒学。据相关统计，在明代超过 76% 的新儒学思想家来自东南四省（包括福建、江西、江苏和浙江），仅仅16%的新儒家来自北方四省（河南、河北、山东和山西）。这与早先95%的孔子弟子均来自北方形成了鲜明对比。可见，战争和社会动荡引起了文化的流动，改变了儒家思想在中国地理上的分布，从而也改变了地区间的文化差异。此外，从不同地区之间的语言距离变化来看，在晋代以前，中国汉语言的边界以秦岭、淮河为主要分界线，但是在晋代以后的三次大规模移民后，这一边界迁移到了长江中下游地区。这也反映出地区间文化差异在漫长历史过程中的演变。

那么在大规模移民基础下形成的地区间文化差异的改变，对中国传统社会经济发展有何影响呢？首先，大规模移民引起的文化扩散（特别是技术扩散）促进了不同地区之间农业耕作技术的交流与传播，使农业生产力获得显著提高。如东汉以后的北方农民南迁改变了南方水稻粗放经营的局面，提高了水稻的产量，而且促进了北方作物特别是小麦在南方的种植。又如明代从美洲引进的美洲作物，特别是玉米，在中国内陆的传播过程也是移民所引起技术扩散的重要结果。其次，大规模人口移民引起的文化扩散对地区之间学术传统与教育产生重要影响，而且又为后来经济发展提供了保障。如永嘉之乱以后，大量文人迁移到了南方，使东南地区学术文化快速发展。特别是随着新儒学在南方的发展，文人数量不断增加，作为中国传统社会制度结构重要组成部分的书院也在南方地区广泛地建立和发展起来。特别在隋唐以后，随着科举考试制度的确立，从北方移民到南方的大宗族，定居之后马上兴建私塾，进一步促进了教育在地区之间的传播。作者一篇名为"文化扩散：移民与中华帝制晚期人力资本，960—1643 年"（*The Diffusion of Cultural Traits：Migration and Human Capital in Late Imperial China，960-1643*）的文章，主要就宋代到明代之际，地区之间的文化差异变化为地区之间的科举人才差异关系提供了相关的实证证据。[1] 研究发现，如果两地之间文化差异增加一个单位，宋明时期两地之间进士数量相差 2.8% 左右。这进一步揭示了人口流动对文化扩散以及教育发展的长期影响。

移民问题在中国历史上扮演非常重要的角色。移民活动不仅使迁移者通过流动获得了新的发展生存机会，而且使中国传统社会通过流动促进了文化在不同地区之间的扩散与传播。而且这种扩散与传播不仅提供了政治上建立一个大一统国家的条件，也为地区之间平衡发展奠定了基础。

（二）胡格诺教派大逃亡与普鲁士纺织业发展

近代欧洲，新教的胡格诺派大迁移与普鲁士纺织工业的发展也是一个通过移民带来技术传播进而影响经济发展的典型案例。

---

[1] Li, Nan, and James Kung, "The Diffusion of Cultural Traits：Migration and Human Capital in Late Imperial China, 960-1643", Working Paper, HKUST, 2011.

16世纪20年代，宗教改革思想在法国开始传播。法国国王出于政治目的对新教采取包容态度，但是随着新教活动的不断深入，法国政府改变了政策，开始镇压新教徒。16世纪40年代，加尔文派开始在法国传播，接受这一思想的主要是新兴资产阶级、手工业者。此外，一些贵族和天主教底层人士也成为加尔文教的信徒。而此时，法国正处于阶级矛盾激化、贵族与王权相互斗争的错综复杂的社会矛盾之中。因此逐渐形成了两大集团，一个是天主教派势力，聚集在王室近亲吉斯家族周围，以吉斯公爵和洛林红衣主教查理为首，形成了强大的天主教营垒。另一个则是被称为"胡格诺教徒"的南部地区势力，以波旁王朝家族的成员 L. 孔代亲王、纳瓦拉国王（亨利）和 G. 代·科利尼海军上将为代表。尽管法国宗教战争是一场典型的政治斗争，但是却披上了一层宗教的外衣，带有很强的宗教色彩。

胡格诺战争的直接原因来自宗教迫害。16世纪40年代，亨利二世设立"火焰法庭"，裁判宗教异端，大批胡格诺派人士被处以火刑。1559年，15岁的太子弗朗索瓦二世继位，但是权力却掌握在吉斯家族手中，新教与天主教之间的冲突进一步加剧，最终导致"胡格诺战争"（1562—1594年）的爆发。

虽然战争时间较长，但是交战双方参战人数并不多，整个战争大体上可以分为三个阶段：第一阶段从"瓦西镇屠杀"到"圣巴托斯缪之夜"（1562—1572年）。该阶段双方主要斗争目的都是希望通过扶持国王而获得国家权力，在此阶段斗争中，双方进行了三次较大规模的战斗，互有伤亡。最终于1570年8月，国王签订"和解赦令"来允许新教徒进行宗教活动，并且给予一定利益，如担任国家官职，拥有要塞等，总体上胡格诺教徒取得了胜利。第二阶段则从"圣巴托罗缪之夜"到天主教联盟的建立（1572—1576年）。在第一阶段斗争中，天主教派与胡格诺教徒均未能达到自身目标，而且此时矛盾已经进一步深化。胡格诺教徒企图在法国南部建立自己的国中之国，而天主教一方试图脱离国王而自行其是。结果导致一场屠杀的产生。1572年8月23日夜间，胡格诺派的重要人物正聚集在巴黎，庆祝其领袖波旁家族的亨利与法国国王的妹妹玛格丽塔公主的婚礼。亨利·吉斯以巴黎各教堂钟声为号，率军队发动突然袭击，杀死胡格诺教徒2000多人，即"圣巴托洛缪大屠杀"。这次大屠杀之后，法国再次出现分崩离析的局面。然而在经历两次大的战争后，国王决定对新教徒再次予以让步，承认新教徒的新教自由，增加要塞等。第三阶段从天主教联盟成立到亨利四世进入巴黎。1754年5月，查理九世离世，继任者亨利三世对胡格诺教徒采取妥协政策，并且宣布他的继任者为胡格诺教的亨利。此举引起天主教派古斯党的极大不满，开始组建"天主教联盟"，并且谋划推翻国王。1588年5月，亨利三世逃出巴黎，但是在同年8月被刺杀。因此，按照遗愿，身为胡格诺教徒的亨利·波旁即亨利四世成为合法国王，这又进一步激化了双方的矛盾。最终，亨利四世为了摆脱困境，逐渐放弃了自己的新教信仰，改信天主教，并于1594年进入巴黎。为了平息战争，亨利四世最终于1598年颁布了《南特赦令》。《南特赦令》对天主教徒和新教徒都有妥协和让步。对于天主教而言，国家承认天主教为国教，普遍恢复天主教的礼拜，并归还天主教僧侣被没收的土地。对新教徒而言，胡格诺教徒有信仰自由和召集召开宗教会议的权力，胡格诺教派作为一个政治派别可以召开政治会议，可以在王宫设置自己的代表等。

胡格诺战争的最大影响莫过于战后大量的胡格诺教徒迁移到普鲁士地区。伊瑞克·霍尔农（Erik Hornung）对这一移民后果进行了系统化的研究。在《移民与技术扩散：普鲁士的胡格诺移民社群》（*Immigration and the Diffusion of Technology：The Huguenot Diaspora in Prussia*）一文中，作者首先对德国普鲁士地区胡格诺移民定居地点与在 19 世纪初期工业企业数量之间的关系进行考察。[1]研究发现，从法国迁移到德国的胡格诺教派定居点地理分布与 19 世纪初期德国工业企业的地理分布，这两者具有显著的正向相关关系：胡格诺教派定居点越密集的地区，19世纪工业企业（特别是纺织企业）的密度也就越高。随后的实证证据也支持了这一结论，霍尔农发现，如果在 1700 年胡格诺人口比重越高，那么在 1802 年当地纺织业生产力水平也越高。之所以胡格诺教派迁移对普鲁士地区纺织工业产生影响，一个非常重要的原因在于胡格诺教派成员原先在法国主要是小资产阶级和手工工业者，他们本身具有较好的纺织技术和资本。因

---

[1] Erik Hornun, "Immigration and the Diffusion of Technology: The Huguenot Diaspora in Prussia", *American Economic Review*, 104(1), 2014, 84-122.

此，当胡格诺教徒迁移到普鲁士之后，他们可以马上将其技术和资本变为经济生产的主要资源，在当地投资扩大生产，进而为近代德国经济发展创造了条件。

三　人口流动的决定因素

人口流动对经济发展的影响是至关重要的，那么究竟是什么因素引起人口流动呢？在考察人口流动的决定因素时，经济学家往往通过成本收益模型对移民行为进行解释。经济学家认为，移民行为主要受移民预期成本与移民预期收益两方面因素决定。如果移民预期收益大于移民预期成本，那么人们将选择迁出，而当移民预期收益小于移民预期成本时，人们将不考虑流动。因此，凡是影响移民预期成本与移民预期收益的因素均可能成为影响人口流动的决定因素。其中，影响移民预期收益的因素主要有移出地与移入地之间的相对工资差异等，而影响移民预期成本的因素主要有移出地与移入地之间的公共基础设施、文化差异等。接下来，我们将结合历史上几个重要的大规模移民案例，对移民的决定因素加以介绍。

（一）收入差异与欧洲大移民

1850—1913 年，超过 4000 万人从欧洲移民到美洲大陆，成为近代历史上较大的移民事件。那么是什么原因导致在 19 世纪会有如此之大的人口流动呢？来自哈佛大学的威廉姆森（J. G. Williamson）与哈顿（T. J. Hatton）讨论了这场大规模移民背后的动因。[1] 他们的研究认为，移出地与移入地之间的工资差异是导致移民的最主要的决定因素。

　　19 世纪中叶至 20 世纪初是欧洲各国移民净流出而美洲大陆人口净流入的重要时期。表 10.3 给出了 1850—1913 年不同时间欧洲主要国家人口流动的基本情况。1850—1913 年，欧洲各国总体上呈现人口净流出的态势。我们可以看到，从 1870 年以来，欧洲各国除了比利时人口流动存在净流入外，其余国家均呈现出显著的人口净流出特征。

表10.3　　　　　　　　1850—1913 年欧洲人口流动情况
（每千人移出人口数量：10 年平均）

国家		1850—1859 年	1860—1869 年	1870—1879 年	1880—1889 年	1890—1899 年	1900—1913 年
比利时	G	1.90	2.22	2.03	2.18	1.96	2.32
	N	0.66	0.17	-0.93	-1.06	-1.80	-2.88
丹麦	G	—	—	1.97	3.74	2.60	2.80
	N	—	—	1.95	3.68	2.55	2.58

---

[1]　Hatton, and Williamson, "What Drove the Mass Migrations from Europe in the Late Nineteenth Century?", *Population and Development Review*, 20, 1994, 533-559.

续表

国家		1850— 1859 年	1860— 1869 年	1870— 1879 年	1880— 1889 年	1890— 1899 年	1900— 1913 年
法国	G	—	0.12	0.16	0.29	0.18	0.15
	N	—	0.11	0.09	0.19	0.11	0.01
德国	G	1.80	1.61	1.35	2.91	1.18	0.43
	N	—	1.61	1.35	2.89	1.12	-2.45
英国	G	4.38	2.47	3.87	5.71	3.92	7.08
	N	—	1.29	1.52	3.23	0.93	3.31
爱尔兰	G	18.99	15.16	11.28	16.04	9.70	7.93
	N	—	—	—	—	—	—
意大利	G	—	—	4.29	6.09	8.65	17.97
	N	—	—	—	—	6.78	13.01
荷兰	G	0.50	1.67	2.66	4.06	4.62	5.36
	N	—	—	0.10	0.81	1.16	0.31
挪威	G	—	—	4.33	10.16	4.56	7.15
	N	—	—	—	—	—	—
西班牙	G	—	—	—	3.91	4.63	6.70
	N	—	—	—	0.98	0.42	2.50
瑞典	G	0.51	2.52	2.96	8.25	5.32	4.49
	N	—	—	—	7.30	3.77	2.93

资料来源：Hatton，and Williamson，"What Drove the Mass Migrations from Europe in the Late Nineteenth Century?"，*Population and Development Review*，20，1994，533-559。

为了揭示这种人口流动背后的经济动因，威廉姆森与哈顿两位学者又分别比较了同时期欧洲各个国家与移民迁入国家工人的平均工资水平。从表 10.4 可见，在欧洲各国，除了比利时在 1870 年之后当地实际工资水平与移民迁入地实际工资水平几乎没有差异外，其他国家的工人平均工资水平均显著低于迁入地的工资水平。根据以上结果，可以初步判断，这种迁入地与迁出地之间的平均工资水平差异是造成 19 世纪中叶至 20 世纪初期欧洲大移民的重要决定因素。

表 10.4　　　　　　　　欧洲各国迁入地与迁出地工资比较

1850—1913 年（A= 真实工资率，英国 1905=100；B= 真实工资率，迁出与迁入国，%）

国家		1850—1859 年	1860—1869 年	1870—1879 年	1880—1889 年	1890—1899 年	1900—1913 年
比利时	A	37.7	43.7	51.5	59.7	71.3	76.3
	B	—	89.9	92.0	91.0	100.8	96.6
丹麦	A	—	—	41.6	52.5	70.9	92.4
	B	—	—	35.1	39.8	47.6	56.9
法国	A	—	46.1	52.0	60.4	65.0	71.3
	B	—	—	45.6	45.4	38.3	38.1
德国	A	52.7	55.4	62.5	68.6	78.1	85.9
	B	—	—	54.2	53.4	53.9	52.7
英国	A	60.9	61.0	77.3	90.3	102.0	104.0
	B	—	64.9	65.5	68.1	67.8	64.3
爱尔兰	A	38.8	40.7	50.9	65.2	84.7	90.9
	B	—	44.4	43.8	50.4	58.3	56.1
意大利	A	—	—	26.2	34.3	37.3	46.5
	B	—	—	37.8	42.8	40.6	45.6
荷兰	A	34.1	36.6	44.6	60.1	70.0	77.0
	B	—	39.3	37.6	45.8	47.5	46.4

续表

国家		1850— 1859 年	1860— 1869 年	1870— 1879 年	1880— 1889 年	1890— 1899 年	1900— 1913 年
挪威	A	—	—	35.1	44.0	59.7	66.6
	B	—	—	29.6	33.5	40.5	40.1
西班牙	G	—	—	—	51.1	53.5	49.1
	N	—	—	—	73.3	61.7	51.2
瑞典	G	24.4	34.6	39.2	51.3	70.7	92.2
	N	—	41.3	37.0	43.4	52.6	60.4

资料来源：Hatton, and Williamson, "What Drove the Mass Migrations from Europe in the Late Nineteenth Century?", *Population and Development Review*, 20, 1994, 533-559。

（二）人力资本的优势

除了直接的工资差异之外，其他因素也可以成为移民的重要决定因素。比如，尽管存在移出地与移入地之间的收入差异，但是究竟什么样的人可以移出去，而什么样的人被留下来呢？究竟是什么因素起到关键作用呢？香港科技大学的龚启圣教授及其合作者近期利用中国近代农村移民数据资料，对近代中国农村劳动力流动问题的微观机制进行考察。[1]

众所周知，近代中国在太平天国战争以后，经历了显著的城市化和工业化进程。特别是上海、无锡、南通等一些新兴工

[1] Kung, James Kai-sing, et al., "Human Capital, Migration, and a 'Vent' for Surplus Rural Labour in 1930s China: The Case of the Lower Yangzi", *Economic History Review*, 64(1), 2011, 117-141.

业化城市不断发展，在中国近代化进程中焕发了较大的活力。因此，在这些近代新兴工业化城市周边的广大农村地区，大量农村劳动者，特别是江南地区饱受人多地少压力的剩余劳动力开始移民到城市中，充当产业工人。但是在这一历史进程中，究竟哪些人成为移民主体呢？通过研究分析发现，在这一早期工业化背景下的人口流动过程中，人力资本扮演了非常重要的角色。在无锡附近的农村中，凡是具有一定人力资本的家庭，更愿意前往城市提供剩余劳动力，成为产业工人。实证证据表明，农户平均教育年限增加 1 个单位，用户的移民人口增加 1.4 人。人力资本之所以在近代中国工业化发展背景下发挥了突出的人口流动作用，主要是因为近代工业发展需要具有一定识字能力的人进行职业岗位培训，成为开动机床的产业工人。因此，人力资本在近代中国城乡移民中扮演非常重要的角色，成为重要的决定因素。

（三）文化差异与移民

在移民过程中，文化差异也是非常重要的决定因素。文化作为影响移民活动的重要决定因素已不是一个新的视角，特别是大量事实和经验表明，如果移出地与移入地两者之间的文化相似，例如同样的宗教信仰、同样的语言等，那么拥有相同文化的人可能要比拥有不同文化的人，拥有更低的移民成本。具有文化优势的移民者，在迁入地可以较为容易地融入新的社会群体，或者在就业市场以较低的交易成本找到工作等。但是在实证研究层面，关于文化与移民之间关系的定量分析目前依然缺乏。其原因主要在于两个方面：首先，文化的定义非常广泛，而且较为抽象，因此文化难以度量；其次，文化变迁是一个缓慢的过程，很少有适合的长期数据被用来检验文化对移民的影响。

为克服以上研究不足，最近作者利用中国历史上的移民数据，通过构建新的文化代理变量，就文化差异对移民方向的影响进行了考察。[1] 之所以选择中国作为考察文化与移民关系的研究对象：一是因为中国幅员辽阔，地理差异较大，不同地区拥有不同的地域文化特征，这种文化多样性给我们提供了检验文化差异对移民影响的机会；二是因为在中国历史上呈现出显著的区域文化扩散特征，即文化元素如语言、宗教、价值观等在地理空间分布的变化。而地区之间文化扩散对地区之间文化差异的改变将对未来移民行为产生重要影响。例如，在明清时期，四川在明末清初的战争中成为主要战场，人口大幅度削减，因此四川成为主要的移民迁入地，许多江西、湖北、湖南的农民迁移到四川。明末清初的连续大规模移民使四川与江西、湖北、湖南等地的生活习惯、语言和宗教信仰等非常接近。相似的文化为继续移民提供了可能，特别是较为相似的语言和生活

---

[1]　Nan Li, "The Long-Term Consequences of Cultural Distance on Migration: Historical Evidence from China", *Austrian Economic History Review*, 6, 2018, 1-35.

习俗产生了正向的外部性，降低迁移的成本。从大量清代保留的历史文献可以看到，到了清代中后期，更多的江西、湖北、湖南的农民迁往四川。[1] 因此，该研究所需要检验的基本假说是：在移民的过程中，文化因素扮演了重要的角色，文化的外部性对移民行为的决定具有很强的负向影响。因此假设在其他条件不变的情况下，两地区之间较近的文化距离将导致更多的移民。

为进一步揭示文化对移民的影响，作者根据中国历史上的移民和经济社会信息，构造了一套长时间跨度（从 10 世纪到 20 世纪）有关移民和地区间文化差异的省际面板数据，并采用移民重力模型将作为本研究主要的识别模型框架，[2] 通过利用中国科学院遗传与发育生物研究所根据中国人姓氏分布构造的中国古代移民率，以及不同历史时期的地区间基因距离，分别衡量了中国古代社会地区之间的移民程度和地区之间的文化差异。最终实证结果不仅揭示了从明代至 20 世纪间中国大规模人口迁移的基本特征，即在 1000 年时间里，中国人口的主要流动方向是从北向南，但是随着统一帝国的出现（特别是明代之后）边疆移民成为移民的主要内容；而且发现采用姓氏基因距离度量的地区间文化差异对移民方向选择具有较强的负向影响，即随着

---

[1] 曹树基：《中国移民史》（明时期），福建人民出版社 1997 年版；曹树基：《中国移民史》（清时期），福建人民出版社 1997 年版。

[2] Lewer, J., and Berg, H. Van Den., "A Gravity Model of Immigration", *Economics Letters*, 99(1), 2008, 164-167.

利用姓氏基因距离度量的文化差异的减小，两地之间的移民数量将会显著增加。

四　结束语

自人类诞生以来，人口在空间地理上的流动就成为其生存与发展的重要特征。因此，在某种程度上，人类的发展史就是一部人类的移民史。所以对人口流动的研究成为发展经济学的重中之重。人口流动不仅包含农村与城市之间的二元经济发展下的流动，也包含跨地域、跨洲际的空间流动。因此，本章主要结合人类历史上的几次重大移民历史事件，就移民与经济发展之间的关系以及移民对经济发展影响的内在机制进行考察，并结合不同历史上的人口流动案例，同时也对移民的内在决定因素进行了介绍。

通过以上分析，我们发现无论是在历史上还是在当代，移民与经济发展两者关系密切，而且历史上的大规模移民流入和流出成为某些地区经济发展的重要因素。这些大规模的人口流动不仅提供了充足的劳动力资源，影响劳动市场，而且移民本身带有资本、文化以及技术等因素，进而也影响了迁入地区的资本市场、技术创新以及文化制度的变迁路径等。

第十一章
非洲悲剧：奴隶贸易对非洲的影响

非洲是一个充满魅力，令人向往的地域。巍峨高耸的乞力马扎罗山，一望无际的热带草原，以及丰富的矿产自然资源等。此外，非洲不仅美丽富饶，资源丰富，也是人类文明的起源之地。人类的祖先智人就诞生于此，之后通过人口流动"走出非洲"，从而开始定居在世界各地。不仅如此，非洲也是人类古老文明的摇篮，作为世界上最早的文明发源地之一，尼罗河流域较早地开始进入农耕文明，并且促使社会组织的产生，以及早期国家制度的形成等。

然而，在1492年哥伦布发现美洲新大陆以后，随着大航海时代的来临，非洲的悲剧正式开幕，早期人类的摇篮成为殖民者掠夺的对象。从早期的资源掠夺，到新旧大陆之间的奴隶贸易，再到19世纪末20世纪初对非洲的全面瓜分。这一系列的剥削与掠夺，对非洲的经济社会发展产生了巨大影响。因此，很多经济学家认为，西方殖民者对非洲地区的长期掠夺剥削和殖民统治，不仅是非洲长期经济贫困发展落后的根源，也是当前非洲地区种族冲突与内战频发的重要原因。本章主要以大航海时代以后，西欧殖民者对非洲地区的殖民掠夺和殖民统治为出发点，思考这一系列特殊历史事件对当前非洲地区经济社会发展的长期影响。

本章的结构安排如下：首先，本章第一部分对非洲当前经济社会发展现状进行简要介绍和总结；其次，本章第二部分主要对大航海时代后非洲的奴隶贸易，以及近代欧洲殖民者对非洲的探险与瓜分进行介绍；本章第三部分主要对历史上西欧殖民者对非洲殖民掠夺的社会经济影响进行分析，理解当前非洲经济贫困、社会动荡以及冲突频发的根源；最后是本章的总结，同时也进一步思考如何使非洲获得发展，获得新生。

一 贫困与冲突：非洲经济社会发展的现实

说起非洲给人的印象无非就是两个，一是非洲历史悠久、资源丰富，二是非洲经济贫穷、战争频发。首先，从基本地理环境来看，非洲形状狭长，面积广博，总面积约 3020 万平方千米，占全世界陆地面积的 20%，是仅次于亚洲的第二大洲。而且非洲也是海岸线最长的大洲，全长 3.05 万千米。正因为具有这样漫长的海岸线，以及隔地中海与欧洲濒临，所以非洲地区成为早期西欧殖民者抢劫掠夺的地方。此外，非洲大陆平均海拔 750 米，其中海拔 500—1000 米的高原占全洲面积的 60% 以上，海拔 2000 米以上的山地和高原约占全洲面积的 5%，海拔

200 米以下适合农业生产的平原主要分布在沿海地带。另外，非洲也是世界上沙漠分布最多的大洲，沙漠面积约占全洲面积的30%。非洲地区地形之复杂，既是非洲地区资源丰富、美丽富饶的前提，也是非洲地区经济发展落后的重要原因。

截至目前，在非洲大陆总共生活着 10 亿人口，约占全世界人口总量的 14%，分布在非洲的 61 个国家和地区。然而，在这10 亿人中，不仅经济发展水平存在较大差异，而且文化也存在较大的异质性。当前，非洲地区共有 800 种语言，这不仅说明了非洲地区具有高度文化多样性的基本事实，也成为非洲地区经济发展与社会冲突不断的决定因素之一。

非洲地区一直以来被认为是世界上最贫困的地区。从图11.1 世界各经济体 2017 年人均 GDP 分布来看，在当前世界

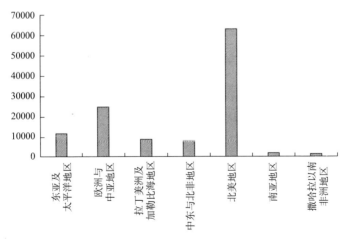

图 11.1　2017 年世界主要地区人均 GDP

数据来源：世界银行（https://data.worldbank.org）。

各经济体中，低收入国家主要集中在非洲地区，特别是撒哈拉以南非洲地区。按照 2015 年世界银行最新确定的贫困线标准，即每日收入少于 1.9 美元，我们发现，尽管 1990 年以来世界贫困人口大量减少，从 1990 年的 18 亿下降到当前的 7.6 亿，减贫效果显著。但是，仍然存在分布不均的情况，在当前世界存在的 7.6 亿贫困人口中，有 3.9 亿人来自非洲国家或地区，占全世界贫困人口总数的 41%。非洲贫困人口不但没有减少，反而有所增加，从 1990 年的 2 亿增加到当前的 3 亿（如图 11.2 所示）。

每日生活收入低于1.9美元的人口数量和比重（2011年根据购买力平价计算）

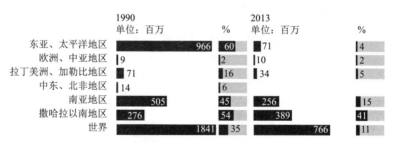

图 11.2　世界贫困线以下人口分布

资料来源：世界银行（https://data.worldbank.org.cn/）。

从健康水平来看，发展经济学家经常采用预期平均寿命（Expected Life）作为经济发展的重要指标。预期寿命主要是指给定国家和地区，在未来每年死亡率一定的情况下，任何一个人从出生到死亡的生活平均年数。图 11.3 给出了 1960—2016 年各大洲平均预期寿命的变化情况。尽管非洲地区从 1960 年到 2016 年平均预期寿命呈现显著上升的态势，从平均 40 岁上升到接近平均 60 岁的水平，但是与其他几个大洲相比不难发现，非洲依然处于世界平均预期寿命的最低位置。此外，从图 11.4 世界各经济体平均预期寿命的地理分布情况来看，世界上平均预期寿命较低的国家和地区主要集中在非洲，特别是撒哈拉以南的非洲地区，其中塞拉利昂与中非是当前世界各经济体中平均预期寿命最低的国家，仅有 51 岁。

此外，从婴儿死亡率（Mortality Rate，Neonatal）和 5 岁以下婴儿死亡率（Mortality Rate，Under 5）来看，非洲地区的健康情况更加堪忧。图 11.5 分别给出了 2016 年世界各地婴儿［见图 11.5（a）］与 5 岁以下婴儿死亡率［见图 11.5（b）］的基本分布情况。我们看到非洲以及南亚地区是婴儿死亡率较高地区。一方面是由于当地经济发展水平较差，摄取营养较少，导致营养不良等问题，提高了婴儿死亡率。另一方面，这些地区是当前冲突频发的地区。长期的种族冲突、反恐战争、宗教冲突等不稳定因素也增加了这些地区婴儿的死亡概率。而在欧洲以及北美地区，婴儿死亡率及 5 岁以下婴儿死亡率则是全球最低的，平均仅为 0.3% 左右。此外，由于地理因素，非洲地区也一直遭受热带疾病的困扰，其中疟疾在非洲成为对当地人口生命安全和健康水平影响最重大的疾病。根据世界卫生组织的统计调查，全球疟疾主要集中在赤道两侧热带地区，撒哈拉以南非洲地区成为疟疾的重灾区（如图 11.6 所示）。

从教育水平方面看，我们依然可以发现非洲与其他大洲人口教育水平方面的差异。在现代经济发展中，教育扮演着非常

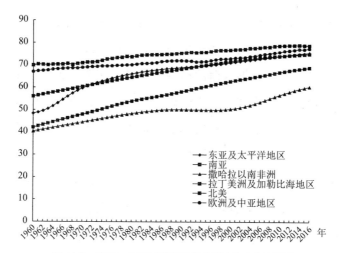

图 11.3　1960—2050 年世界平均预期寿命变化及预测

资料来源：世界银行（https://data.worldbank.org.cn/）。

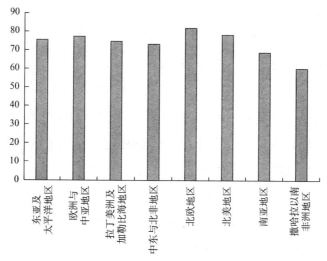

图 11.4　2016 年世界主要地区平均预期寿命（岁）

数据来源：世界银行（https://data.worldbank.org）。

重要的角色。教育不仅是一个国家和社会文明程度的具体体现，而且可以增加一个国家或地区的人力资本投资，使更多具

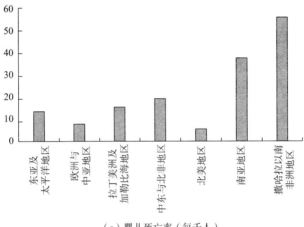

（a）婴儿死亡率（每千人）

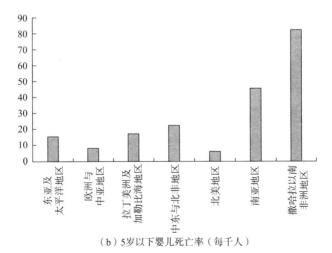

（b）5岁以下婴儿死亡率（每千人）

图 11.5 2016 年世界主要地区婴儿死亡率情况

数据来源：世界银行（https://data.worldbank.org）。

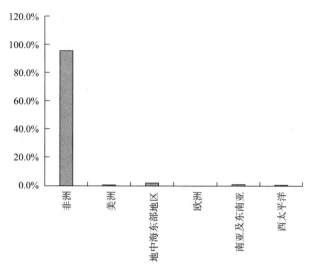

图 11.6　疟疾在世界主要地区的分布情况
资料来源：世界卫生组织（WHO，World Malaria Report 2019）。

有知识储备的人才可以提升技术，促进技术进步以及提高生产效率，进而促进经济发展。图 11.7 给出了世界上 15 岁以及 15 岁以上识字人口比重的地理分布。由图 11.7 可见，世界各国识字人口比例存在较大差异，欧洲、东亚、美洲等地区识字率均超过世界平均水平，而非洲以及东南亚地区是当前世界识字率较低的地区。尽管 2000—2010 年非洲地区的成人识字率有所提升，但依然低于世界平均水平。另外，从儿童辍学率来看，这种差异依然可见（见图 11.8）。首先，可以看到 1990—2014 年，全世界小学适龄儿童辍学人口从 1.1 亿下降到 7000 多万，而且各地区之间辍学率均呈现递减趋势，特别是在亚洲地区的南亚，2015 年小学辍学人口相当于 1990 年小学辍学人口的一半。然而

令人遗憾的是，非洲地区特别是撒哈拉以南非洲地区，小学辍

学人数不仅占当前全世界小学辍学人数的较大比重，而且有上

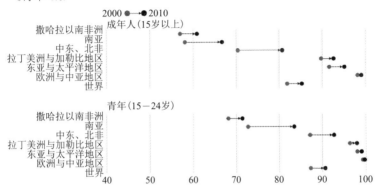

图 11.7　2000—2010 年全世界各地区 15 岁及以上成人识字率

资料来源：UNESCO；World Development Indicators, WDI。

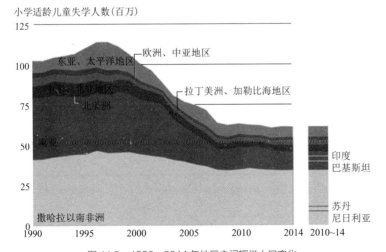

图 11.8　1990—2014 年地区之间辍学人口变化

资料来源：UNESCO；World Development Indicators, WDI。

升的趋势。这一结果，意味着非洲地区特别是撒哈拉以南非洲地区，在未来的经济发展过程中人力资本积累将会受到较大影响，经济发展前景堪忧。

此外，近代以来，非洲与其他大洲相比也是最不稳定、战争频发的地区。从全世界范围来看，虽然战争冲突是人类社会的一种常态。自人类社会产生以来，每年都有战争爆发。但从图 11.9 中可以看到第二次世界大战以来世界战争变化的一些新的特征和趋势。自第二次世界大战之后，世界整体战争趋势呈现持续下降状态，特别是在亚非拉民族解放运动和独立战争之后，战争数量呈现大幅度的减少趋势。然而，从战争爆发的地区分布来看，非洲地区虽然在 20 世纪中叶相继摆脱了西方殖民统治，获得了民主解放，但是却陷入了频繁的内战旋涡中，成为当前世界战争的主要发生地区，也是当前世界社会最不稳定的地区之一。图 11.10 给出了世界各地区从 1947 年到 2016 年的战争死亡人数，从中可见，在 1957 年之前，亚洲处于战争的主要地区，特别是中国内战、朝鲜战争、越南战争，几次中东战争，使亚洲陷入战争的深潭之中。但是到了 20 世纪中叶以后，随着非洲民族独立解放运动的开始，世界战争的中心逐渐从亚洲地区转移到了非洲地区，即使在非洲各个国家完成了民族解放运动获得了独立之后，很多非洲国家仍为了部族利益和权利争夺，陷入无休止的内战斗争中，特别是撒哈拉以南非洲地区，成了主要战争区域。

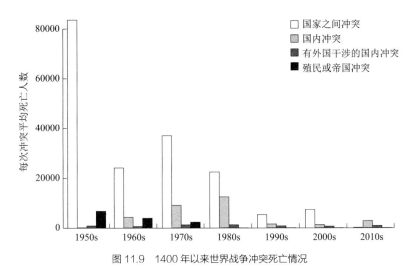

图 11.9 1400 年以来世界战争冲突死亡情况

资料来源：Conflict Catalogue by Peter Brecke, PRIO Battle Deaths Dataset (v3.1 after 1945 and v2.0 prior), and UCDP v17.2. World population data from HYDE and UN。

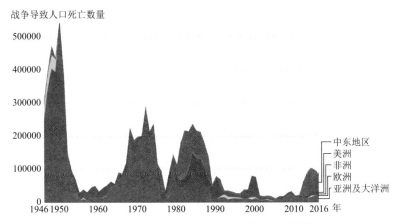

图 11.10 1946—2016 年世界各地区战争死亡变化情况

资料来源：Uppsala Conflict Data Program, UCDP；Peace Research Institute Oslo, PRIO。

以上描述中可见，虽然非洲地区与世界其他大洲相比，地理资源丰富，具有较好的经济发展资源禀赋基础，但是也发现目前非洲地区特别是撒哈拉以南非洲国家，经济贫困、医疗教育发展落后、战争频发。尽管非洲地区的经济发展与减少贫困一直受到世界的重视，甚至将其作为世界可持续发展以及世界千年发展目标的重要内容，但是什么因素导致今天的非洲出现当前经济社会发展的这种情况？非洲的贫困以及社会不稳定、民族冲突产生的原因是什么？这些问题的出现与非洲的历史经历有何关联？上述问题依旧是值得我们探讨的地方，这正是本章接下来要进行思考和讨论的。

二　罪恶的历史：西方世界对非洲的掠夺与瓜分

非洲虽然是人类文明的摇篮，也是世界四大文明古国埃及帝国的发源地，但是这种先发优势并没有促进非洲的发展，反而在 1500 年之后，使非洲成为西欧殖民者疯狂掠夺的对象。

欧洲殖民者对非洲的掠夺按照殖民策略大致可以分为两个阶段：第一个阶段主要是从大航海时代开始到 19 世纪中叶，以奴隶贸易和资源掠夺为主要特征，特别是西欧殖民者通过三角贸易在大西洋上的非洲、欧洲、美洲三个大洲之间进行原材料、制成品、奴隶人口之间的贸易；第二个阶段则是从 19 世纪中后期至 20 世纪中叶，主要特征是随着世界各国相继完成工业革命，欧洲各国开始进入非洲的争夺，从早期的沿海地区殖民逐渐深入内陆进而拓展到非洲全境。截至 19 世纪末，西欧国家已经相继完成了对整个非洲地区的瓜分。各个国家在非洲地区进行殖民扩张，进而引发了欧洲各个国家之间的利益冲突，这也间接成为 20 世纪之初欧洲爆发第一次世界大战的主要原因之一。

（一）非洲的奴隶贸易

在人类历史上，最早从非洲贩卖黑人作为奴隶的是阿拉伯人和波斯人。据统计，阿拉伯帝国时期总计抓走了 1300 万黑人作为奴隶，贩卖到欧洲和西亚地区。然而，更大规模的黑奴贸易则发生在 16 世纪大航海时代以后。

14—15 世纪，随着欧洲各国社会生产力的提高，其对于财富的渴望和需求也愈加强烈。由于通往亚洲的香料之路被伊斯兰国家所阻断，西班牙和葡萄牙两国开始热衷于探寻新航路以获得海外财富。终于，在 1492 年，哥伦布在西班牙王室赞助下发现了中美洲，之后一系列海上探险和远征活动，使新旧大陆之间的关系更加紧密。17 世纪初，为了获得更多的财富，早期的殖民掠夺等已不能满足他们的需求，于是欧洲人开始着手经营殖民地。他们在北美种植园里种植烟草和棉花，在西印度群岛种植甘蔗，在中美洲、南美洲开发金、银等矿藏，在印度种植茶树，等等。然而，在殖民地区，劳动力不足始终制约着殖民地种植业和采矿业的发展。一方面是由于早期欧洲人带来的疾病扩散传播（如天花等）而导致大量美洲土著居民的死亡，另一方面也由于早期殖民战争中殖民者对土著居民的大规模屠杀。新大陆殖民地劳动力不足的情况，使欧洲殖民者不得不寻找新的劳动力来源。于是，殖民时代"三角贸易"便自此正式开始。

"三角贸易"是指在西欧海外殖民过程中，在欧洲、美洲、非洲之间的三条贸易路线，如图 11.11 所示。第一条是从欧洲运至非洲的酒精、军火、纺织品等工业制品；第二条是从西非运至美洲作为主要劳动力的黑人奴隶；第三条是从自美洲运至欧洲的贵金属、矿石、蔗糖、烟草、咖啡、可可、棉花、粮食等农产品及原材料。这条三角贸易路线维持 400 年之久。

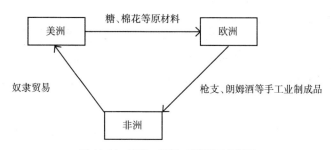

图 11.11　欧洲、非洲、美洲的三角贸易
资料来源：图片来自网络。

在早期的奴隶贸易中，奴隶贸易的主要参与者包括：葡萄牙人、英国人、法国人、西班牙人、荷兰人。这些殖民者在非洲漫长的海岸线上均设立前哨站，特别是在非洲的西部和中部地区。早期欧洲殖民者通过收买非洲当地的部落首领、袭击部落、绑架人口等手段，将非洲的黑人抓获贩卖到美洲大陆。在将近四个世纪惨无人道的非洲奴隶贸易中，约有 1200 万人从非洲运

往美洲充当奴隶，而且根据某些学者测算，实际数据可能比这一数字更高。如果我们再将从非洲到美洲海运途中遭虐待以及海难死亡的 1000 多万黑人奴隶人口计算在内，可以粗略统计得到，在非洲奴隶贸易期间，非洲人口损失数量可能达到 3000 万以上。在这 400 年间，非洲的人口遭到重创，人口存量大量损失，对此后非洲的经济社会发展造成了严重冲击和影响。

（二）欧洲在非洲的探险与瓜分

除了在美洲与非洲之间贩卖黑人奴隶进行奴隶贸易之外，在 19 世纪初，欧洲殖民者开始从非洲沿海地区掠夺贩卖人口，进而深入内陆进行探险，谋求对非洲进行更加直接深入的殖民统治。

这一变化的主要原因有以下几点：首先是废除奴隶运动在全世界发展的结果。随着工业革命的发展，工业资产阶级逐渐壮大起来，种植园主与工业资本主义的矛盾越来越大，奴隶贸易被认为是非常不人道的行为。因此，1823 年反对奴隶制协会成立，并且英国本土于 1833 年废除奴隶制，接下来在 1856 年美国甚至出现围绕奴隶制存废问题的南北战争。其次是合法正规的工业品销售要比奴隶贸易更加有利可图。奴隶贸易的产生，一方面是因为要解决在新大陆的殖民地劳动力缺乏的问题，另一方面是因为从事奴隶贸易有较高的利润率。但随着全球工业化的发展，特别是在世界各主要国家完成工业革命以后，工业品的需求逐渐增加，从事工业品贸易的利润远远大于奴隶贸易，而且在贩卖奴隶的过程也存在一定风险。因此，奴隶贸易逐渐让位于正规合法的商业贸易活动。这一转变的最终结果是大规模、有组织的探险活动在非洲内陆不断展开，例如"非洲协会"活动[1]，新的殖民形式得以出现，非洲最终被欧洲列强所瓜分。

　　欧洲殖民者对非洲的瓜分主要分为几个阶段。首先，在1870年以前，西方殖民者主要通过控制港口、贸易货站以及少数贸易附属地等进行殖民统治。然而，在1870年后，殖民观念发生了很大变化，大家普遍认为殖民地是宗主国的财产，因此殖民地的土地成为各个列强争夺的中心。随着欧洲列强对土地要求的不断深入，非洲大陆土地资源又非常有限，最终导致欧洲列强之间矛盾冲突升级。为了平息欧洲列强在非洲殖民地争夺的矛盾，欧洲强国在德国柏林召开了"柏林会议"，即列强瓜分非洲会议。柏林会议规定：任何国家若要兼并土地或建立保护国，应该先将其意图通知其他国家；对领土要求的承认必须取决于有效的占领；各种纠纷应通过仲裁予以解决。柏林会议召开的最终结果是，在柏林会议召开后的20年间，非洲大陆被瓜分殆尽。英国和法国控制了非洲多数国家和地区，其次则是德国、比利时、意大利等。从16世纪到19世纪，或者说一直到非洲民族解放运动开展之初，非洲地区均是在欧洲列强殖民统治之下。

---

　　[1]　非洲协会成立于1788年，会长是约瑟夫·班克斯Joseph Banks（1743—1820），英国探险家和博物学家，曾长期担任皇家学会会长，参与澳大利亚的发现和开发。非洲协会的宗旨是：促进科学和人类事业的发展，探测神秘的地理环境，查明资源，改善这块招致不幸的大陆的条件。

不仅人口被大量削减，导致劳动力短缺，而且资源也被大量掠夺侵占。而这些正是非洲悲剧产生的最直接原因。因此，本章下一节将主要考察非洲奴隶贸易，以及欧洲殖民者对非洲的殖民瓜分与掠夺对非洲当前经济社会发展的长期影响。

三　殖民活动对非洲经济社会的影响

欧洲殖民活动对非洲经济社会主要产生以下几方面的影响：在经济方面，奴隶贸易导致非洲地区大量精壮劳动力流失，这对非洲劳动力供给、人力资本的形成产生重要影响。此外，欧洲殖民者对非洲进行瓜分，将非洲纳入世界贸易体系之中，为欧洲和殖民地提供工业生产原材料，同时大量进口工业制成品，使非洲成为原料产地和销售市场，从而导致该地区自身经济结构发生扭曲，处于资源被长期掠夺和生产链下游的状态。在政治方面，西欧殖民者对非洲政治上的瓜分破坏了民族国家形成的基本原则，这成为近代非洲种族冲突、内战的重要根源。另外，欧洲的一系列殖民活动也成为非洲独立后，非洲国家军阀专制缺乏民主的根源，例如利比亚、索马里、刚果等。在文化方面，殖民地时期，各部族之间相互抓捕奴隶，这不仅导致部族冲突不断发生，而且引起民族之间长期信任缺失。另外，西方殖民者在非洲殖民期间也进行了大量的近代传教活动，宗教文化的扩张也导致部分非洲传统民族文化消失，从而产生文化分化。以下我们将

结合一些最新研究，分别考察殖民活动对非洲经济、政治、文化
等各方面的影响。

（一）奴隶贸易对非洲经济发展的长期影响

　　为何非洲地区，特别是撒哈拉以南非洲地区，如此贫困，
而且战争频发，一直是经济学家与政策制定者关注的重要问题。
关于此问题的解释，除了当前非洲地区人力资本、物质资本缺
乏等因素外，很多学者认为早期欧洲殖民者在非洲大陆进行的
奴隶贸易和殖民统治与非洲当前经济落后有着密切的关系。然
而，关于早期殖民活动对非洲经济发展的实证研究一直比较缺
乏，直到 2008 年近期哈佛大学经济系的内森·纳恩（Nathan
Nunn）才就长达四个世纪的奴隶贸易对非洲经济发展的长期影
响进行系统化的考察。[1] 在这篇名为"非洲奴隶贸易的长期影响"
（*The Long-term Effects of Africa' Slave Trades*）的文章中，内森首先
通过对保存下来的大量有关非洲到美洲运输奴隶贸易的航运记录
的系统化整理，根据这些历史档案提供的奴隶种族特征信息，推
断非洲不同国家和地区奴隶损失的数量，构建非洲各国奴隶贸易
损害程度的数据库。然后，再结合当前非洲各国经济发展的数据，
对不同国家奴隶贸易损失程度差异对当前经济发展长期影响进行

---

[1]　Nunn, Nathan, "The Long-term Effects of Africa's Slave Trades",
Quarterly Journal of Economics, 123(1), 2008, 139-176.

识别。通过分析，当前非洲国家的人均 GDP 与奴隶贸易时期的奴隶贸易严重程度呈现显著的负向影响（如图 11.12 所示）。其中，如果一个国家在奴隶贸易时期奴隶出口数量越多，那么这个国家和地区在 2000 年人均 GDP 越少；反之，如果奴隶贸易时期奴隶出口数量越少，那么在 2000 年人均 GDP 越多，即每平方千米奴隶出口数量增加 1%，2000 年人均 GDP 将减少 0.12% 左右。

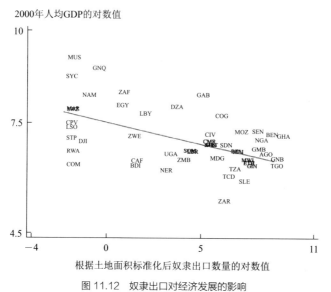

图 11.12　奴隶出口对经济发展的影响

资料来源·Nunn, Nathan, "The Long-term Effects of Africa's Slave Trades", *Quarterly Journal of Economics*, 123(1), 2008, 139-176。

那么是什么机制导致奴隶贸易人口损失越多的地方，经济发展越缓慢呢？首先，笔者认为，奴隶出口会改变当地的民族分化程度，继而对经济发展产生长期影响。这主要是因为大规模的奴隶贸易会改变当地的民族结构，奴隶贸易导致的人口流出越多，民族分化程度越高，由此导致当地民族结构的改变。民族结构的变化又往往会增加不同民族之间沟通协调的交易成本，而且也对当前政府公共政策与公共物品的提供产生影响。因此，奴隶贸易可以通过改变民族分化程度实现对当前经济发展的影响。奴隶贸易对经济发展产生影响的另一个机制是奴隶贸易对国家发展路径的影响。笔者发现，奴隶贸易时期奴隶出口越多的地区，在19世纪国家政权发展水平越低，而奴隶出口越少的地区，在19世纪国家政权发展水平越高。而根据很多学者的研究表明，一个国家历史上的发展水平对当前该国的政治民主制度等具有较强的正向相关关系。因此，奴隶贸易对影响当前各国经济绩效的政治制度形成有显著影响，进而对经济发展产生影响。综上可见，非洲地区之所以如此贫困落后，虽然有当前经济发展人力资本、物质资本短缺，技术与制度落后等因素影响，但是历史上欧洲殖民者对非洲地区的殖民掠夺，特别是奴隶贸易与当前非洲经济贫困的产生不无关系。

此外，另一个关于奴隶贸易对经济发展影响的研究则是内森·纳恩（Nathan Nunn）与其合作者从另外一个角度对奴隶贸易与经济发展之间的关系进行考察。[1]在《崎岖程度：非洲坏地理的祝福》（*Ruggedness：The Blessing of Bad Geography in Africa*）

---

[1] Nunn, Nathan, and Diego Puga, "Ruggedness: The Blessing of Bad Geography in Africa", *Review of Economics and Statistics*, 94(1), 2012, 20-36.

一文中，作者认为，目前学术界对地理因素与经济发展之间的关系在经济学领域已经达成基本共识。就大多数国家而言，正如本书第四章所介绍的那样，地理环境因素对经济发展起着至关重要的作用。远离海岸、地形崎岖等地理条件越差的国家或地区，其经济发展越落后和缓慢。然而，对于不同国家与地区，在不同的历史环境背景下，地理因素可能对经济发展的影响不同。内森及其合作者发现，对于非洲国家而言，地理环境与经济发展之间的关系出现了非常奇特的逆转现象，即地理环境越差，反而会促进经济发展。这种差异在图 11.13 中给予展现。在作者使用地理崎岖程度作为地理因素的代理变量时发现，对于非洲以外的国家，地理崎岖程度每增加一个等级，2000 年的人均 GDP 平均下降 0.2%，而对于非洲国家而言，地理崎岖程度越高的地区，2000 年的人均 GDP 反而越高，地理崎岖程度平均每增加一个等级，2000 年的人均 GDP 增加 0.19%。

为什么地理环境与经济发展之间的关系在非洲地区会出现与其他地区不一样的结果呢？内森·纳恩与其合作者认为，地理环境与经济发展之所以出现这一反常识的结果，主要原因在于，在奴隶贸易时期，西欧殖民者殖民活动往往都是在沿海或者交通比较便利等地理环境较好的地区抓捕和掠夺贩卖黑人奴隶。因此，在地理崎岖程度越低的地方，欧洲殖民者捕获奴隶的成本较低，这些地理条件优越的地方容易成为早期殖民者掠夺奴隶的中心，而那些地理崎岖程度较高的地区，由于地理条件较差，所以在奴隶掠夺方面要比那些地理条件较好的地区人

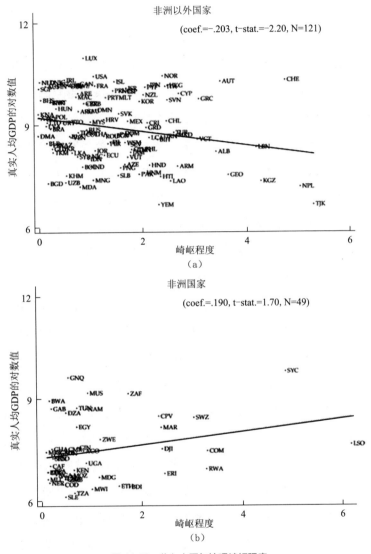

图 11.13　收入水平与地理崎岖程度

资料来源：Nunn, Nathan, and Diego Puga, "Ruggedness: The Blessing of Bad Geography in Africa", *Review of Economics and Statistics*, 94(1), 2012, 20-36。

口损失低，从而导致这些地理条件较差的地区人口得以保留。这为以后，特别是殖民主义过后，这些地方的经济发展提供了一定的人力资本和较为充裕的劳动力，进而在经济增长方面表现出良好的绩效。这一发现一方面进一步论证了地理因素的确在经济发展过程中扮演了非常重要的角色，同时也证明了欧洲殖民者早期对非洲人口的掠夺的确对当前非洲的经济发展产生了非常负面的长期影响。

（二）非洲内战冲突的殖民主义根源

从上述对非洲当前经济社会发展基本情况的介绍可以看出，非洲国家和地区不仅经济落后，而且也是当前世界政治最不稳定、冲突不断与战争频发的地区。那么，为什么在非洲国家和地区会呈现出这种社会不稳定与战争频发的状况呢？这是否跟早期欧洲殖民者在非洲的殖民主义有着密切而深刻的必然联系呢？

《对非洲掠夺的长期影响》（*The Long-run Effect of The Scramble for Africa*）[1]一文对此问题提供了一系列实证证据，并给出了确定的答案。该文的两位作者认为，非洲地区的民族分布是其自然形成的结果，而当前非洲地区的国家边界则是在 20 世纪初期各西方殖民者，特别是在柏林会议之后对非洲瓜分的结果，如图 11.14 所示。因此，非洲多数国家的地理边界呈现出

---

[1]　Michalopoulos, Stelios, and Elias Papaioannou, "The Long-run Effect of The Scramble for Africa", *NBER Working Paper*, No.17620, 2011.

直线分割的状态。由此产生的结果是西方国家在非洲地区的势力范围划分往往隔断了非洲当地原有民族的空间地理分布。原则上两个原本不可以成为一个独立民族国家的地区，结果被强制划分在一起。而在当前这个国家内部，这两个民族可能在文化、意识形态、种族等方面具有完全不同的特征。因此，这些国家虽然在后来非洲的民族独立解放运动中成为独立国家，但是复杂的民族构成与民族冲突成为这些国家经济落后、政治不稳定的重要源泉。例如，卢旺达种族大屠杀中图西族与胡图族之间的冲突就是一个典型案例。

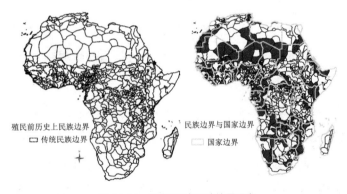

图 11.14 民族界限与国家边界示意

资料来源：Michalopoulos, Stelios, and Elias Papaioannou, "The Long-run Effect of The Scramble for Africa", *NBER Working Paper*, No.17620, 2011。

图 11.15 给出了 1997—2010 年非洲地区武装冲突以及国家地理边界的基本信息。从图 11.15 可见，无论从暴力事件还是从战争等因素来看，民族分化程度越高的国家往往是暴力事件或战争越多的地区，而且特别在同一个国家内部两个不同民族的

边界地区冲突更加严重。由此可见，西欧列强对非洲的掠夺不仅在人口方面对非洲经济产生重要的影响，而且在废除奴隶贸易以后，欧洲列强对非洲的瓜分也对当前非洲国家或地区的经济发展、社会稳定以及政治格局产生了至关重要的影响。

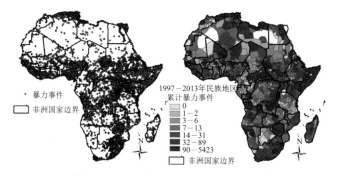

图 11.15　非洲地区武装冲突的地理分布示意

资料来源：Michalopoulos, Stelios, and Elias Papaioannou, "The Long-run Effect of The Scramble for Africa", *NBER Working Paper*, No.17620, 2011。

（三）为何非洲国家间会更不信任？

非洲奴隶贸易以及之后的欧洲列强对非洲的瓜分掠夺不仅对非洲的经济发展产生持续的制约，而且对非洲当前的政治稳定、战争冲突的爆发也产生一定的影响。那么除了经济发展以及政治社会稳定之外，欧洲殖民者在非洲的殖民活动是否也对当前非洲的其他方面产生影响呢？

我们发现，当前非洲国家之间信任的缺乏也与早期殖民活动特别是奴隶贸易有密切的关系。同样是内森·纳恩在其研究[1]中发现，在奴隶贸易时期，如果当地黑人奴隶人口流出越多，当地亲属之间以及邻居之间的信任水平都呈现显著的负向影响，即当地每平方公里上黑人奴隶出口数量每增加1%，亲属之间以及邻居之间信任程度将下降0.13—0.15。那么为什么会有这样的结果产生呢？笔者认为，这主要是因为，在奴隶贸易时期，人们经常为了自身经济利益，通过相互诱骗、绑架等方法，从自身周边可以获得信任的群体中获取人口，然后去欧洲殖民者那里进行交易，从而获得一定报酬。因此，奴隶贩卖越多，这样的案例也就越多，从而导致当地人们对周边群体都具有较强的戒备，缺乏信任感。因此，笔者认为，奴隶贸易对当前非洲地区人们之间的信任差异也存在显著影响。值得注意的是，这种文化方面的不信任，不仅是文化层面的一种反映，而且在未来的经济发展过程中也会增加交易费用，影响契约执行等，进而成为非洲地区经济发展的一种障碍。

四　结束语

非洲是一个充满魅力并让人向往的大洲，在那里不仅有丰

---

[1]　Nathan, Nunn, and Leonard Wantchekon, "The Slave Trade and the Origins of Mistrust in Africa", *American Economic Review*, 101(7), 2011, 3221-3252.

富的矿产资源、美丽富饶的土地，而且也是人类文明的发源地。然而，在 1492 年哥伦布发现新大陆，大航海时代来临后，非洲成为欧洲殖民者掠夺的重要对象。从开始掠夺资源与人口，到 19 世纪末 20 世纪初对非洲瓜分，这一系列的剥削与掠夺，对非洲当前经济社会发展产生了巨大影响。

本章主要以大航海时代后欧洲殖民者对非洲地区的殖民活动为出发点，思考这一系列特殊历史事件对当前非洲地区国家的经济社会发展的长期影响。通过介绍，我们了解到非洲地区的经济落后与不发达，不仅是当前要素投入、技术落后以及地理因素等方面的结果，历史上西方世界对非洲地区的持续人口掠夺，以及对非洲地区的瓜分也是当前非洲地区经济不发达的重要历史根源。与此同时，通过非洲这一案例，我们清楚地认识到，历史通过路径依赖和多重均衡对当前经济发展产生影响，以及重大历史事件对于理解当前经济发展差异的意义与价值。

第十二章
为什么工业革命始于欧洲？

工业革命是人类社会发展历程中非常重大的历史事件，不仅是一次人类历史上科学技术的飞跃和生产方式的转变，而且也使人们摆脱了马尔萨斯陷阱的束缚，使人均收入水平不再出现因为人口增加而把由于技术进步所带来的收入增加再次带回到原点的情况。而且在工业革命爆发的同时，欧洲的政治环境与社会结构也发生了深刻的变化。在政治方面，工业革命促进了早期进行工业革命的国家资产阶级的发展和壮大，作为新兴的社会阶层和政治力量大大削弱了欧洲传统封建贵族的专制统治，进而使近代西方民主政治制度得以实施，一系列旨在反对封建贵族统治、获取政治权力的资产阶级革命陆续展开。在社会层面，不仅出现社会流动性的改变，使整体社会的流动性有所增加，例如原来社会顶层的封建主、教士阶层地位逐渐衰落，原来地位较低的资产阶级社会地位得以提高，而且人们的生育模式、家庭结构也都发生了深刻变化。因此，著名经济史学家格里高利·克拉克（Gregory Clark）在《告别施舍》（*A Farewell to Alms*）一书中，曾说"人类历史上仅发生一件事，那就是工业革命"。[1] 可见,工业革命对人类社会历史发展进程中的意义,而本章主要就工业革命相关问题展开讨论。

本章主要讨论的问题包括以下内容:首先,什么是工业革命,工业革命主要包括哪些内容?其次,工业革命产生的原因有哪些,为什么工业革命最早发生在欧洲,而不是在中国?最后是本章的结论。

一 工业革命产生诱因及影响

工业革命又称产业革命,主要是指在 18 世纪中叶至 19 世纪中叶,以 1769 年英国人瓦特改良蒸汽机为代表的一系列技术变革。这一巨大的变革不仅使人们的生产方式发生巨大变化——从手工劳动向机器生产转变,形成动力与能源的革命——而且也使生产组织方式从工厂手工业向机器大工业转变。此外,虽然工业革命最早发生于英国,但是这股工业革命风潮很快就从英国扩散到欧洲大陆,又于 19 世纪传播到北美地区。

在工业革命爆发之前,欧洲与世界其他地区相比并无显著差异,甚至在某些方面落后于其他国家或地区,例如中国。在城市化和生产方式方面,欧洲整体城市化水平较低,城市人口

---

[1]　Gregory Clark, *A Farewell to Alms: A Brief Economic History of the World*, Princeton University Press, 2007.

平均不足 1 万人，大部分人口生活在乡村，并且以精耕细作的
农业为主要生产方式。生活日用品则主要依托手工工匠生产。
这些工匠以手工工具和简单机器作为生产工具，在自己的手工
作坊进行生产活动，生产效率较为低下。在交通网络和基础设
施方面，欧洲以马匹和马车作为主要的运输工具，而且道路体
系并不完善，道路崎岖不平，与中国庞大的驿路和水运体系相
比交通运输效率极其低下。在生产动力方面，无论城市还是乡
村均采用原始的动力来源，如人力、畜力、风力、水利等，所
以生产活动时常受到动力来源的制约，不能有效生产，需要增
加市场供给以满足不断膨胀的市场需求。

　　然而 16 世纪以来，随着大航海时代的到来以及欧洲殖民者
对海外市场的不断开拓，欧洲内部发生了巨大的变化，这一系
列事件的发生最终成为工业革命爆发的重要诱因。

（一）工业革命产生的诱因

　　截至目前，历史学家与经济史学家认为工业革命之所以产
生，主要有以下几个方面的诱因：

　　首先，欧洲农业革命导致了人口的增加，扩大了市场的需
求，促进了商业的发展。作为大航海时代哥伦布交换的结果，
美洲作物在欧洲得以迅速传播。特别是土豆的种植，为在欧洲
生活的人们提供了更多的食物和热量，最终导致欧洲人口快速
增长。人口的增加不仅为工商业发展提供了廉价的劳动力，而

且也增加了对生活日用品的需求。例如，在 18 世纪的英国，随着农业革命和圈地运动的开展，农村地区剩余劳动力不断涌现，大量剩余劳动力不得不寻求新的就业机会，进而有助于推动工商业的发展。此外，这些增加的人口也使消费需求日渐增加，进一步刺激了工业产品的生产。

其次，能源动力结构发生变化，为以煤炭为主要能源动力的工业革命的发生创造了革新方向与前提。关于工业革命为何最早在英国中北部发生，很多学者认为这与当时英国自身的能源结构变化有重要关系。在英国中北部地区，木材资源较为缺乏，而煤炭资源特别是浅层煤资源相当丰富。因此，在技术选择方向上，决定了后续工业革命技术变革围绕在以煤炭蒸汽为主要动力来源和普遍应用于采矿业的蒸汽机方面展开。

再次，一系列经济政治制度的变革与创新为工业革命的发展提供了较好的制度环境。一是英国在 1623 年经国王詹姆士一世许可，率先设立了专利权保护制度，用以保护发明者的知识产权以及从发明中获益的权利。专利制度为发明创新活动提供了较好的激励制度，对很多发明家而言，专利制度不仅确定了发明的权利归属，更重要的是明确了发明者可以享有发明所带来一系列收益的权利，因此导致很多专门从事发明的发明家群体投入发明活动之中，进而使工业革命前后一系列新发明如雨后春笋一样不断产生。二是英国率先通过"光荣革命"完成了资产阶级革命，建立了宪政体制以及文官制度。尽管这一体制存在一定不足，例如仅有 3%—5% 的英国人有选举权，而且苏格兰人会更低，同时国王依然保留了很多的权利，但这一宪政体系有助于经济增长。这主要体现在英国议会能够较为严格地监督政府财政支出，而且使私人债务清偿方面具有较高的信誉保证。此外，高效、透明、有序的垂直税收体系，与当时欧洲其他国家例如法国相比，不仅使社会各个阶层都要纳税，增加了税基，而且也使新兴工业企业免受苛捐杂税的困扰。

此外，海外殖民地的扩张与自由贸易的开展为工业革命的产生创造了市场前提。大航海时代的到来导致世界贸易的范围和规模不断扩大。许多欧洲国家从 15 世纪末开始，在亚、非、美等地区相继建立了各自的殖民地与贸易前哨。到 18 世纪工业革命的前夜，这些海外殖民地不仅为欧洲工业发展提供原料，而且也提供了庞大的工业产品出口市场，进而推动了世界贸易的发展。正是因为海外贸易的发展形成了更为有力的需求，而传统的手工工场生产模式以及以传统动力来源驱动的技术已经不能满足贸易发展的需要，因此人们开始探索技术革新以提高生产效率，进而满足日益增加的需求，工业革命应运而生。

另外，金融革命与现代金融体系的构建也是工业革命发生的重要因素。在工业革命发生之前，英国不仅完成了贸易革命、商业革命、农业革命，也完成了金融革命。[1] 工业革命时期，技术发明的创新与近代机器大工业企业的发展均需要大量的资本。

---

[1]　金融革命主要是指近代英国相继完成现代银行的创建、公债的发行以及金融结算制度的构建等过程。

而金融革命所导致的现代金融及其衍生工具的发展，为工业革命提供了大量的资金支持。特别是在工业革命早期所涉及的行业，如机械制造、冶金、铁路等，均为资本密集型行业，金融革命为其发展提供了巨大的资金支持。

最后不得不提及的是欧洲科学文化的发展，为工业革命技术创新提供了坚实的基础。自 17 世纪以科学实验为主要研究方法的科学革命发生以来，自然科学领域获得了突破性的发展。这一方面得益于文艺复兴和启蒙运动对科学精神的重视，另一方面也得益于人们科学意识的变化。人们越来越相信科学方法，越来越相信世界是有规律可循的，更重要的是发明家有意识地将科学发明应用到实际生产过程中以改善人们生活。在这一思想潮流下，越来越多的技术创新与发明不断涌现，而且很快与实践相结合，应用于生活与生产活动中。

正是在以上这些因素的共同作用下，工业革命应运而生，成为人类社会发展进程中一件非常重要的历史事件，不仅影响了欧洲，也影响了世界，改变了整个人类社会的生产与生活以及发展进程。那么工业革命为何如此重要呢？

（二）工业革命产生的影响

工业革命之所以重要不仅在于工业革命期间一系列的技术发明与突破，更重要的是工业革命对欧洲和世界经济、社会、国际关系等各个方面均产生了非常深远的影响，使人类社会从农耕文明进入工业文明，实现了跨越性的发展。工业革命的影响主要体现在以下几个方面。

在生产方式方面，工业革命的产生使传统的家庭作坊生产组织形式受到排挤，生产场所逐渐被工厂制所取代。例如在1771年，第一台阿克莱特水利纺纱机出现后，大量家庭作坊被工厂所取代。截至1788年采用阿克莱特水利纺纱机的工厂已经有143家，许多工厂工人数量均在700人以上。机器使用所带来的生产高效率使近代工厂制度快速发展，逐一将手工作坊生产方式排挤出各个行业。尽管其间遭遇很多小手工业者的反抗，但是最终在19世纪30年代，手工作坊生产方式被大机器工厂制度所取代，手工业者逐渐成了工厂工人。

在经济增长方式方面，工业革命实现了经济增长方式的转变。相对于传统模式而言，工业革命使经济增长速度和经济结构发生了巨大的变化。一方面，工业革命使机器替代人力进行工业生产，提高了生产效率，使工业生产的增长速度大大高于传统生产水平。例如，18世纪世界工业指数提高近2.3倍，而1802—1870年该指数提高了近5.1倍。另一方面，工业革命使人类社会从农业社会进入工业社会，从农业文明进入工业文明。在工业革命之初的1688年，全英国有75%的劳动人口从事农业生产活动，而到1841年左右农业人口比重减少到23%。与此同时，工业迅速增长，到19世纪中叶，非农产业的比重达到78%左右。因此，产业结构也因工业革命的开展而调整。

此外，工业革命也对人们的收入水平和社会结构产生巨大影响。首先，工业革命使人们的收入水平更加受到市场的影响。由于工业革命的发生，工业行业成为经济社会中的主要部门，因此大量剩余劳动力从农村走向城市，成为产业工人。这也意味着人们的收入水平与工业行业自身的经济周期密切相关，呈现出周期性变化的特征。例如在工业革命早期，18 世纪初英国实际工人工资有所增长，但是到了 18 世纪后期，英国工人的实际工资数量呈现下降趋势，然而到了 19 世纪初工人实际工资又呈现了缓慢上升的趋势。这种随经济周期波动以及劳动力市场供求变化的影响，使广大工业化早期的工人生活水平受到较大影响。其次，工业革命的产生导致新的社会阶层——工人无产阶级的产生，而且随着工人收入水平的波动与下降，资产阶级与无产阶级的斗争与冲突不断加强。特别在工业化早期，工人收入水平波动以及社会福利保障制度的缺乏，使工人经常失业，处于食不果腹的境地，由此导致工人阶级与资产阶级的矛盾冲突与对立。在斗争的早期，工人阶级将斗争的矛头指向机器，认为工业化时期机器的使用是造成工人生活恶化的重要因素。因此，1811 年以捣毁机器为主要形式的卢德运动爆发，但随着经济社会发展的不断深入，人们渐渐清楚真正的社会矛盾并非人与机器而是人与人的矛盾，即无产阶级与资产阶级的矛盾。随着以马克思为首的共产主义思想不断发展起来，工人无产阶级运动也成为工业化进程中的重要内容。

最后，工业革命对整个世界产生的最重要的影响莫过于使人们走出了马尔萨斯陷阱，同时也导致了近代大分流的产生。

在工业革命发生之前，人类社会处于马尔萨斯陷阱之中，虽然农业技术进步可以带来社会产出水平的增加，但是收入水平的提高导致人口增加，而新增人口又使增加的社会产出水平不足。这一状态可以从 1200—1800 年英格兰人口与人均收入之间的动态变化关系得以体现。从图 12.1 可见，1200 年前后英格兰的人口约 300 万，人均收入水平指数达到 75%，14 世纪英格兰人口从 300 万上升到 600 万，人均收入水平指数从 75% 下降到 36% 左右，人口的增加导致收入水平显著下降。但是 14—15 世纪，欧洲地区发生了战争与瘟疫，导致人口显著下降，从 600 万下降到 200 万，进而在 15 世纪末收入水平获得显著上升。从以上动态变化可见，在工业革命之前，人均收入水平与人口存量之间始终处于这种交替循环的状态之中，这也恰好反映出在工业革命前马尔萨斯陷阱的真实写照。工业革命发生后，人均收入的增长速度显著提升，实现了经济的快速发展。如图 12.2 所示，从公元前 1000 年到公元 2000 年，人均收入水平均没有显著变化，人类社会一直处于马尔萨斯陷阱之中。然而，工业革命后人均收入水平显著提升，20 世纪末人均收入水平是工业革命前人均收入水平的 12 倍。此外，在 19 世纪末，欧洲近代工业化的国家收入水平远远高于其他未进行工业化的传统农业国家，由此工业革命导致了近代欧洲工业化国家与亚洲传统农业国家之间大分流的产生。

那么马尔萨斯陷阱为什么会被打破呢？这里主要有两方面的原因。首先，工业革命导致人口生育模式的转变，进而导致

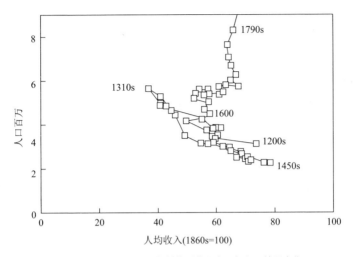

图 12.1　1200—1800 年英格兰收入水平与人口数量变化

资料来源：Gregory Clark, *A Farewell to Alms：A Brief Economic History of the World*, Princeton University Press, 2007。

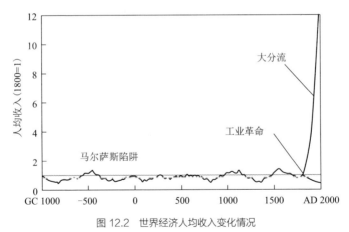

图 12.2　世界经济人均收入变化情况

资料来源：Gregory Clark, *A Farewell to Alms：A Brief Economic History of the World*, Princeton University Press, 2007。

人口出生率显著下降。工业革命后对人口生育行为的一个显著
影响是人口生育率的下降。因为近代工业化促进了商业化与工

业发展，因此增加了对具有一定知识和教育背景人才的需求。为了适应这一变化，各个普通家庭加大了对自己子女的人力资本教育的投资，但是由于总收入有限，因此导致发生工业革命的国家相继决定降低人口出生率，以实现生育子女数量与质量之间的替代。图 12.3 分别给出了英国和瑞典从 1545—1995 年人口出生率的变化趋势。从中可见，看到无论在英国还是在瑞典，两个国家总和生育率均从 19 世纪中叶的 5 人下降到 20 世纪末不足 2 人的水平。人口出生率的下降导致了财富增长速度快于人口增长速度，进而使人均收入持续上升。其次，生产率的提高也是工业革命后人均收入上升的一个重要原因。在工业革命的过程中，传统手工业中的大量工人和畜力被机器所替代，这不仅因为机器的使用可以提高生产效率，同时因为机器可以不

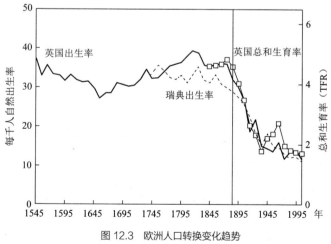

图 12.3 欧洲人口转换变化趋势

资料来源：Gregory Clark, *A Farewell to Alms*: *A Brief Economic History of the World*, Princeton University Press, 2007。

休息持续工作，因此社会普遍的劳动生产率获得了很大的提升。从 1700—1860 年劳动生产率的动态变化趋势可见（如图 12.4 所示），机器的使用使劳动生产率获得显著的提升，劳动生产率指数从 1700 年的 60 上升到 1870 年的 100，在这短短的一个世纪中，劳动生产率提升了将近 1 倍左右的水平。

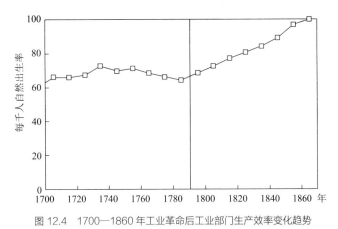

图 12.4　1700—1860 年工业革命后工业部门生产效率变化趋势

资料来源：Gregory Clark, *A Farewell to Alms*：*A Brief Economic History of the World*, Princeton University Press, 2007。

二　为什么工业革命最早发生在英国，而不是中国？

我们在肯定工业革命影响的同时，一个时常被人们提及的问题也应运而生，这就是"为什么工业革命最早发生在 18 世纪的英国，而不是中国？"正如有些学者如马克·埃尔文（Mark Elvin）认为，早在 11 世纪中国的宋代就已经实现高度商业化，而且具备了工业革命产生的前提条件，但是为何中国在公元 11 世纪没有发生工业革命？[1] 对此问题学界给予了充分的讨论，并给出了不同的解释，主要有以下几个重要假说。

（一）要素禀赋假说

工业革命之前，英国的工资水平一直维持在一个相对较高的水平。面包、牛肉、啤酒是大多数人可以消费的食物，而不像欧洲其他地区只能依靠燕麦粥勉强度日。高工资的结果是使英国工资相对于资本相对比例来说较高。从图 12.5 中可见，16 世纪到 18 世纪欧洲主要国家工资与资本价格比率的变化情况。在 17 世纪初以前，英国、法国、奥地利工资与资本相对价格比例基本相同，甚至英国略低于欧洲大陆国家。然而，在 1630 年之后，英国工资与资本相对比例持续上升，到了 18 世纪，英国工资与资本相对比例比欧洲其他国家高出 60% 左右。因此，人们试图采用其他要素投入代替人力投入以降低成本。这也为英国最早开始进行动力革命带来了最直接的激励动机。因此，工业革命最早在英国发生。[2]

基于地理差异的要素禀赋假说，工业革命的本质就是动力革命。生产的动力从原来的风力、水力、畜力，逐渐被利用燃

---

[1]　Elvin Mark, *The Pattern of the Chinese Past*, Stanford University Press, 1973.

[2]　Robert C. Allen, *Global Economic History*：A *Very Short Introduction*, Oxford University Press, 2011.

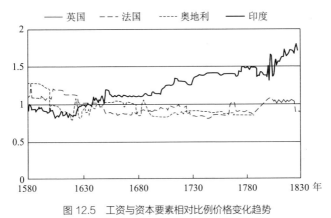

图 12.5　工资与资本要素相对比例价格变化趋势

资料来源：Robert C. Allen, *Global Economic History*：A *Very Short Introduction*,
Oxford University Press, 2011。

料而产生的动力所替代。其中最受益的行业为纺织业、纺纱业
等。动力革命使纺纱工人的生产率大大提升，在同等要素投入
下，现有纺纱工人的生产效率是原来手纺工人的 40 倍。所以，
燃料的原材料，特别是作为蒸汽动力主要来源的煤炭资源，成
为工业革命是否能够发生的关键。

　　对此问题，《大分流：中国、欧洲与现代世界经济的形成》
（*The Great Divergence*：*China, Europe, and the Making of the Modern
World Economy*）的作者彭慕兰（Kenneth Pomeranz）认为，19 世
纪中叶，英国煤炭产量占世界总产量的 2/3，而且煤炭资源分布
较均衡，英格兰、苏格兰和威尔士均有，但以英格兰最多，煤矿
分布在爱丁堡、纽卡斯尔、卡迪夫、伦敦等地区。[1] 英国不仅煤

---

　　[1]　Kenneth Pomeranz, *The Great Divergence*：*China, Europe, and the Making of
the Modern World Economy*, Princeton University Press, 2000。

炭资源储量丰富，总量为 1910 亿吨，而且几乎全部的煤炭是硬煤，褐煤仅为 4 亿吨。与此相比形成差异的是中国江南地区的煤炭资源储备。尽管 18 世纪经济较为发达的是荷兰和中国江南地区，但当地缺乏煤炭资源，因此不能引起能源革命，自然工业革命也不能产生。[1] 然而，针对这一地理资源决定论，很多学者对此提出异议。如格里高利·克拉克和大卫·杰克斯认为，煤炭业的蓬勃发展更可能是工业革命的结果，而非原因。因为有以蒸汽为动力的蒸汽机广泛使用，才使煤炭资源变得非常重要。

（二）市场整合假说

关于工业革命为何最先起源于欧洲特别是英国的另一重要解释是市场整合假说。自 1492 年哥伦布发现美洲新大陆以来，更大规模的全球贸易体系在原有地中海贸易圈与汉萨同盟贸易圈两大区域贸易网络的基础上逐渐在欧洲确立，新旧大陆的经济联系不断增强。不仅美洲作物在旧大陆得以传播，而且 17—18 世纪逐渐形成的 "三角贸易" 不断在美洲、欧洲和非洲进行。巨大的贸易活动把欧洲、亚洲、非洲和拉丁美洲联系在一起，欧洲内部市场也变得更加紧密。因此，许多学者认为，在工业革命前欧洲相对统一完备的市场网络是工业革命可以率先开展的重要决定因素。

---

[1]   Kenneth Pomeranz, *The Great Divergence: China, Europe, and the Making of the Modern World Economy*, Princeton University Press, 2000.

　　尽管规模庞大、有效统一的市场是欧洲经济获得发展或者说是工业革命最早在欧洲产生的重要原因，但这是不是工业革命在欧洲爆发的充分条件呢？或者说，工业革命之所以没有在中国产生是因为中国没有庞大的有效市场？针对这一问题，科罗拉多大学的薛华教授及其合作者，在一篇发表在《美国经济评论》（*The American Economic Review*）上名为"Markets in China and Europe on the Eve of the Industrial Revolution"（"工业革命前夜的欧洲与中国市场"）的文章中对此疑惑给出了回答。

　　薛华及其合作者利用 1742—1795 年中国南方 10 个省区 121 个府级地方市场米价面板数据，以及 17—18 世纪欧洲主要城市的粮食价格数据（如图 12.6 所示），通过测算不同国家和地区粮

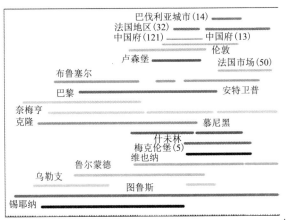

图 12.6　欧洲地区市场整合样本分布

资料来源：Carol H. Shiue, and Wolfgang Keller, "Markets in China and Europe on the Eve of the Industrial Revolution", *American Economic Review*, 97(4), 2007, 1189-1216。

食价格之间的整合程度，对工业革命发生前夜世界各主要国家和地区的市场整合情况进行考察，进而探讨统一有效的市场结构是否为导致工业革命产生的充分条件。在最终的实证结果中，她们进一步研究发现，在工业革命前夜，中国南方粮食市场的价格整合程度总体水平高于欧洲主要国家和地区。具体而言，随着市场网络距离的扩大，中国粮食市场价格相关系数的下降速度要比欧洲慢得多（如图 12.7 所示）。此外，通过计算不同地区粮食价格的标准差发现，在 18 世纪中国南部各府之间粮食价格的标准差远远低于同期欧洲 15 个主要城市的价格标准差。

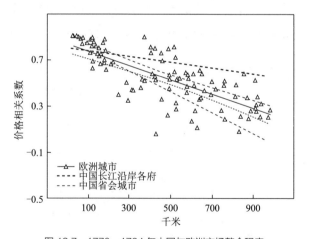

图 12.7　1770—1794 年中国与欧洲市场整合程度

资料来源：Carol H. Shiue, and Wolfgang Keller, "Markets in China and Europe on the Eve of the Industrial Revolution", *American Economic Review*, 97(4), 2007, 1189-1216。

上述实证证据表明，中国与欧洲的市场发育程度不相上下。而且在 18 世纪，中国似乎比欧洲主要国家和地区拥有更加有效统一的市场。这一发现也从另外一个角度进一步表明，市场发育程度差异并非英国最先爆发工业革命的充分条件，但这也不可否认，大航海时代造就的全球商业网络对后来欧洲工业革命后产品的销售和市场扩张扮演了重要角色。

（三）技术供给假说

工业革命的主要特征是一系列机械、动力工具的发明与使用。因此，对于为什么工业革命最早发生于英国，很多学者从技术供给与创新角度做出了相应分析。关于近代中国与西方世界技术创新差异的问题在中国又被冠以另一称谓，即"李约瑟之谜"。"李约瑟之谜"主要是指中国科学技术成就在历史上让全世界都叹为观止，领先世界。例如，中国历史上的"四大发明"对西方世界产生较大影响，甚至被弗朗西斯·培根称为西方世界从黑暗时代走向现代社会的最重要的发明。然而，为什么在14世纪中国科学技术领先于世界，但在近代特别是17世纪却被西方超越呢？

对于这一问题，北京大学林毅夫教授提供了较为可信的解释。科学是关于自然界现象的一种系统知识。在原始科学阶段，科学来自对自然现象好奇的科学家的观察，而在15—16世纪科学革命之后，科学家在科学研究方法上开始以严谨的可控实验作为探索自然现象的途径。[1]这种科学方法的革命使人们对自然的认知得以加强，知识积累与扩散的速度变得更快。在原始科

---

[1] Needham, and Joseph, *The Grand Titration: Science and Society in East and West*, London：George Allen & Unwin, 1969.

学积累阶段，对自然现象的探索主要基于人们对自然的好奇心，而这种好奇心应该跟智商一样是一种要素禀赋，在人群中应该符合一定统计分布。因此，中国与欧洲相比，在人口方面有更多的优势，在原始科学时代，中国对自然探索的人比欧洲多，因此在科学发现上具有较强的优势。[1] 然而，在欧洲发生科学革命时期，中国却没有出现利用可控实验方法探索自然未知世界的科学革命。

林毅夫 [2] 认为，导致科学革命没有发生在中国的原因不在于中国政治环境如何遏制知识分子的创新与发明，而在于中国自隋唐以来发展的科举制度所提供的激励机制，使大量具有科学精神和科学能力的人才无心科学创新，而转入科举仕途之中，最终导致中国离现代科学越走越远。中国的科举制度创立于隋朝，它改变了自汉朝以来数百年的初级官员举荐选拔制度，有效地避免了裙带关系，同时为底层精英进入仕途提供了向上流动的社会阶梯渠道。但是，这在另一方面导致无数有天赋的人才将时间和精力集中于背诵记忆儒家经典的过程之中，进而无暇顾及与科举无关的其他知识。因此，尽管中国早在 14 世纪的明朝时就具备了欧洲 18 世纪工业革命的许多重要条件，并且有了资本主义的萌芽，但是由于科学革命未在中国发生，技术在

---

[1]　Needham, and Joseph, *The Grand Titration: Science and Society in East and West*, London：George Allen & Unwin, 1969.

[2]　林毅夫：《李约瑟之谜、韦伯疑问和中国的奇迹——自宋以来的长期经济发展》，《北京大学学报》（哲学社会科学版）2007 年第 4 期。

原始科学的条件下达到一定高度后无法打破，进一步发明的"瓶颈"，最终导致近代中国在社会技术创新供给上落后于西方社会，这一差异也使工业革命未能在中国产生。

（四）制度创新假说

此外，另一个关于工业革命起源问题的重要解释是制度创新假说。很多经济学家如阿西莫格鲁等认为，英国之所以发展起来，主要是因为英国在完成工业革命之前已经进行了商业革命和贸易革命。因此，工业革命不仅仅是商业和贸易发展的必然结果，也是在商业和贸易发展的基础上所产生的一系列制度变革作用的后果。从欧洲内部来看，这种制度创新的差异更加突出。作为早期海外贸易代表的葡萄牙、西班牙等海外殖民强国，其贸易组织形式往往以国家利益和王权为主要驱动力，而后来居上的英国与荷兰，其贸易探险组织形式则是以公司为主要形式。因此，英国与荷兰从海外商业贸易中兴起的商人集团，很早便参与到国会的政治活动和政策制定之中。这种政治与商业的结合，使商人力量进一步强大，他们有能力对一系列经济、财政税收制度进行干预和影响。光荣革命推进了英国现代国家制度的形成，国王要增加税收必须经过国会同意，这使国王的征税权力被大大制约。此外，另一个非常重要的制度安排则是私人合法产权的有效界定。随着英国国家能力的加强，公共财政制度也带动了英国公债市场的发展，由政府特许经营的英格兰银行也在此时得以设立，伦敦金融市场地位得到提升，甚至成为比阿姆斯特丹更大的金融中心。这一切导致了17世纪英国的财政与金融制度的变革，为英国工业革命的发展提供了制度保障。反观中国，17—18世纪依然处在中央集权僵化的政治体制之下。虽然具有较为庞大的通过科举考试形成的文官体系，但皇权依然至高无上，推行"普天之下，莫非王土；率土之滨，莫非王臣"的观念。既然天下都是皇帝的，自然私有产权的承认与保护无从谈及，公债制度也难以从中国社会中演化出来，工业革命发展的基本制度条件也无从具备，最终导致中国未能出现工业革命，而且使近代与西欧的经济发展呈现出大分流的趋势。

三　结束语

通过对以上关于工业革命起源主要解释的梳理，我们可以看到工业革命之所以发生在英国而非中国，原因是非常复杂的，并非某单一条件推动工业革命的产生，其中技术与制度创新扮演了重要角色。如果没有技术进步，人们便不可能走出马尔萨斯陷阱，工业技术革命也无从谈及。但比技术创新更加重要的是在工业革命发生之前，英国社会经济政治制度的一系列变革。商业贸易下政治制度的改变，以及私人产权的确立和金融与财政制度的建立，更加为工业革命的产生提供了重要制度保障。

因此，虽然其他因素也可能是导致工业革命最先在英国发生的重要条件，但是 18 世纪东西方政治经济制度上的差异占有更多的解释权重。

截至目前，工业革命虽然已经结束，但是其进程影响依然持续到今天。工业革命技术变革引发的政治、经济、社会格局也在不断地变化和演变，新的社会阶层、社会分配依然不断变化，历史在不断地重复上演。

第十三章
结束语：我们学到什么，我们将走向何方？

为什么有些国家富有，而另一些国家贫穷？关于这一人类社会发展所面对的重要问题，我们在本书前十二章进行了基本的讨论。从本书第一章给出的一系列经济发展指标中，我们可以看到，世界各经济体之间经济发展程度存在显著差异，而且这种差异近期呈现出逐渐扩大的趋势。截至目前，位于欧洲、北美以及东亚地区的经济体，经济发展水平相对较高，较为富有，而位于南亚、东南亚、非洲，特别是撒哈拉以南非洲地区的经济体不仅人均收入水平较低，而且在经济发展的其他方面，如医疗卫生、教育等，与发达经济体之间也存在较大差异，较为落后。此外，从历史视野出发，根据动态数据，自公元元年至当下，世界上不同时期的经济体先后经历了两次大分流和大合流。特别是自工业革命以后，最先完成工业革命、实现工业化的欧洲地区成为世界经济中心，而在历史上农耕社会时期很多曾经富有的国家，例如中国、印度等被工业国家全面赶超，形成人类有史以来最大一次不同地区经济体间的大分流（the Great Divergence）。随着历史步伐不断向我们靠近，人类社会进入当代，大量新型经济体焕发出新的经济活力。在20世纪六七十年代，有韩国、新加坡、中国香港、中国台湾"亚洲四小龙"的快速发展。在20世纪末，又有中国通过改革开放，依托庞大的人口规模和中国政治体制的优势，推动了市场经济发展，焕发了新的经济活力。目前，中国历经40余年的改革开放，通过不懈努力，经济总量已经居世界第二位，成为世界第二大经济体。世界经济格局再次形成一个前所未有的大合流（the Great Convergence）局面。那么，为什么世界各经济体在历史长河中出现这样较大的发展差异和动态演化呢？

世界是纷繁复杂的，人类社会的发展与演化更加复杂。因此，我们在这本书中，从历史的视野出发，向上追溯到人类农业文明起源新石器时代，向下探索到当前各经济体经济社会绩效差异的原因。通过专题形式，不仅对人类历史发展过程进行简要概括，也对人类社会内在发展动力以及对当前经济社会发展不平等的原因进行考察。本章既是对本书前十二章的基本总结，同时也是根据当前世界经济社会发展的基本情况，对当前人类经济社会发展进行展望。

一　我们学到了什么：影响人类社会发展的几个基本问题

在人类社会发展过程中，哪些问题才是决定社会经济发展的重要基本问题呢？在回答这　问题之前，我们需要先明确什么是重要基本问题。在这里我们提及的影响人类社会发展的重要基本问题，主要是指那些不仅是当前各经济体实现自身经济社会发展所需要解决的发展"瓶颈"与阻碍，而且也是在整个人类社会发展进程中，不同阶段、不同地域经济体所面临的重要问题。虽然人类社会在不断发展变化，但是这些影响人类社会发展的基本决定因素，在历史的发展过程中，仅仅是外在形式发生了变化，其核心内容依然是制约各经济体发展的关键。通过之前的分析，人类社会实现经济发展所需要解决的重要基本问题有以下几个方面。

（一）生产要素的积累

无论是历史还是当下，要素禀赋结构始终是决定一个国家或地区经济发展的前提基础和保障。可用于生产的要素积累对各经济体之间的收入差异都是最直接的解释。各经济体之间之所以存在较大的发展差异，一个最直接的解释就是各经济体在实现经济产出增加的最基本的生产要素投入方面存在差异。例如，富有国家可能拥有更多的可耕土地、更丰富的矿产资源、更多的物质和人力资本等。而贫穷国家则可能拥有相对较少的土地和物质资本、较高的文盲率等。尽管物质资本、人力资本内生于经济发展的过程之中，但是无论是历史还是当下，要素差异始终是制约所有经济体发展的关键问题。如果经济社会发展想要尝试起飞，突破要素禀赋限制，增加可以实现生产投入的要素积累是核心与关键。因此，如何实现经济社会发展的基本生产要素积累成为人类社会长期经济发展过程中最为重要的内容。

（二）技术进步

除了生产要素之外，技术进步也是解释长期经济增长的主要因素。甚至可以说，人类社会文明的发展就是一部科学技术史。随着人类对自然世界认识的不断提高，对科学知识的积累以及应用，人类社会从茹毛饮血走向铁器农耕，从工业化走向信息化与人工智能。从人类经济社会发展历程来看，技术进步与创新是人类从野蛮走向文明、从贫困走向富裕的动力之源。技术进步与创新也是未来人类社会走向繁荣与富裕，各经济体之间经济社会发展不平衡的重要决定因素。特别是自工业革命以来，技术进步成为经济增长与发展的重要来源，史无前例的技术进步与创新速度，使原有经济运行摆脱了资本规模报酬递减的束缚，规模报酬递增可以使经济持续扩张。因此，未来世界国家之间的竞争，拥有先进技术的国家往往具有更多的发展优势，而技术落后的国家往往缺乏生产效率。当利用国民收入核算方法测算产出时，我们会发现，利用同样的劳动力、资本以及人力资本，最富裕的 1/5 的国家产出比最贫穷的 1/5 的国家产出要高出 5 倍。尽管这种差异与该经济体的制度环境、生产组织形式、文化差异等有着千丝万缕的联系，但是生产技术水平的差异依然扮演十分重要的角色。所以，技术进步与创新，不仅是落后国家或地区实现自身发展与赶超的重要途径，同时也是大国之间相互竞争和角力的重要领域。

（三）对外贸易与全球化

人类社会是一个从封闭走向开放的过程。特别是在地理大发现与大航海时代之后，随着交通工具的不断改进，人们到达的地区越来越远，花费时间也越来越短；同时，随着人们生产力的提高，产出不断增加，区域分工不断加强，经济活动的区域范围也在不断扩张，跨地区贸易以及全球化成为 16 世纪之后各经济体面对的重要问题。虽然全球化与对外贸易给处于不同发展阶段的经济体带来了不同的影响，甚至对于某些国家和地区而言产生了悲剧，如早期殖民活动的开展、奴隶贸易等；但是总体而言，特别是 20 世纪中叶以后，随着亚非拉民族解放运动的开展，以及新的国际秩序的建立，全球化对外贸易的优势逐渐大于其弊端。多个发展中经济体从全球化中获益，从早期的"亚洲四小龙"，到坚持改革开放的中国。特别是中国，自 1949 年中华人民共和国成立以来，经历了近 30 年的闭关自守状态，但是在 1978 年随着十一届三中全会的召开，中国经济焕发了新的活力，随着一系列经济特区与开放城市的兴起，21 世纪初世界贸易组织的成功加入，使中国经济获得较大发展。中国之所以成为当前世界第二大经济体，全球化分工与贸易的参与功不可没。尽管全球化对经济发展非常重要，但是全球化毕竟是把"双刃剑"，利弊之争不仅在经济层面而且在政治层面也有显现。近期的保护主义抬头即是这种体现，因此全球化发展依然在自由贸易与保守贸易之间的博弈过程中持续发展演化。

（四）平等与不平等

人类社会的不平等问题也是影响各经济体之间经济社会发展的重要制约因素。自进入农耕社会以来，随着产出不断增加，私有物品得以出现，私有制度和权力便出现在人类社会组织中，人类社会中的不平等问题也随之出现。因此，对人类社会平等的追求，不仅存在人类历史发展过程中，而且在当下依然是社会科学家与政策制定者经常讨论和关注的重要问题，不平等对经济社会发展产生较大影响。不平等的内容不仅涉及财富分配，而且也涉及政治权利、性别差异、教育与医疗卫生资源等。财富分配不平等可能在通过消费和储蓄对物质资本的积累方面造成影响，教育与医疗资源的不平等可能对人力资本的积累以及技术进步与创新产生较大影响，而权利的不平等可能增加国家政治社会的不稳定因素。因此，关于平等与不平等问题的讨论，哪怕进入 21 世纪，也一直存在，未能解决。这一问题一直困扰着人类社会的稳定发展，甚至成为一些国家和地区经济政治不稳定的重要因素。因此，如何促进收入、性别、民族平等也是人类社会面对的重要问题。

（五）制度

著名经济史学家道格拉斯·诺斯（D. C. North）曾经在《西方世界的兴起》（*The Rise of the Western World: A New Economic History*）一书中提及，"有效的制度是经济增长的关键"。[1] 因此，制度对于经济增长与发展来说扮演着非常重要的角色。然而，正如之前我们讨论的，制度是非常复杂的，人类社会生活的各个层面均有制度制约。但总体而言，在经济方面是产权制度，而在政治方面则是政治民主制度。在经济制度方面，好的产权制度可以促进经济发展，对人们财产提供较好的产权保护，同时也会促进平等；而坏的制度则会对经济发展带来威胁和灾难，财产权利被肆意破坏，使人们生活在不安全不确定的社会环境之中。政治制度则体现在集权与分权两个治理模式层面。总体而言，在人类社会的历史探索过程中，人类社会的治理方式整体上从集权走向分权，虽然人类付出了惨重的代价来反对集权，从而获取了一定的发展空间，但分权与集权哪一个对经济社会发展更加有效，我们依然难以给出答案。一些国家，特别是近代欧洲，在反对封建君主集权的斗争中，获得了经济发展的必要保障，建立了良好的制度。另一些国家通过集权方式，对权

---

[1]　Douglass C. North, Robert Paul Thomas, *The Rise of the Western World: A New Economic History*, Cambridge University Press, 1973.

力和资源进行集中使用，实现了经济快速发展。而且，这种集权与分权并非意味着政治体制的倒退，而是在现代国家框架下，社会治理方式随着不同的社会环境变化而变化。因此，对于经济制度、政治制度的创新与探索依然是当前人类社会发展所要面对的重要问题。

（六）文化差异

人类社会发展最大的障碍，并非千山万水的道路阻碍，也不是财富之间的巨大差异，而是来自不同地域、不同族群之间心灵的沟通与交流。因此，人类社会发展最重要的决定因素即文化。与不同文化的群体之间相比，拥有相同文化的群体经济活动可能更加活跃，人们之间也更加信任，进而导致更低的交易费用，提高经济效率。反之，如果两个群体之间文化差异较大（如在世界观、意识形态等方面），不仅可能导致较高的交易费用，降低交易效率，甚至可能导致战争的频发。从历史上的十字军东征到对犹太人的迫害，从新教革命到中东问题，每个冲突都与文化有关。而且对当前世界而言，意识形态差异所带来的挑战似乎要远远大于宗教等带来的影响。按照意识形态而选择靠边站队的问题依然存在，世界的经济社会发展依然需要文化方面的进一步交流与融合，打破固有僵化的文化意识，实现包容的文化环境以顺应全球化趋势，从而实现人类社会大家庭的进一步发展。

上述内容，不仅是当前经济发展的重要增长动力源泉和经济增长的重要决定因素，也是人类社会发展过程中始终需要面对和解决的重要问题和难题，需要时时刻刻思考这些发展因素所带来的挑战。

二　我们走向何方：人类社会发展的愿景及挑战

通过本书的讲述，我们对人类社会长期经济发展的过程以及重要问题有所了解，但是历史问题的讨论重点是要为当前经济社会服务。那么，我们应该如何面对未来呢？或者说，我们对未来世界的发展愿景是怎样的呢？

关于此问题，世界银行可持续发展目标似乎给了我们一些回答。面对人类社会发展的未来，世界银行给出了 17 项可持续发展目标：[1]

【目标 1】消除贫困（No poverty）

目前全世界总共有 7.6 亿贫困人口，占世界人口的 10.7%。该目标希望在 2030 年，在全世界消除贫困人口。

【目标 2】免除饥饿（No hunger）

在过去的 25 年，全世界营养不良率从当前的 19% 降低至

---

[1]　世界银行 17 项可持续发展目标，参见 https://www.un.org/sustainabledevelopment/sustainable-development-goals/。

11%，儿童营养不良率从 40% 降至 23%，但是人们对食物的需求有所增加，特别是撒哈拉以南非洲和南亚地区。因此，该目标强调通过提高农业生产率和可持续发展来实现粮食安全和供给。

【目标 3】健康与福利（Good health and well-being）

在 2015 年，30 万母亲死于怀孕，每万名婴儿有 21.6 人出生后即死亡。特别在撒哈拉以南非洲国家，这一情况更加严重，是这一指标的 2 倍。因此，该目标希望人们可以在不付出较高经济支出的前提下获得较好的医疗服务和保障。

【目标 4】质量教育（Quality education）

当前世界发展中国家特别是撒哈拉以南非洲国家，基础教育入学率已经从 1990 年的 23% 上升到 2014 年的 42%，但是依然低于当前世界的 75%。因此，该目标希望所有人都接受教育，特别是在教育质量方面，增加人力资本的投资从而促进经济可持续发展。

【目标 5】性别平等（Gender equality）

性别平等意味着提供更多的机会来消除女性参与经济社会活动的障碍，加速社会进步与发展，促进女性的平等以及就业。

【目标 6】饮水安全与卫生系统（Clean water and sanitation）

当前世界已经有超过 90% 的国家提高了饮水安全，特别在过去的 25 年中，21 亿人获得了卫生系统上的提高。因此，该目标希望建立全新的、更加安全复合的监督框架，来保证饮水的安全和普及。

【目标 7】可支付清洁能源（Affordable and clean energy）

截至 2014 年，全世界约有 11 亿人没有电力，3 亿人没有清洁的能源和技术。因此，本目标旨在提高人们使用电力和能源基础建设，从而促进资源的可持续发展。

【目标 8】体面的工作与经济增长（Decent work and economic growth）

15—24 岁的年轻人约占世界成年人口的 22%，他们在就业过程中面临着巨大的挑战。即使他们找到工作，很多人依然从事生产力较为低下的低质工作，缺少机会。因此，本目标旨在促进就业，帮助年轻人建立可持续的发展基础。

【目标 9】产业、创新与基础设施（Industrialization, innovation and infrastructure）

在尼泊尔一般乡村仅有 2000 米的道路，但却生存 1000 多万人口。同时在莫桑比克，1000 万人缺乏道路交通。因此，该目标不仅仅旨在提供交通运输的机会，更重要的是发展那些落后地区的产业，以及基础设施的建设。

【目标 10】减少不平等（Reduced inequality）

世界上最贫穷的 40% 的人口在 2008—2013 年迅速增长，从 49 个国家上升为 83 个国家。因此，需要对这些国家提供可持续性的收入。该目标为减少国家之间的不平等以促进全球利益共享。

【目标 11】可持续城市与社区（Sustainable cities and communities）

每年全世界城市以 2% 的增速在不断增加，但是撒哈拉以南非洲地区却仅有 4% 的城市化率。城市是经济增长的引擎，提供了创新的基础。因此，本目标认识到城市发展面对的挑战，特别是空气质量、绿地公共空间以及安全住房等。

【目标 12】消费与生产（Responsible consumption and production）

在加勒比海地区，每天人们消费 500 千卡的食物。通过减少浪费，促进循环利用，从而提高消费质量以及独立的自然资源。因此，本目标希望可以实现经济可持续发展循环利用的内在机制。

【目标 13】气候行动（Climate action）

气候变迁对经济发展产生巨大影响，特别是近期气候的改变将导致 2030 年全世界贫困人口超过 1 亿人。气候变迁所导致的温室效应、海平面上升以及极端天气问题已经影响每一个大洲和国家。因此，本目标强调降低气候变迁对农业、水供给、食品生产以及能源安全、基础设施的风险。

【目标 14】水下生物（Life below water）

超过 90% 的水生鱼类被过度捕捞，野生鱼类生存环境遭到巨大威胁。因此，该目标指出应当寻求更好的管理方法使海洋资源可持续发展。

【目标 15】陆地生物（Life on land）

在过去的 25 年中，巴西热带雨林消失了 50 万平方千米，而中国增加了 50 万平方千米。南方国家森林消失严重，而北方地区国家森林获得了发展。人类活动影响森林覆盖以及生态环境。因此，该目标旨在促进优先生态可持续发展，同时减少陆地生态破坏。

【目标 16】和平、正义以及完善制度（Peace，justice and strong institutions）

在东亚和太平洋地区，每三家公司就有一家公司有过行贿的经历。不发达国家的行贿问题要比发达国家多很多。因此，该目标旨在促进建立公正廉洁政府，推进和平社会构建。

【目标 17】全球化发展（Partnerships for global development）

个人账户来自海外和外商的直接投资在 2015 年已经达到 27 亿美元，约占全世界 GDP 的 3.6%。这些援助和转移支付可以帮助发展中国家投入建设，实现发展。本目标旨在通过全球合作，实现发展中国家的知识传播、资本流动、债务免除，最终实现可持续发展。

世界银行给我们确立未来世界发展的基本愿景，而且要求世界各经济体通力合作实现这些目标。但是尽管有了经济发展目标和展望，可除此之外依然有其他一些挑战威胁我们未来人类社会的持续发展。首先，现有世界体系会延续，还是会瓦解？从历史进程来看，每当一个动荡时期结束后都会迎来一个新的阶段，而这个新的阶段往往受到一个所有经济体共同遵守的契约体系所约束。当这个契约体系处于瓦解状态时，国际社会便再次产生动荡。从历史上看，当前世界已经经历了从威斯特伐利亚合约到维也纳体系，从凡尔赛合约到雅尔塔体系的动态变化过程。虽然第二次世界大战结束后，全世界国际社会已经进入一个相对和平的状态，特别是冷战结束以后，和平与发展成为世界主题。然而，近些年随着新兴经济力量的兴起，世界各大国之间的平衡可能面临被打破的风险。多极与单极之间的博弈依然继续，这也成为国际社会环境不稳定的重要因素。因此，如果没有稳定的国际社会环境现有经济目标能否实现成为较大挑战。其次，科技对于人类是福利，还是罪恶之源？从历史来看，技术进步与创新是经济持续增长与发展的动力之源。尽管人类社会历史已经不断证明了技术进步对经济发展的主导作用，然而随着人工智能与大数据的出现，人类社会还会进一步改变。这种变化不仅体现在生产效率的提高以及机器与劳动力之间的替代关系等，也体现在社会层面，即科技进步与创新成为新的权贵阶层社会流动上升的阶梯，新的权贵阶层替代旧的权贵。与此同时，人工智能与大数据也将使社会治理成本发生变化，社会管理者将具有更多潜在的信息优势，社会治理集权化倾向将逐渐突出。因此，人们在使用新的技术来获得技术进步收益的同时，也在一步一步被束缚与奴役，影响以上目标的实现。再次，制度是包容，还是汲取？对于人类社会发展而言，有效的制度环境是实现经济社会发展的重要保障。好的制度可以促进经济增长，而不好的制度则会对经济发展造成冲击。可以说，人类社会发展史就是一部制度史。人类社会在制度的组织框架中获得不断的完善和发展。但是我们究竟需要什么样的制度呢？人们将面临包容性与汲取性制度的选择。经济学家认为，经济制度应该具有足够的包容性，包容的制度可以促进产权保护，而汲取性的制度则对产权有所损害。尽管在某些经济体，政府通过高额税收获得国家快速发展的必要投资，但是长期来看其持续性与巨大的投资浪费以及对产权的破坏等负面影响大大超过了其带来的收益。因此，未来世界各经济体在对自身制度设计过程中究竟选择什么样的制度非常关键，这直接关系到未来各经济体的经济绩效以及经济发展目标的实现。又次，贸易是全球化，还是保守主义？当前人类社会的发展与自由贸易和全球化密不可分。可以说，正是由于 16 世纪的地理大发现催生了近 500 年世界经济发展，而且当前世界各经济体之间的差异也恰恰是这 500 年历史发展的结果。然而，全球化与自由贸易是把"双刃剑"，一方面由于世界各经济体发展水平、经济分工存在较大差异，因此在自由贸易和全球化的框架下，存在地位不平等问题。在历史上，甚至出现殖民主义以及西方列强国家争夺市场的冲突。另一方面，对外贸易和全球化可以充分发挥各经济体之间的分工优势，扩大市场规模，实现共赢。然而，近期保护主义与去国际化的呼声逐渐强烈。虽然我们看到，全球化对经济发展非常重要，但是全球化毕竟是把"双刃剑"，利弊之争还将不断讨论下去，全球化进程依然在自由贸易与保守贸易之间的博弈中不断演化。而这也将成为以上世界可持续发展目标实现的重要障碍。最后，文化是封闭，还是融合？文化是影响经济发展的深层次决定因素。尽管当前世界随着全球化不断深化发展，不同文化之间的沟通与交流不断加强，然而文化依然是地区经济发展的重要障碍。这种障碍不仅体现在国家与国家之间的政治经济关系，也体现在国家内部的生产要素积累、财富分配以及社会稳定等。我们会发现当前世界的很多经济落后地区，在其经济贫困、冲突不断的问题背后均有深刻的文化根源。尽管冷战已经结束多年，但是近期带有宗教色彩的恐怖主义袭击、民族和宗教色彩的地区冲突以及意识形态之间的摩擦依旧不断。因此，如何营造包容性的文化环境不仅是一些国家和地区实现自身发展的重要前提，也是当前诸多国际问题需要解决的最大障碍。

总体来看，人类社会未来发展目标是美好的，但是在通往美好愿景的道路上依然充满荆棘，我们仍然要继续努力、摸索前行。

主要参考文献

中文文献

李楠、卫辛：《新中国血吸虫防治对人口增长的实证研究》，《中国经济史研究》2017 年第 1 期。

李楠、甄茂生：《分家析产、财富冲击与生育行为：基于清代至民国初期浙南乡村的实证分析》，《经济研究》2015 年第 2 期。

林毅夫：《李约瑟之谜、韦伯疑问和中国的奇迹——自宋以来的长期经济发展》，《北京大学学报》（哲学社会科学版）2007 年第 44 期。

朱寰：《世界上古中古史》，高等教育出版社 1999 年版。

英文文献

Acemoglu, D., Davide Cantoni, Simon Johnson, and James A. Robinson,"The Consequences of Radical Reform: the French Revolution", *American Economic Review*, 101, 2011.

Acemoglu, D., and S. Johnson, "Disease and Development: The Effect of Life Expectancy on Economic Growth", *Journal of Political Economy*, 115(6), 2007.

Acemoglu, D., S. Johnson, and J.A. Robinson, "The Rise of Europe: Atlantic Trade, Institutional Change, and Economic Growth", *American Economic Review*, 95(3), 2005.

Acemoglu, Daron, and Simon Johnson, "Disease and Development: The Effect of Life Expectancy on Economic Growth", *Journal of Political Economy*, 115(6), 2007.

Acemoglu, Daron, Simon Jahoson, James A. Robinson, and Pierre Yared.,"Income and Democracy", *American Economic Review*, 98(3), 2008.

Acemoglu, Daron, Simon Johnson, and James A. Robinson, "The Colonial Origins of Comparative Development: An Empirical Investigation", *American Economic Review*, 91(5), 2001.

Acemoglu, Daron, Tarek A. Hassan, and James A. Robinson, "Social Structure and Development: A Legacy of the Holocaust in Russia", *Quarterly Journal of Economics*, 128, 2011.

Acemoglu, Daron, Simon Johnson, and James A. Robinson, "The Colonial Origins of Comparative Development: An Empirical Investigation", *American Economic Review*, 91(5), 2001.

Aghion, Philippe, and Peter Howitt., "A Model of Growth through Creative Destruction", *Econometrica*, 60(2), 1992.

Almond, D., and B. Mazumder, "The 1918 Influenza Pandemic and Subsequent Health Outcomes: An Analysis of SIPP Data", *American Economic Review*, 95(2), 2005.

Angus Maddison, *The World Economy: A Millennial Perspective*, OECD Development Centre, 2001.

Ashraf,, and Galor, "The'Out of Africa' Hypothesis, Human Genetic Diversity, and Comparative Economic Development", *American Economic Review*, 103(1), 2013.

Bai, Ying, and James Kai-sing Kung, "Diffusing Knowledge While Spreading God's Message: Protestantism and Economic Prosperity in China, 1840-1920", *Journal of European Economic Association*, 13(4), 2015.

Barro, R., "Economic Growth in a Cross Section of Countries", *Quarterly Journal of Economics*, 106(2), 1991.

Barro, R., and Xavier Sala-I-Martin, "Convergence across States and Regions", *Brookings Papers on Economic Activity*, 1, 1991.

Barro, Robert J., and Rachel M. McCleary, "Religion and Economic Growth across Countries", *American Sociological Review*, 68(5),

2003.

Becker, Sascha O., and LudgerWoessmann, "Was Weber Wrong? A Human Capital Theory of Protestant Economic History", *Quarterly Journal of Economics*, 124(2), 2009.

Benz, Wolfgang, *The Holocaust: A German Historian Examines the Genocide*, Columbia University Press, 1999.

Carol H. Shiue, and Wolfgang Keller, "Markets in China and Europe on the Eve of the Industrial Revolution", *American Economic Review*, 97(4), 2007.

Chen, Shuo, and James Kai-sing Kung, "A Malthusian Quagmire? Maize, Population Growth, and Economic Development in China", *Journal of Economic Growth*, 2012.

Coase, R. H., "The Problem of Social Cost", *Journal of Law Economics*, 3, 1960.

Comin, Diego, William Easterly, and Erick Gong, "Was the Wealth of Nations Determined in 1000 B.C?", *American Economic Journal: Macroeconomics*, 2, 2010.

David, Paul A., "Clio and the Economics of QWERTY", *American Economic Review*, 75(2), 1985.

Demsetz, H., "Toward a Theory of Property Rights", *American Economics Review*, 57, 1967.

Dorothee Crayen, and JoergBaten, "Global Trends in Numeracy 1820–1949 and Its Implications for Long-term Growth",

Explorations in Economic History, 47（1）, 2010.

Douglass C. North, Robert Paul Thomas, *The Rise of the Western World: A New Economic History*, Cambridge University Press, 1973.

Easterly, William, and Ross Levine, "Tropics, Germs, and Crop: How Endowments Influence Economic Development", *Journal of Monetary Economics*, 50, 2003.

Ekelud, and Hebert, *A History of Economic Theory and Method*, McGraw-Hill Book Company, 1990.

Erik Hornun, "Immigration and the Diffusion of Technology: The Huguenot Diaspora in Prussia", *American Economic Review*, 104(1), 2014.

Faith D' Aluisio, *Hungry Planet: What the World Eats*, Material World Books, 2007.

Gallup, J. L, and Jeffery D. Sachs, and Andew D. Mellinger, "Geography and Economic Development", *International Regional Science Review*, 22(2), 1999.

Gallup, J. L., J. D. Sachs, and A. D. Mellinger, "Geography and Economic Development", *International Regional Science Review*, 22(3), 1999.

George A. Akerlof, "The Market for "Lemons": Quality Uncertainty and the Market Mechanism", *Quarterly Journal of Economics*, 84(3), 1970.

Gloom, D. E., D. Canning, and J. Sevilla, "Geography and Poverty Traps", *Journal of Economic Growth*, 8(4), 2003.

Hatton, and Williamson, "What Drove the Mass Migrations from Europe in the Late Nineteenth Century?", *Population and Development Review*, 20, 1994.

Hibbs, D. A. Jr., and O. Olsson, "Geography, Biogeography and Why Some Countries are Rich and others are Poor", *PNAS*, 101(10), 2004.

Jeanet Sinding Bentzen, Nicolai Kaarsen, and Asger Moll Wingender, "Irrigation and Autocracy", *Journal of the European Economic Association*, 15(1), 2017.

Jia, Ruixu, "Weather Shocks, Sweet Potatoes and Peasant Revolts in Historical China", *Economic Journal*, 124(575), 2013.

Jones, Charles I., *Introduction to Economic Growth*, W. W. Norton & Company, 2002.

Karl A. Wittfogel, *Oriental Despotism*: *A Comparative Study of Total Power*, Yale University Press, 1976.

Kelly, Morgan, "The Dynamics of Smithian Growth", *Quarterly Journal of Economics*, 8, 1997.

Kenneth Pomeranz, *The Great Divergence*: *China, Europe, and the Making of the Modern World Economy*, Princeton University Press, 2000.

Kung, James Kai-Sing, and Bai, Nansheng, and Lee, Yiu-Fai, "Human

Capital, Migration and a'Vent' for Surplus Rural Labor in 1930s China: The Case of the Lower Yangzi", *Economic History Review*, 64, 2011.

Kung, James Kai-sing, and Chicheng Ma, "Autarky and the Rise and Fall of Piracy in Ming China", *Journal of Economic History*, 74(2), 2014.

Kung, James Kai-sing, and Chicheng Ma, "Can Cultural Norms Reduce Conflicts? Confucianism and Peasant Rebellions in Qing China", *Journal of Development Economics*, 111, 2014.

Landes, David S., The Wealth and Poverty of Nations: Why Some Are So Rich and Some So Poor, *W. W. Norton & Company*, 1997.

Li, Dan, and Nan Li, "Moving to the Right Place at the Right Time: Economic Effects on Migrants of the Manchuria Plague of 1910–11", *Explorations in Economic History*, 63, 2017.

Li, Hongbin, and Junsen Zhang, "Do High Birth Rates Hamper Economic Growth", *Review of Economics and Statistics*, 89(1), 2007.

Li, Nan, and James Kung, "The Diffusion of Cultural Traits: Migration and Human Capital in Late Imperial China, 960—1643", *Working Paper, HKUST*, 2011.

Louis Putterman, and David N. Weil, "Post-1500 Population Flows and the Long-run Determinants of Economic Growth and Inequality", *Quarterly Journal of Economic*, 125(4), 2010.

Maddison A., *The World Economy: A Millennial Perspective*, OECD Press, 2001.

Metin M. Cosgel, Thomas J. Miceli, and Jared Rubin, "The Political Economy of Mass Printing: Legitimacy and Technological Change in the Ottoman Empire", *Journal of Comparative Economics*, 40(3), 2012.

Michalopoulos, Stelios, and Elias Papaioannou, "The Long-run Effect of The Scramble for Africa", *NBER Working Paper* No.17620, 2011.

Nathan, Nunn, and Leonard Wantchekon, "The Slave Trade and the Origins of Mistrust in Africa", *American Economic Review*, 101(7), 2011.

Nunn, Natha, "The Potato's Contribution to Population and Urbanization: Evidence from a Historical Experiment", *Quarterly Journal of Economics*, 136, 2011.

Nunn, Nathan, "The Importance of History for Economic Development", *Annual Review of Economics*, 1, 2009.

Nunn, Nathan, "The Long-term Effects of Africa's Slave Trades", *Quarterly Journal of Economics*, 123(1), 2008.

Nunn, Nathan, and Diego Puga, "Ruggedness: The Blessing of Bad Geography in Africa", *Review of Economics and Statistics*, 94(1), 2012.

Olsson, Ola, and Douglas A. Hibbs Jr., "Biogeography and Long-run

Economic Development", *European Economic Review*, 49, 2005.

Oster, Emily, "Witchcraft, Weather and Economic Growth in Renaissance Europe", *Journal of Economic Perspectives*, 18(11), 2004.

Peter Menzel, and Faith D'Aluisio, *Hungry Planet: What the World Eats*, Material World Books, 2007.

R. E. Smalley, *"Top Ten Problems of Humanity for Next 50 Years"*, Energy & Nano Technology Conference, Rice University, 2003.

Romer, Paul M., "Endogenous Technical Change", *Journal of Political Economy*, 98(5), 1990.

Rubin, Jared, "Printing and Protestants: An Empirical Test of The Role of Printing in the Reformation", *Review of Economics and Statistics*, 96(2), 2014.

Sachs, J. D., and A. M. Warner, "The Curse of Natural Resources", *European Economic Review*, 45, 2001.

Shiue, Carol H.,"Human Capital and Fertility in Chinese Clans before Modern Growth", *Journal of Economic Growth*, 22(4), 2017.

Solow, Robert M.,"A Contribution to the Theory of Economic Growth", *Quarterly Journal of Economics*, 70(1), 1956.

Torsten Persson, and Guido Tabellini, *The Effect of Constitutions*, Cambridge: MIT Press, 2003.

Wei, Shangjin, and Xiaobo Zhang, "The Competitive Saving Motive: Evidence from Rising Sex ratios and Savings Rates in China",

Journal of Political Economy, 119(3), 2011.

Woodberry, R., "The Missionary Roots of Liberal Democracy", *American Political Science Review*, 106(2), 2010.

World Bank, *2017 Atlas of Sustainable Development Goals: From World Development Indicators*, World Bank Group, 2017.

后　记

本书最初是我 2015—2016 年任教于上海财经大学时，开设一门全校通识课程的讲义。在为期两年的授课过程中，该课程内容得到了修课学生的较好反馈，同时也获得学校的认可。因此，在完成课程建设后，我萌生了将此课程讲义进一步拓展成书的想法，以便使之成为一本适合广大经济学专业本科学生以及大众阅读的发展经济学通识读物。

在本书的撰写过程中，分别得到了上海财经大学金煜教授、上海大学孙秀林教授、上海社会科学院李骏研究员、上海交通大学蒋勤副教授、上海师范大学赵红军教授的帮助。他们对本书的写作提纲的确定，以及基本结构与内容的安排给予了较为详细的建议，我也从与他们的讨论中收获良多。此外，在本书的成书过程中，感谢狄丹阳、段雨馨、逄佳宁、史永姣等对本书撰写的协助与后续的校对工作；感谢中国社会科学出版社的支持，特别感谢该社的侯苗苗女士一直对本书的关注。在本书的修订过程中，感谢中国人民大学杨端程博士提出的宝贵意见和建议。最后，我还要感谢我的家人。特别是我的父母、妻子以及女儿，是你们的支持与理解，使我有时间完成了本书的撰写与修改。当然，在本书撰写过程中难免出现缺点与错误，也恳请读者与同行批评指正。尤其是书中插图，由于篇幅及原图所限，大小和清晰度或有一定影响，为弥补不足，读者可以进入我的个人主页进一步查看。[1]

---

[1]　https://nanlifudan.wixsite.com/homepage/books.